Sous la direction de
Violaine Jolivet, Patricia Martin et Sébastien Rioux

D1927929

GÉOGRAPHIES HUMAINES : L'ESPACE EN PARTAGE

Les Presses de l'Université de Montréal

Catalogage avant publication de Bibliothèque et Archives nationales du Québec et Bibliothèque et Archives Canada

Titre : Géographies humaines : l'espace en partage / [sous la direction de] Violaine Jolivet, Patricia Martin, Sébastien Rioux.
Noms : Jolivet, Violaine, 1981- éditeur intellectuel. | Martin, Patricia, 1968- éditeur intellectuel. | Rioux, Sébastien, 1980- éditeur intellectuel.
Collection : Paramètres.
Description : Mention de collection : Paramètres | Comprend des références bibliographiques.
Identifiants : Canadiana (livre imprimé) 20220014175 | Canadiana (livre numérique) 20220014183 | ISBN 9782760646926 | ISBN 9782760646933 (PDF) | ISBN 9782760646940 (EPUB)
Vedettes-matière : RVM : Géographie humaine.
Classification : LCC GF41.G46 2022 | CDD 304.2—dc23

Mise en pages : Folio infographie

Dépôt légal : 3e trimestre 2022
Bibliothèque et Archives nationales du Québec
© Les Presses de l'Université de Montréal, 2022

Les Presses de l'Université de Montréal remercient de son soutien financier la Société de développement des entreprises culturelles du Québec (SODEC).

Financé par le gouvernement du Canada
Funded by the Government of Canada | Canada

SODEC
Québec

IMPRIMÉ AU CANADA

GÉOGRAPHIES HUMAINES : L'ESPACE EN PARTAGE

paramètres

Introduction

Violaine Jolivet, Patricia Martin et Sébastien Rioux

Nous sommes toutes et tous des géographes. L'importance de la géographie pour comprendre le monde qui nous entoure est manifeste. L'espace, au même titre que le temps, a envahi notre vie quotidienne. L'exemple le plus probant à l'heure actuelle est l'utilisation de plus en plus répandue et parfois compulsive des technologies mobiles pour circuler dans l'espace. Des applications multiples nous permettent de publier notre localisation, d'évaluer le trajet le plus rapide pour nous rendre d'un point A à un point B, de consulter les déplacements des autobus en temps réel ou de rêver à notre prochaine destination de voyage en parcourant le globe sans même faire un pas. Des logiciels de déplacement assisté évaluent même la distance en temps et en coût de nos trajets potentiels, et le GPS nous localise partout ou presque. Jamais notre existence géographique n'aura généré autant de données, laissant des traces numériques et géoréférencées de nos déplacements, souvent sans que nous prenions conscience des conséquences qu'ont ces données sur notre vie privée.

Or, si les technologies actuelles ont permis une représentation sans précédent de l'espace terrestre en tant qu'espace euclidien, c'est-à-dire en tant qu'espace vectoriel permettant sa formalisation géométrique, ce dernier a depuis longtemps intégré nos vies et nos visions de l'espace. Des parcs naturels aux continents en passant par les circonscriptions électorales, les espaces publicitaires et la propriété privée, partout l'espace est représenté, découpé, délimité. L'invasion des technologies dans notre quotidien renforce aujourd'hui notre capacité à naviguer numériquement dans l'espace, surtout quand ce dernier nous est totalement inconnu.

Toutefois, cela ne doit pas cacher le fait que partout et bien avant le développement d'appareils sophistiqués, nous nous sommes appliqués à connaître le territoire dans lequel nous vivons, à lire le paysage qui nous entoure, à lui donner un sens à travers nos expériences et nos représentations. Les êtres humains sont des géographes dans la mesure où ils s'approprient cognitivement et symboliquement l'espace, où ils acquièrent une mémoire, un imaginaire et une pratique propres à leur territoire. Cette connaissance ne se limite pas à un sens de l'orientation, à savoir où situer des lieux ; elle est également liée à des souvenirs, à des émotions et à notre capacité à observer les transformations ponctuelles ou durables de nos environnements, à nous identifier, à nous reconnaître ou, au contraire, à nous sentir étrangers, voire vulnérables dans un lieu.

Comme le rappelle Georges Perec dans son roman *Espèces d'espaces* (1974), on ne peut réduire l'espace à un catalogue, et il n'existe pas de lieux immuables ou intouchés. On aura beau en faire l'inventaire, décrire chaque recoin de nos espaces quotidiens, l'espace nous habite autant que nous l'habitons. En ce sens, habiter ce n'est pas uniquement résider ou élire domicile ; c'est aussi exister, aurait dit Éric Dardel (1952), montrant que notre condition géographique est ontologique. De même, Yi-Fu Tuan (1991) souligne la nécessité de penser la Terre comme un chez-soi de l'humanité, nous engageant ainsi à une réflexion et une analyse de notre place individuelle et collective dans un monde social et naturel toujours changeant. L'être de l'humain s'inscrit (*graphein*) dans la terre (*geo*) : il est donc géographe et géographies. C'est pourquoi Béatrice Collignon (2005) nous rappelle que chaque habitant possède un savoir vernaculaire sur l'espace qu'il habite. Ces savoirs géographiques longtemps ignorés par la pensée « savante », car ils se fondaient uniquement sur l'expérience des gens et non l'expérience scientifique, prouvent pourtant que chacun de nous produit des connaissances sur l'espace, emmagasine des informations, construit ses propres repères. Aussi ordinaires qu'ils puissent paraître, ces savoirs n'en demeurent pas moins des ancrages qui nous territorialisent.

Malgré l'importance des savoirs géographiques sur le plan individuel et collectif, la géographie pâtit d'une méconnaissance étonnante. Loin d'être un simple apprentissage des capitales du monde, la géographie n'est plus cette entreprise d'inventaire consistant à localiser les lieux, les ressources et les frontières, à aplanir le monde sur des cartes. La géographie, en tant que science, peine également à être valorisée au sein du monde universitaire, et demeure moins bien connue que l'histoire, la sociologie et l'anthropologie, même si cette dernière partage avec elle la spécificité d'avoir un versant physique et un versant humain. La méconnaissance de la géographie a plusieurs origines. Si la géographie en tant que façon de penser le monde a émergé durant l'Antiquité autant en Occident que dans d'autres aires géographiques, l'émergence de la discipline contemporaine de la géographie a lieu au 19e siècle, en parallèle avec la formation des universités modernes et, surtout, des exigences territoriales des empires (De Koninck, 2008). Cette organisation « moderne » des savoirs, qui découpe la société en sphères étanches (politique, économique, société, culture), pose de grands défis pour la géographie. Si l'organisation spatiale du monde ainsi qu'une réflexion sur la relation entre les êtres humains et les milieux naturels sont au cœur de la géographie, la discipline est un champ d'études fondamentalement synthétique difficile à délimiter. En conséquence, on accuse souvent la géographie d'être dépendante intellectuellement des autres disciplines (Livingstone, 1992; Mitchell, 2004). De plus, la division très nette entre les sciences sociales et les sciences naturelles à l'université ne facilite pas la tâche à la géographie, qui s'articule autour de deux grandes traditions que sont la géographie humaine et la géographie physique. Ces deux dilemmes fondamentaux, qui relèvent de l'organisation des savoirs et non d'un manque de cohérence intrinsèque à la discipline, perdurent à ce jour. En tant que discipline carrefour avec des approches transversales qui embrassent d'autres disciplines, la géographie résiste au découpage et à la territorialisation des savoirs.

Le caractère résolument synthétique de la géographie est, selon nous, un des atouts de la discipline qui souligne l'originalité et la puissance de l'analyse géographique. Malgré la place centrale que devrait occuper la géographie aujourd'hui, force est de constater qu'une série d'engagements pratiques et intellectuels douteux ont également eu un effet négatif sur la trajectoire et le développement de la discipline dans son incarnation moderne. Soulignons en particulier une tradition impérialiste qui s'institutionnalise dès la fin du 19e siècle, particulièrement au Royaume-Uni et en Allemagne. Sous l'influence d'un darwinisme social, la géographie devient la discipline par excellence de l'impérialisme, en affirmant que l'expansion territoriale serait un processus naturel permettant le développement national (Ratzel, 1987). En lien étroit avec cette orientation, la géographie, qui s'affiche au début du 20e siècle comme une science des relations « homme-milieu », est fortement influencée par le déterminisme environnemental. Selon cette idée pseudoscientifique, l'environnement naturel en général et le climat en particulier auraient un effet déterminant sur l'essence même des sociétés. Par ce fait, la géographie a contribué à un racisme scientifique qui justifiait l'expansion territoriale et la domination coloniale.

Le rejet du déterminisme environnemental au milieu du 20e siècle replongera la géographie dans une quête pour affirmer sa scientificité. Opérant un tournant quantitatif dans l'après-guerre, la géographie se réinvente en tant que discipline ayant pour but d'énoncer des lois spatiales et de créer des modèles cartographiques avec un pouvoir de prédiction. Ancrée dans un positivisme logique qui s'articule autour d'une épistémologie empiriste, la géographie quantitative qui émerge dans les années 1950 part du postulat qu'il existe une dichotomie entre les « faits » et les « valeurs » et, par conséquent, qu'il est possible d'accéder objectivement à la réalité. C'est ainsi que l'étude des objets et de leur localisation dans l'espace devient l'essence d'une analyse géographique dénuée de rapports sociaux.

La géographie contemporaine marque une rupture épistémologique avec cet héritage intellectuel, notamment en adoptant des postures théoriques, conceptuelles et méthodologiques dites « critiques » ou « postpositivistes ». L'espace n'est pas organisé par des lois universelles et naturelles, pas plus qu'il n'est une surface neutre. Comme le montre cet ouvrage, la distribution spatiale des « objets » (villes, réseaux, barrages, murs) et des processus (violence, racisme, migration) n'est ni normale ni naturelle. Si la cartographie demeure une pratique essentielle de la géographie, elle aussi évolue vers des formes plus réflexives de production de savoirs, consciente que les cartes représentent moins le monde qu'une forme de discours sur celui-ci. La cartographie contemporaine inclut des objets aussi divers que les émotions, les sens (cartographies sonores), ou encore la cartographie des récits de vie, longtemps ignorés par les modélisations et les approches quantitatives.

Plus largement, deux questions fondamentales structurent la géographie aujourd'hui. D'une part, la géographie cherche activement à comprendre la relation entre les êtres humains, la société et l'environnement. À l'ère de l'anthropocène (voir chapitre 11), marquée par des transformations multiples telles que la mondialisation néolibérale, la crise environnementale et le durcissement des frontières, l'analyse multiscalaire typique de la géographie n'a jamais été aussi pertinente pour comprendre la complexité des phénomènes sociaux et environnementaux. D'autre part, la géographie s'inscrit dans une perspective relationnelle permettant d'appréhender les territoires comme l'expression des mille et une façons par lesquelles nous nous approprions et représentons notre environnement, à la fois supports et objets de conflit mais aussi de résistance (Massey, 2005). La géographie humaine contemporaine, parce qu'elle s'intéresse autant aux dynamiques qu'aux structures de ce monde en mouvement, permet d'analyser les logiques scalaires qui produisent et différencient les territoires politiquement, économiquement, socialement et culturellement. Face à des contextes d'inégalités et d'oppressions, la discipline permet également de rendre visibles les géographies du pouvoir, tout en cherchant des chemins de traverse permettant de penser l'utopie et la justice spatiale.

La géographie mobilise plusieurs outils et concepts analytiques qui interrogent les configurations de l'organisation spatiale du monde et qui remettent en question le nationalisme méthodologique, c'est-à-dire l'idée que l'État-nation est l'échelle naturelle d'analyse politique, économique ou sociale. Le concept d'échelle est central et montre que les processus sociaux se manifestent de manières différenciées à plusieurs niveaux simultanément. Compris ainsi, « global » ne veut pas dire « général », universel ou abstrait, et « local » ne veut pas dire unique ou particulier. Un des principes majeurs du raisonnement géographique est d'articuler les échelles, de changer de focale du local au global pour analyser un même objet et, ce faisant, de mieux comprendre les dimensions multiples qui font territoire. Dès lors, la géographie est attentive aux mutations constantes des échelles de gouvernance, car les pouvoirs relatifs aux diverses échelles d'action peuvent changer, comme le montre la crise sanitaire mondiale de la COVID-19. Du laisser-faire ultralibéral à la surveillance accrue des populations confinées, les États-nations ont montré qu'ils n'étaient pas des coquilles vides. De nombreux pays ont rapidement fermé leurs frontières nationales face à la pandémie, réduisant les principes du libre-échange aux seules denrées essentielles et limitant fortement les mobilités humaines.

L'espace, le lieu et le territoire sont, au même titre que celui d'échelle, des concepts centraux de l'analyse géographique. On entend alors l'espace comme une dimension fonctionnelle, abstraite, notamment dans les approches anglophones, qui distinguent *space* et *place*. Il s'agit d'une vision objectivante et stratégique de l'espace, mobilisée autant par les entreprises transnationales qui cherchent à organiser la production des biens et à réduire les coûts que par les États afin de cartographier l'inventaire des ressources sur leur territoire ou pour déterminer les cibles militaires stratégiques. En revanche, la notion de lieu traduit l'idée que chaque endroit est porteur d'une mémoire, d'une histoire et d'une ambiance uniques et que les êtres humains entretiennent des relations subjectives et émotionnelles avec les endroits qu'ils habitent. Cette unicité du lieu ne tient pas à des éléments naturels ou au fait qu'il est un espace circonscrit, mais plutôt au fait que chaque lieu est le produit de discours et d'appropriations multiples, de la sédimentation du temps et des mémoires qui s'interposent, se mêlent et se confrontent. Les lieux sont ainsi le produit de multiples constellations et connexions, qui influencent leurs permanences et mutations.

Le concept de territoire est certainement l'un des plus discutés parmi les géographies francophones. Il peut être appréhendé de façon polysémique et continue à faire débat au sein de la discipline. Le territoire est à la fois un espace d'intervention produit par les politiques, les aménageurs et les forces économiques, mais on peut également l'aborder comme un espace pratiqué, vécu, connecté, représenté et renouvelé sans cesse par les activités humaines, les individus et leurs inscriptions dans les lieux. Selon Raffestin (2019), le territoire est une projection sur l'espace, il est produit par des acteurs qui s'approprient ce dernier à diverses échelles, qu'il s'agisse d'appropriation symbolique relevant de représentations ou de formes d'appropriation plus matérielles et concrètes. Malgré leurs différences conceptuelles, ces notions partagent une même réalité, celle d'être produites par l'action humaine. Par conséquent, il s'agit d'aborder l'espace, le lieu et le territoire par le prisme d'une approche relationnelle, qui souligne, entre autres, les limites du cadre de l'État-nation et de ses frontières.

Enfin, le concept de paysage désigne ce qui se perçoit de manière sensorielle. Il est une interface entre nos représentations de l'environnement et l'environnement en tant que tel. Le paysage est à la fois un milieu géographique, une production impliquant des moyens techniques et une lecture sociale de la nature par des attributs culturels et historiques. Comme le rappelle la pelouse verte en tant qu'esthétique des rapports sociaux dans la banlieue nord-américaine, les paysages montrent comment les sociétés cherchent à organiser, voire à dominer la nature. Toutefois, les vues de Port-au-Prince après le séisme de 2010 ou de La Nouvelle-Orléans après l'ouragan Katrina montrent que les paysages sont nécessairement changeants et résultent de l'imbrication des temporalités, actions et événements anthropiques et géophysiques. Le paysage est alors synthèse et palimpseste, empreinte mouvante de la relation entre société et environnement.

* * *

Au-delà de l'approche par des notions et thématiques fondamentales, ce livre souhaite également ancrer les géographies présentées dans des réflexions contemporaines. Depuis les années 1990, le monde est traversé par de grands bouleversements qu'on associe à la mondialisation. Ce terme polyvalent désigne une série de transformations de nature économique, géopolitique, technologique, culturelle ou même environnementale. Ces mutations importantes changent nos expériences de l'espace-temps et montrent l'utilité de la géographie pour comprendre le monde qui nous entoure. En tant que processus géohistorique d'intégration spatiale par lequel se constitue un espace mondial commun (Grataloup, 2018), la mondialisation est fondamentalement un phénomène géographique. Dans la mesure où elle vient bousculer notre rapport au monde, la mondialisation sert de cadre implicite à cet ouvrage collectif. En effet, la mondialisation amplifie et redéfinit quatre enjeux principaux du lien qui unit les sociétés et leur environnement, et qui sont au cœur de cet ouvrage. Le premier a trait au caractère géographiquement inégal du développement économique. Loin de participer au nivellement du monde, la mondialisation est plutôt caractérisée par une forte hiérarchisation des territoires et des populations au sein de l'espace mondial. Bien que la libéralisation économique et le développement technologique transforment irrémédiablement notre expérience du monde et notre conception de l'espace, l'intégration des territoires demeure très inégale.

Comme nous le rappelle Patricia Martin (chapitre 1), les racines du développement inégal puisent dans la longue durée de l'émergence du capitalisme, de l'impérialisme européen et de la réarticulation des identités territoriales et des hiérarchies sociospatiales. L'émergence et la consolidation graduelle d'un système-monde à partir de la fin du 15e siècle se fondent sur l'intégration forcée, l'assujettissement et l'exploitation des territoires et des populations au bénéfice des grands empires européens. L'expression coloniale de cette mondialisation sera profondément transformée après la Deuxième Guerre mondiale alors que s'amorcent les luttes de libération nationale. Or, comme le souligne Sébastien Rioux (chapitre 2), si l'après-guerre est marqué par un important processus de décolonisation, on voit également s'affirmer une mondialisation économique dont la logique capitaliste retravaille en profondeur la carte du monde. En ce sens, la multiplication des souverainetés territoriales n'a pas empêché le renforcement de la dépendance économique des États envers les marchés mondiaux. De plus, la mise en compétition des territoires issue de l'ouverture des marchés a accentué le développement géographiquement inégal en favorisant l'intégration différenciée des territoires au sein de l'économie mondiale. Pour Violaine Jolivet (chapitre 3), les métropoles mondiales sont aujourd'hui une échelle d'analyse incontournable de l'armature organisationnelle de la mondialisation, car elles sont devenues les espaces privilégiés à partir desquels s'articulent les pouvoirs politique et économique ainsi que les mobilités. Ces métropoles sont aussi des lieux cosmopolites nés de brassages culturels et favorisent l'émergence de contestations politiques ou de formes de résistances à la mondialisation. La métropolisation touche par ailleurs toutes les villes, y compris les villes secondaires et celles du Sud global, et montre bien qu'à l'échelle du monde entier les territoires urbains se font les révélateurs de processus partout présents ou émergents. Les quartiers de gratte-ciels et les tours de condominiums deviennent les paysages génériques du capitalisme avancé, et partout les citadins et les banlieusards les plus démunis subissent la violence des politiques et des élites urbaines, qui les font déguerpir ou qui les excluent, qui revitalisent ou gentrifient les territoires convoités. Ainsi, les processus de ségrégation et de fragmentation urbaines déstructurent les communautés et nient le droit à la ville de nombreux individus.

Un deuxième axe est celui de la mobilité. Une des particularités importantes de la mondialisation est la transformation qu'elle opère dans notre expérience de la distance et du mouvement, notamment avec la révolution des transports et l'évolution des technologies de l'information et de la communication. Pour les géographes, cette accélération dans l'expérience du monde représente une puissante reconfiguration de l'espace par le temps. À ce titre, Jeanne-Hélène Jugie (chapitre 4) montre en quoi la diminution de la «friction» de l'espace s'appuie d'abord et avant tout sur l'organisation matérielle d'importants réseaux visant à augmenter la capacité, l'efficacité et la vélocité du mouvement des individus, des marchandises, des services et des informations dans l'espace. D'ailleurs, les dernières décennies ont été marquées par une expansion et une densification sans précédent de la mobilité, nourrissant par le fait même l'idée d'un monde de plus en plus «petit» et accessible. Pour qui imagine la mondialisation comme un processus d'aplatissement du monde, les technologies de l'information et de la communication jouent un rôle central dans la constitution de ce «village global». Ainsi, les limites et les barrières que pose la géographie s'estomperaient au profit d'une hypermobilité affranchie de toutes contraintes spatiales.

Or, il n'en est rien. Comme le soulignent Luna Vives et María Lois (chapitre 5), les frontières comme technologies spatiales demeurent bien réelles pour l'écrasante majorité de la population mondiale, et les murs et barrières n'ont jamais été aussi nombreux à l'échelle du globe. L'État joue un rôle majeur dans la gouvernance des populations en définissant les règles de la mobilité sur son territoire, mais aussi en redéfinissant l'espace de ses frontières et de son contrôle territorial au moyen de processus d'externalisation et d'internalisation. Pour Violaine Jolivet (chapitre 6), il faut souligner le caractère extrêmement sélectif du concept de mobilité dans un contexte de migrations inter- et transnationales et déconstruire l'idée reçue selon laquelle la majorité des migrations internationales se font du Sud global vers le Nord global. On assiste par ailleurs depuis plusieurs décennies à une tension entre, d'une part, l'avènement de nouveaux territoires créés ou connectés par la migration et qui transcendent les frontières nationales et, d'autre part, un resserrement des politiques et des contrôles migratoires, avec des conditions d'admissibilité de plus en plus contraignantes pour les migrants de la part des États.

Un troisième enjeu de la géographie contemporaine a trait à la transformation des espaces du politique. Comme le souligne Gabriel Fauveaud (chapitre 7), l'État-nation demeure un acteur central dans le processus de mondialisation. Si la libéralisation des marchés mine la souveraineté politique de certains États, elle est loin de représenter l'assujettissement de la sphère politique à la sphère économique. À bien des égards, la mondialisation économique s'accompagne d'un morcellement de l'espace politique, et on voit émerger de nouveaux espaces du politique qui dépassent l'État à la fois par le haut et par le bas. C'est ce que montrent notamment les géographies autochtones décrites par Nicole Gombay et Mathieu Boivin (chapitre 8), qui soulignent la présence d'espaces de lutte et de résistance ayant pour but la remise en cause partielle ou totale de la gouvernance coloniale. Par-delà les luttes territoriales, les géographies autochtones appellent plus largement à un processus de décolonisation permettant de remettre en question les rapports de pouvoir qui sous-tendent la spatialité des relations sociales. De la même manière, l'intervention de Patricia Martin et de Beverley Mullings (chapitre 9) sur les oppressions du genre et de la race soulève d'importantes questions quant à notre compréhension des dynamiques qui structurent l'espace social et politique. Comme nous le rappellent ces différentes interventions, loin d'être une scène neutre sur laquelle se joueraient les processus sociaux, l'espace est déjà le produit de rapports de pouvoir qui définissent qui peut intervenir, de quelle manière et dans quel contexte.

La crise environnementale actuelle constitue un quatrième enjeu pour la géographie. En effet, il apparaît évident aujourd'hui que le capitalisme n'est pas seulement un système d'organisation sociale fondé sur l'exploitation du travail, mais également un rapport spécifique à la nature et à son exploitation. Comme le notent Kathryn Furlong et Martine Verdy (chapitre 10), les rapports qu'entretiennent les sociétés avec leur environnement sont au cœur des enjeux contemporains. Les autrices soulignent que la démarcation entre société et nature est une fiction analytique, mais aussi que la nature elle-même est le produit des activités d'exploitation et de gestion des ressources naturelles. Comme le montrent Sébastien Nobert et Julien Rebotier (chapitre 11), le risque comme objet de gestion des rapports société-nature demeure tributaire des rapports sociaux et des intérêts économiques et politiques qui le définissent. Si le risque lié à la crise environnementale est bel et bien global, ses effets ont tendance à être circonscrits dans l'espace dans la mesure où les territoires ne sont pas tous soumis aux mêmes risques. Enfin, Sébastien Rioux et Rodolphe De Koninck (chapitre 12) soulignent le rôle clé de l'agriculture dans la transformation des écosystèmes. Considérant que l'alimentation constitue une dimension essentielle de notre rapport au monde, la nature des activités agricoles a une incidence cruciale sur l'environnement.

D'ailleurs, en plus d'être l'un des principaux vecteurs de transformation des paysages ruraux, l'agriculture industrielle est l'un des secteurs d'activités contribuant le plus aux changements climatiques et à la destruction de la biodiversité. Les limites géographiques de l'agriculture à grande échelle sont d'autant plus évidentes qu'il existe de nombreuses solutions de rechange non seulement plus productives, mais également plus respectueuses de l'environnement.

CHAPITRE 1

L'émergence du système-monde capitaliste

Patricia Martin

Dans l'histoire du système politique et économique mondial contemporain, l'arrivée de Christophe Colomb sur une île appelée Guanahani, baptisée par la suite San Salvador, aujourd'hui une île de l'archipel des Bahamas, demeure un moment fondateur[1]. Si des peuples d'Europe avaient eu des contacts antérieurs avec les Amériques et que des formes protocapitalistes de commerce et de développement économique s'étaient déjà répandues dans le monde « connu » (Europe, Asie, Afrique), la « découverte » d'un « Nouveau Monde » par Christophe Colomb s'inscrit dans une série de processus qui ont eu un effet durable sur l'organisation spatiale contemporaine du monde. À la suite de la « découverte » des Amériques par l'Europe, le pouvoir capitaliste s'est concentré en Europe, ce qui a conduit, au cours des siècles suivants, à la domination culturelle, politique et économique de cette région sur le globe. Avec la traite des esclaves et leur exploitation, la conquête et la colonisation européennes ont produit des hiérarchies sociospatiales racialisées à plusieurs échelles. De telles hiérarchies ont alors déterminé un accès différencié aux ressources naturelles et sociales, aux moyens de subsistance et au bien-être, comme à la vie elle-même. Ce moment de « découverte » continue à façonner la manière dont nous vivons et imaginons les mondes que nous habitons.

1. Je remercie Anne-Marie D'Amours pour la traduction de ce texte de l'anglais.

L'objectif principal de ce chapitre est de se pencher sur les géohistoires du monde moderne (Grataloup, 2007). Ainsi, la terre n'est pas une toile de fond neutre sur laquelle se déploient les histoires mondiales. Au contraire, les acteurs sociaux et politiques produisent et reproduisent constamment l'espace et les relations spatiales. En ce sens, les « processus historiques » sont aussi toujours des « processus spatiaux ». Ils suivent divers schémas, s'ancrant dans l'espace et le transformant de manière simultanée. Ces géohistoires persistent dans des lieux, influençant de différentes manières nos subjectivités collectives et nos futurs.

La colonisation et l'accumulation primitive

À peine deux ans après que Christophe Colomb eut posé le pied sur l'île de Guanahani/San Salvador, les royaumes européens de Castille-Aragon (Espagne) et du Portugal signèrent, sous l'autorité du pape, le traité de Tordesillas, lequel divisait le monde non chrétien entre ces deux puissances émergentes. Le traité établit une ligne de démarcation Nord-Sud imaginaire à 370 lieues (plus de 2000 km) à l'ouest des îles du Cap-Vert (la ligne traverse la partie la plus orientale de l'Amérique du Sud). Le royaume de Castille-Aragon se vit accorder tout le territoire à l'ouest de cette ligne et le Portugal, tout le territoire à l'est. Une fois que le voyage de Fernand de Magellan autour du monde eut permis de confirmer que la Terre était bien une sphère (1521), on put achever la division du monde entre ces puissances impériales émergentes, en 1529, avec le traité de Saragosse. Ce traité trace aussi une deuxième ligne imaginaire Nord-Sud à l'opposé du globe, dans l'hémisphère oriental traversant notamment l'actuelle Australie ainsi que l'île de Nouvelle-Guinée (carte 1).

Si l'occupation du monde imaginée dans ces traités ne s'est jamais pleinement concrétisée, certaines dimensions de ces revendications territoriales eurent d'importantes répercussions et façonnèrent différentes formes de colonisation européenne dans les siècles qui suivirent. Tout d'abord, il s'agissait d'un exemple clé du pouvoir de la cartographie en montrant comment le décret territorial permettait de revendiquer certains espaces et de produire des résultats géopolitiques durables. Grâce à un tel « acte cartographique », les empires espagnol et portugais produisirent une carte du monde qui donna lieu à un processus d'appropriation territoriale. Une telle carte ne représentait pas le monde, elle le

ARTE 1

ivision du monde entre les empires espagnol et portugais

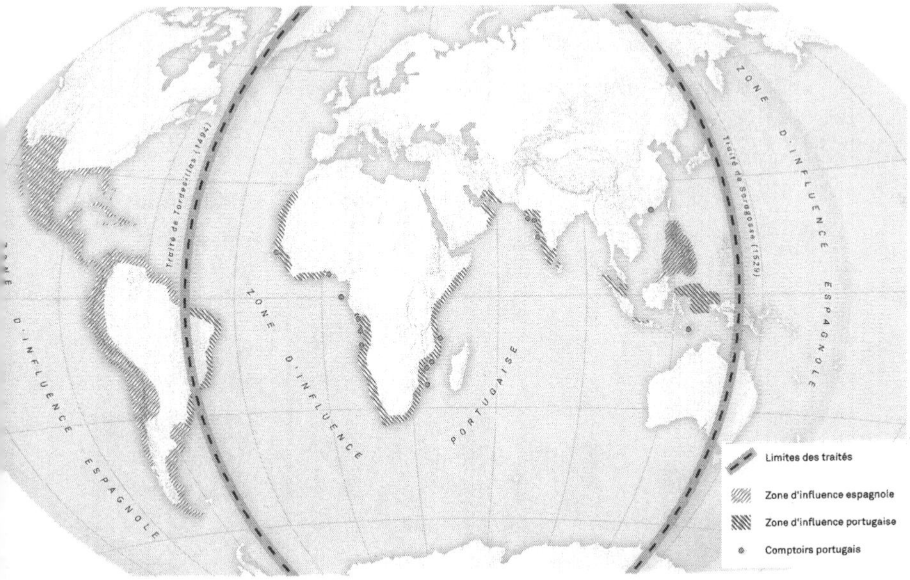

dits : Données Natural Earth (fond de plan). Projection Winkel-Tripel. Rodolphe Gonzalès, adapté de l'atlas
orique de William R. Shepherd, 1911. *The Age of Discovery, 1340-1600*. Université du Texas à Austin.

fabriquait. En effet, dans l'hémisphère occidental, ces traités débouchèrent sur la division territoriale entre le Brésil lusophone contemporain et le reste de l'Amérique latine hispanophone. Pour ce qui est de l'hémisphère oriental, ils expliquent le schéma spatial de la colonisation portugaise le long des côtes de l'Afrique et de l'Inde, ainsi que la ligne étonnamment droite séparant l'Indonésie contemporaine de la Papouasie-Nouvelle-Guinée sur l'île de Nouvelle-Guinée.

En outre, ces traités constituent l'exemple éloquent d'une revendication impériale sur un territoire ayant été formulée avec très peu de connaissance du contexte géographique des espaces revendiqués. Élaborés à partir de l'affirmation d'un droit (divin) sur la terre et ancrés dans un rapport de supériorité, ces traités mobilisent la notion de *terra nullius* (« terre sans maître » en latin) permettant à leurs auteurs de revendiquer ces territoires et d'en justifier l'appropriation. Cette notion ne signifiait pas nécessairement que les empires conquérants considéraient ces territoires comme vacants. Elle impliquait toutefois de percevoir en eux des espaces « vides » de peuples capables ou méritant de gouverner la terre. La notion de *terra nullius* véhiculait donc un discours chargé sur la religion, l'altérité et la civilisation que, à son tour, justifièrent une dépossession territoriale massive.

Souvent, on évoque de manière monolithique les explorations et la colonisation européennes. Il est néanmoins important de reconnaître qu'il s'agissait d'un processus complexe. La volonté d'expansion reposait sur le zèle et le prosélytisme religieux, l'innovation technologique dans le domaine de la construction navale et de la navigation, ainsi que sur la quête étatique et individuelle de richesse et de gloire. Plus complexe peut-être, la crise qui traversait alors le féodalisme européen propulsa les échanges mercantiles au sein de l'Europe. Agissant comme moteur de création de richesse, ce commerce était fondé sur l'expansion constante des réseaux d'échange de marchandises (dentelle, couteaux, fourrures, verre). L'expansion du commerce dépendait également du développement d'un système bancaire et monétaire (prêts pour acheter des biens ou pour investir dans leur production, argent pour faciliter les échanges). Ainsi, l'émergence d'une classe marchande s'articula à une réorganisation spatiale et sociale des sociétés européennes, au sein desquelles les villes acquirent un pouvoir et une autonomie relatifs vis-à-vis de l'ordre féodal (Braudel, 1949).

L'exploration et la colonisation conduisirent donc à l'expansion rapide des réseaux commerciaux européens, ce qui renforça encore davantage le pouvoir des classes marchandes. L'accaparement et l'expansion du commerce des épices de l'Orient motivaient alors en grande partie les voyages outre-mer. À l'époque, des épices comme le poivre, la muscade ou la cannelle étaient très prisées pour leurs propriétés culinaires et médicinales. Néanmoins, ce furent la découverte accidentelle des Amériques ainsi que la conquête de ce continent qui vinrent bouleverser la position économique et la puissance de l'Europe dans le monde. Deux processus économiques clés favorisèrent l'émergence de cette nouvelle géographie économique (Wolf, 1997). Tout d'abord, comme l'affirme l'intellectuel uruguayen Eduardo Galeano, c'est la découverte de grandes quantités de métaux précieux dans les Amériques, l'argent tout particulièrement, qui contribua à l'émergence de l'Europe en tant que puissance économique. Tel qu'il l'expose dans *Les veines ouvertes de l'Amérique latine* (1981), la découverte de la mine d'argent Cerro Rico à Potosi en Bolivie et aussi, dans une moindre mesure, des mines d'argent sur le territoire de l'actuel Mexique transformèrent non seulement l'Amérique latine, mais aussi l'Europe. On estime au bas mot qu'en un siècle et demi, l'Espagne importa trois fois la quantité d'argent détenue à l'époque sur le continent européen. Cet argent, une fois transformé en pièces de monnaie, augmenta considérablement la richesse générale de l'Europe, et son accumulation facilita les opérations bancaires et les échanges sur les marchés. L'argent ne resta pas en Espagne, mais fut bientôt transféré plus au nord, stimulant à son tour l'expansion économique des pays d'Europe du Nord.

L'émergence précoce de plantations de canne à sucre à grande échelle et à forte intensité de main-d'œuvre au Brésil et dans l'ensemble des Caraïbes, parallèlement à la traite et à l'exploitation des esclaves, fut également des plus déterminantes dans l'évolution des relations entre l'Europe et les Amériques. En effet, à la suite de l'effondrement démographique des populations autochtones des Amériques attribuable aux maladies et à la violence de la conquête, les Européens se tournèrent de plus en plus vers la main-d'œuvre esclave d'Afrique pour alimenter l'économie de plantation. Le développement de l'odieux « commerce triangulaire », structuré autour du trafic d'esclaves et du commerce de biens et de marchandises primaires, lia entre eux les territoires d'Europe, d'Afrique et des Amériques de manière totalement inédite, intensifiant les relations économiques entre ces territoires éloignés à mesure que les richesses affluaient vers l'Europe.

Fondées sur le pillage des ressources, l'esclavage et le commerce, l'expansion et la conquête européennes engendrèrent une intense période d'accumulation primitive. Dans un processus d'expansion constante, on arracha de vastes étendues de terres et de biens primaires aux communautés du monde entier, tout en exploitant des corps captifs comme force de travail. Un tel processus de dépossession de la terre, des ressources et de la force de travail alimenta la circulation toujours croissante des marchandises et de l'argent, rassemblant ainsi les conditions nécessaires au développement capitaliste. Sur le continent européen, la circulation accrue de l'argent encouragea à son tour une privatisation des ressources, notamment par le mouvement de cloisonnement des terres (*enclosures*) apparu en Angleterre entre le 16e et le 18e siècle et officialisé au début du 19e siècle. Ce processus consistait en l'appropriation des terres communales par de grands propriétaires pour en tirer une production commerciale. À long terme, un tel processus sapa l'autonomie économique des communautés et des individus, engendrant une dépendance toujours plus grande envers le marché mondial. Les origines exactes de même que l'évolution spatiotemporelle de l'essor capitaliste font l'objet de vifs débats parmi les universitaires. Toutefois, cette matrice coloniale et mercantile racisée fournit une base cruciale pour son développement, tout en modifiant les trajectoires politiques, économiques et culturelles de l'Europe comme des territoires coloniaux qu'elle s'est appropriée (voir chapitre 9).

La conquête européenne et l'expansion territoriale constituèrent un processus spatiotemporel inégal. À compter du 17e siècle, les puissances européennes établirent néanmoins ce qu'Immanuel Wallerstein (2006) a appelé un système-monde. Bien qu'il ne coïncide pas avec le « monde », un système-monde est un ensemble économique intégré englobant de multiples entités politiques et culturelles. Pour élaborer ce concept, Wallerstein s'est inspiré des travaux de l'historien Fernand Braudel et de l'École des Annales, cherchant à mettre en évidence les grands modèles économiques qui soutenaient la vie quotidienne (Braudel, 1949). Dans le même esprit, Wallerstein a observé qu'une des caractéristiques persistantes du système-monde découlant de l'expansion européenne consistait en l'émergence d'un modèle spatial composé d'un centre, d'une semi-périphérie et d'une périphérie, trois entités de nature plus fonctionnelle que normative. Le centre s'articule autour des fonctions de commandement et se caractérise par la diversification économique, l'accumulation du capital et l'innovation technologique. À l'inverse, la périphérie représente un espace soumis à un contrôle externe, souvent caractérisé par une activité économique primaire (agriculture, extraction de ressources naturelles) fondée sur une relation d'exploitation intensive de la main-d'œuvre. Entre ces deux entités se trouve la semi-périphérie, qui contient des éléments des deux et à partir de laquelle il peut y avoir un mouvement, soit vers le centre, soit vers la périphérie. Ainsi, le système mondial est à la fois dynamique et stable. De plus, ces catégories sont relationnelles, ce qui indique également un flux général de richesse de la périphérie vers le centre. Bref, le développement inégal de l'espace est un fait inhérent à l'organisation du système-monde moderne.

La structuration du système-monde

L'émergence du capitalisme comme forme dominante d'organisation économique et sociale mondiale constitue un processus historique et géographique qui s'articule à trois siècles et demi d'évolution et de construction des empires européens. L'expansion du capitalisme ne s'est pas faite de manière linéaire. Elle est plutôt le résultat complexe de son interaction avec l'évolution des formes d'organisation politique, notamment l'émergence de l'État-nation, l'établissement d'empires formels et informels, ainsi que les cycles de domination à l'échelle globale. L'émergence de l'industrialisation capitaliste à la fin du 18e siècle transforma également les relations économiques au sein du système-monde.

Le système-monde contemporain a ceci d'unique qu'il n'a jamais constitué un empire-monde, système dans lequel une entité politique a une autorité officielle sur l'ensemble des échanges économiques. Tout au contraire, c'est l'État-nation qui est devenu l'expression légitime de la souveraineté politique dans le monde contemporain. L'État-nation en tant que réalité et idéal politique émergea progressivement en Europe au fur et à mesure que les puissances européennes se disputaient le territoire et le pouvoir, tant à l'intérieur qu'à l'extérieur du continent. Au sein de l'Europe, l'autorité suprême du pape combinée à une impulsion en faveur de la construction d'un empire unifié s'opposa à une géographie politique de plus en plus multipolaire. Dans la pratique, les luttes entre l'Église catholique, les États-nations et les empires se poursuivirent pendant de nombreux siècles. Néanmoins, les traités de paix de Westphalie (1648) fournissent les conditions propices à l'émergence du principe de souveraineté étatique ainsi qu'à la naissance de plusieurs États indépendants en Europe. Aujourd'hui largement considéré comme allant de soi, le modèle de l'État-nation constituait à l'époque une forme inédite, car il établissait un espace défini et géographiquement limité de l'autorité souveraine (voir chapitre 5). Ces nouveaux espaces politiques en sont venus à correspondre à une communauté politique imaginée et incarnée dans la nation (Anderson, 2002), bien que les limites et le contenu de l'identité nationale soient tout aussi contestés que les frontières officielles de l'État. L'émergence de l'État-nation en Europe se produisit donc parallèlement au processus de colonisation européenne et d'expansion capitaliste, qui aboutit au fil du temps à un mélange de concurrence et de coopération entre les principaux centres de pouvoir.

À une échelle différente, la période historique du colonialisme européen se caractérisa par des cycles successifs de dépossession territoriale globale. Pendant une grande partie de la période coloniale, la mainmise sur les réseaux commerciaux de l'Asie demeura un important moteur de désir et de conflit. Parallèlement, les Amériques devinrent le premier centre officiel d'expansion territoriale (16e-18e siècles), processus qui fut largement facilité par l'effondrement des populations autochtones du continent américain. Une deuxième incursion territoriale importante eut lieu dans la seconde moitié du 18e siècle, lorsque la Compagnie britannique des Indes orientales arracha le contrôle d'une vaste partie de l'Inde à l'Empire moghol. La création du Raj britannique officialisa ce contrôle colonial en 1858. Durant la même période, l'Angleterre colonisa également l'Australie et la Nouvelle-Zélande. La dernière grande série de dépossessions territoriales fut la « ruée vers l'Afrique », du milieu à la fin du 19e siècle, au cours de laquelle les puissances européennes explorèrent puis se divisèrent le continent africain. La Conférence de Berlin de 1884-1885 constitue un autre exemple d'« acte cartographique » par lequel les puissances européennes établirent une division officielle du continent. Ainsi, tout juste après l'abolition de la traite et de l'exploitation des esclaves, une nouvelle forme de dépossession brutale vint définir les relations entre l'Europe et l'Afrique.

La colonisation fut alimentée par un éventail de motivations économiques et politiques, évoluant au fil du temps et selon les puissances coloniales. Elle prit donc des formes spatiales complexes et variées (Blais, Deprest et Singaravélou, 2011). Par exemple, l'Empire espagnol exerça une autorité royale directe au moyen d'un vaste réseau de villes nouvellement créées. Certaines, Mexico par exemple, étaient situées à l'intérieur des terres et furent construites sur des centres urbains préexistants. Toutefois, ces villes restaient souvent isolées les unes des autres, en plus d'être mal connectées au territoire environnant immédiat. D'autres puissances impériales s'intéressèrent, quant à elles, au contrôle des réseaux de commerce mondiaux et se concentrèrent plutôt sur l'établissement de comptoirs commerciaux le long des côtes (par exemple, la ville portuaire portugaise de Goa, sur le sous-continent indien, et la ville portuaire néerlandaise de Batavia, l'actuelle Jakarta, en Indonésie). Enfin, certaines puissances coloniales facilitèrent et encouragèrent la colonisation de peuplement, ce qui créa de nouveaux fronts d'expansion territoriale, comme la colonisation britannique en Amérique du Nord et au Kenya.

Ce schéma spatial complexe fut rythmé par d'intenses rivalités entre les États européens, de même que par des périodes d'hégémonie durant lesquelles un seul pays en vint à dominer l'ensemble du système-monde (Taylor et Flint, 2018). L'hégémonie désigne une concentration exceptionnelle du pouvoir économique, financier, politique et culturel mondial au sein d'un seul pays. Contrairement à un empire officiel, le pouvoir s'exerce de manière informelle par l'établissement de règles internationales et la promotion de valeurs « universelles » qui répondent aux intérêts de la puissance hégémonique mondiale. Certains théoriciens affirment que trois cycles d'hégémonie structurèrent l'évolution historique du système-monde moderne. Le premier cycle se produisit au 17e siècle, lorsque les Pays-Bas établirent un empire commercial mondial, structuré autour d'une compagnie commerciale et maritime soutenue par le gouvernement, la United East India Company (également connue sous le nom de VOC). Considérée comme un précurseur du modèle contemporain de la multinationale, la VOC constitua un site d'innovation économique important et devint ainsi la première société du monde financée par des actions cotées en bourse. Avec l'établissement par la force du port commercial de Batavia, les Néerlandais purent consolider un monopole sur le commerce de l'Orient en se spécialisant dans les épices et la soie, tout en se livrant simultanément au commerce triangulaire dans les Indes occidentales. Au 17e siècle, les colonies néerlandaises s'étendaient dans le monde entier, notamment avec une présence importante en Nouvelle-Néerlande (aujourd'hui New York et la vallée de l'Hudson), à la Guyane néerlandaise (aujourd'hui Suriname), en Afrique du Sud, à Ceylan (aujourd'hui le Sri Lanka) et en Indonésie. Pendant cette période de domination mondiale, les Néerlandais défendirent le principe des « eaux internationales » selon lequel les océans du monde étaient accessibles à tous les pays. D'abord affirmé par Hugo Grotius dans son livre *Mare Liberum*, ce principe, dont on généralisa l'usage à la gouvernance internationale, constituait en soi une évidente manifestation de pouvoir hégémonique. Mais de tels cycles d'hégémonie prirent fin lorsque d'autres puissances étatiques émergèrent pour contester le pouvoir du pays dominant. Pour ce qui est des Néerlandais, leur déclin s'amorça dans la seconde moitié du 17e siècle avec une série de conflits militaires les opposant aux Britanniques.

Une deuxième période d'hégémonie vit alors le jour au 19e siècle, cette fois sous la domination incontestable de l'Empire britannique à l'échelle mondiale. À cette époque, cependant, l'essor de l'industrialisation avait amplement transformé la nature du système-monde émergent. S'amorçant dans l'industrie textile britannique de la fin du 18e siècle, l'industrialisation rassembla de nouvelles formes d'énergie (l'eau et le vent, puis la vapeur) et de machinerie dans un cadre spatial nouveau : l'usine. Cette nouvelle configuration d'énergie, de technologie et de travail accéléra considérablement la production de marchandises. C'est également dans ce contexte que les principaux traits du « mode de production capitaliste » commencèrent à prendre forme.

En tant que mode de production, le capitalisme est une forme d'organisation sociale et économique qui comporte plusieurs caractéristiques particulières relatives à la manière dont le travail s'organise dans la société, de même qu'au but de ce travail et à ses bénéficiaires. Les approches marxistes postulent qu'il existe deux groupes sociaux primaires au cœur de ce mode de production : la bourgeoisie et les travailleurs. Le premier détient la propriété privée des moyens de production – la terre, les outils, la machinerie et les ressources naturelles nécessaires à la production de biens. Dans un rapport de domination, les travailleurs sont quant à eux contraints de vendre leur force de travail pour un salaire moindre que la valeur des objets qu'ils produisent. De cette façon, les profits générés par le travail et par la transformation de la nature en marchandises reviennent à la classe capitaliste. Le but premier de la production n'est donc pas de répondre à des besoins sociaux, mais plutôt d'accumuler des richesses. Le capitalisme se caractérise, en outre, par une accumulation effrénée du capital, dans un processus qui transforme l'argent en marchandises et les marchandises en argent. Ce processus influence la transformation des territoires dans le monde entier ainsi que les relations entre ces territoires.

La colonisation a joué un rôle clé dans la poussée de l'industrialisation capitaliste. En effet, les colonies fournissaient un accès aux ressources naturelles (coton, caoutchouc) de même qu'à une main-d'œuvre bon marché, tout en constituant elles-mêmes des marchés d'exportation « captifs ». À l'expansion du travail salarié dans le centre s'ajoutèrent d'autres formes d'organisation du travail telles que l'esclavage, le péonage et la servitude sous contrat, contribuant également au processus d'accumulation du capital en Europe. Par exemple, l'accès au coton cultivé par les esclaves du Sud des États-Unis joua un rôle déterminant dans l'expansion de l'industrie textile britannique, en même temps que l'Amérique latine constituait un important marché d'exportation.

Tout comme l'hégémonie des Pays-Bas, celle de l'Angleterre fut soutenue par un pouvoir politique officiel et un pouvoir économique officieux. On le sait, au 19e siècle, l'Empire britannique s'étendait sur une portion de tous les continents habités, l'Inde faisant office de « joyau de la couronne ». Or, s'appuyant sur les arguments avancés par Adam Smith dans *La richesse des nations*, l'Empire britannique plaida ouvertement en faveur d'un principe universel de « libre-échange » pour tous les pays. Alors que l'industrialisation progressait dans d'autres pays, dont la France, la Belgique, l'Allemagne et les États-Unis, la position de l'Angleterre en tant que puissance hégémonique mondiale commença à décliner. On peut voir un signe de ce déclin relatif dans la (dernière) vague de colonisation que lancèrent plusieurs pays européens vers la fin du 19e siècle. Finalement, au courant du 20e siècle, le cycle des deux guerres mondiales concrétisa le déclin de l'Empire britannique, ouvrant ainsi la voie à l'ascension des États-Unis comme troisième puissance hégémonique (voir chapitre 2).

La décolonisation

L'émergence du système-monde capitaliste moderne fut alimentée par diverses formes de violence, notamment la violence directe, la violence structurelle et la violence épistémologique. La première qualifie des actes commis par un individu sur un autre et qui entraîneraient des dommages physiques, tandis que la seconde désigne des structures politiques et économiques qui sapent le bien-être d'un individu, provoquant dans certains cas une mort prématurée. Finalement, la violence épistémologique renvoie à des structures représentationnelles et discursives qui dévalorisent systématiquement l'identité et l'intégrité de certains groupes d'individus par rapport à d'autres. Il importe néanmoins de se rappeler que la colonisation ne fut jamais un processus absolu. En effet, les puissances coloniales firent face continuellement à une myriade de formes de résistance et de rébellion, de même qu'à des impératifs de négociation et de concession. L'importante rébellion menée en 1780 par Túpac Amaru II, descendant du dernier roi inca, la rébellion indienne de 1857 contre le règne de la Compagnie britannique des Indes orientales ou encore le soulèvement des Mau Mau au Kenya (1952-1960) comptent parmi ces nombreuses luttes.

La première vague de décolonisation officielle des empires européens se déroula entre la fin du 18e siècle et le début du 19e siècle. Cette transformation géopolitique se produisit dans le contexte du déclin des empires espagnol et portugais, et d'un glissement de l'emprise commerciale vers la France et l'Angleterre. Phénomène amplement régional, la décolonisation commença aux États-Unis (1776) pour se poursuivre en Haïti (1804), avant de s'étendre rapidement à l'Amérique latine (1810-1825) (encadré 1). La guerre d'indépendance américaine et la Révolution française donnèrent une impulsion importante aux idéaux politiques républicains qui, du point de vue des colonies, étaient à la fois antimonarchiques et anti-impérialistes. En Amérique du Sud, Simón Bolívar, notamment, mobilisa ces idéaux, dirigeant la libération des territoires allant de l'actuel Venezuela à celui de la Bolivie. Si, dans certains endroits comme le Mexique et Haïti, les guerres d'indépendance commencèrent sous la forme de puissants mouvements populaires, elles aboutirent à des formes très limitées de changement social, politique et économique. Les sociétés issues du mouvement d'indépendance restèrent marquées par des logiques d'exclusion s'appuyant sur des hiérarchies fondées sur le genre, la race et la classe. Plusieurs des nouvelles républiques limitaient notamment les droits politiques démocratiques aux hommes blancs propriétaires. Alors que ces pays nouvellement indépendants passaient du statut colonial au statut *néo*colonial, leur intégration territoriale restait un défi majeur. La production économique et le développement des infrastructures dépendaient alors fortement d'acteurs extérieurs, s'ils n'étaient pas carrément contrôlés par ces derniers, d'une manière qui profitait aux élites locales et internationales. Cette relation néocoloniale renforça, à son tour, la structure émergente centre-périphérie au sein de l'économie mondiale.

Une deuxième vague importante de décolonisation officielle bouleversa une grande partie du Sud global au lendemain de la Seconde Guerre mondiale. Dans certains cas, la transition officielle se fit de manière relativement pacifique, comme aux Philippines (1946, émancipation des États-Unis), au Ghana (1957, du Royaume-Uni) et au Gabon (1960, de la France). Dans d'autres cas, une forte mobilisation sociale anticoloniale propulsa la décolonisation vers l'indépendance, comme en Inde et au Pakistan (1947, du Royaume-Uni) ainsi qu'en République démocratique du Congo (1960, de la Belgique). Ailleurs, les mouvements d'indépendance conduisirent à des conflits militaires de longue durée, comme au Vietnam

Encadré 1
La Révolution haïtienne comme processus de décolonisation

La Révolution haïtienne (1791-1804) constitue un événement politique exceptionnel. Durant la deuxième moitié du 18e siècle, Saint-Domingue, nom donné à la partie française de l'île d'Hispaniola, devint la principale source de richesses pour l'Empire français. Comme l'explique C.L.R. James (2017), cette «perle» des Antilles illustre le rôle central qu'ont joué les esclaves dans la production et l'exportation du sucre, du café et de l'indigo vers l'Europe, enrichissant les propriétaires des plantations, mais contribuant également à l'expansion rapide de la bourgeoisie française, cette même classe qui se battait pour l'égalité et la liberté pendant la Révolution française. Chaque année durant la décennie 1780, on y importait environ 40 000 esclaves afin d'alimenter l'expansion économique des plantations.

La structure hiérarchique racisée du régime colonial de Saint-Domingue suscita des tensions et des contradictions de plus en plus insoutenables. Avec la Révolution française en 1789, la perspective d'étendre l'accès à la citoyenneté aux Noirs et aux gens de couleur libres dans les colonies animait les conflits politiques à Saint-Domingue. Si dans la métropole l'idée recevait un appui tiède, les colons blancs de Saint-Domingue s'opposèrent férocement à une telle extension des droits citoyens. La Révolution haïtienne débuta en 1791 quand une part importante des esclaves entra en rébellion ouverte. Évoquant les idéaux de la Révolution française, les esclaves mettaient l'abolition de l'esclavage en territoire français au cœur de leurs revendications. Un ancien esclave, Toussaint Louverture, s'imposa alors comme le leader incontesté de la révolution, promouvant un discours de liberté et d'égalité pour la colonie. En 1794, l'Assemblée nationale française abolit l'esclavage dans tout l'Empire français, mais l'ascension de Napoléon remit en cause les acquis politiques révolutionnaires. C'est la volonté de l'empereur de rétablir l'esclavage dans les colonies qui transforma la révolution en lutte pour l'indépendance politique. Grâce aux efforts militaires de Jean-Jacques Dessalines, Ayti, portant un toponyme qui signifie «terres des montagnes» ou «terre montagneuse» en taïno, fut officiellement déclarée indépendante en 1804.

Deuxième pays de l'hémisphère occidental à s'affranchir du joug colonial européen, la révolutionnaire Haïti montre les limites politiques du projet européen des Lumières ainsi que les contradictions profondes sur lesquelles se fondent les valeurs humanistes et universalistes. À long terme, Haïti payera cher son projet anticolonial, antiraciste et antiesclavagiste. Après l'indépendance, la France réussira à lui imposer de sévères sanctions économiques, tandis que les États-Unis instaureront un embargo économique de longue durée et refuseront de reconnaître l'indépendance du pays jusqu'en 1862.

(1945, de la France ; 1974, des États-Unis), en Algérie (1962, de la France) ou en Angola (1975, du Portugal).

L'autodétermination nationale se déclina différemment selon le contexte géopolitique. Le concept même d'autodétermination nationale, selon lequel « un peuple » devrait avoir le droit d'établir sa souveraineté politique, devint, au cours du 20e siècle, un principe déterminant dans la politique internationale. Par exemple, il fit son entrée dans la *Charte des Nations Unies*, confirmant de ce fait le statut de l'État-nation en tant qu'acteur politique légitime dans l'arène internationale contemporaine (voir chapitre 7).

L'extrait suivant du discours du premier président indonésien, Sukarno, exprime clairement le profond sentiment anticolonial qui alimentait les luttes pour l'autodétermination nationale.

> Pour de nombreuses générations, nos peuples ont été ceux qui ont été privés de voix dans le monde. Nous avons été délaissés, nous étions les peuples pour lesquels les décisions étaient prises par d'autres dont les intérêts étaient capitaux, nous étions les peuples qui vivaient dans la pauvreté et l'humiliation. C'est alors que nos nations ont demandé – que dis-je ? –, se sont battues pour l'indépendance, et ont obtenu l'indépendance, et l'indépendance va de pair avec la responsabilité (extrait du discours d'ouverture de Sukarno à la Conférence de Bandung, 1955).

Du côté du tiers-monde, une série de leaders et d'intellectuels cherchèrent à recadrer la géohistoire de l'impérialisme en montrant que la « mission civilisatrice » de l'Europe s'appuyait en réalité sur la violence, l'assujettissement et la dépossession. Conformément à cette posture, les pays nouvellement indépendants tentèrent de créer de nouvelles alliances internationales dans le but de reconfigurer les relations économiques centre-périphérie. Par exemple, par l'entremise des Nations Unies, des dirigeants du tiers-monde cherchèrent à acquérir une autonomie politique et économique concrète vis-à-vis des États-Unis et de l'URSS, notamment par l'entremise du mouvement des non-alignés et du Groupe des 77.

Enfin, des mouvements et des idées révolutionnaires marxistes et socialistes ponctuèrent, certes de manière inégale, les luttes pour l'indépendance de l'après-guerre. Si la Révolution russe de 1917 constitue un événement marquant du 20e siècle, une autre géographie historique de la révolution se déroula également du côté du tiers-monde, passant notamment par le Mexique, la Chine, Cuba et le Vietnam. Ces mouvements postcoloniaux visaient à transformer à la fois la structure de classe du pays, mais aussi à s'affranchir des relations coloniales ou néocoloniales de dépendance. Dans de nombreux cas, les mouvements révolutionnaires du tiers-monde se déployaient en réaction à des formes d'injustice et d'exploitation qui perduraient à l'échelle locale. Toutefois, c'est souvent par le prisme de la géopolitique de la guerre froide qu'on les analysait, encourageant en retour des interventions extérieures.

Au fil des années 1960 et 1970, les aspirations à la paix et au développement commun qui avaient émergé dans l'après-guerre se heurtèrent à la montée du militarisme de la guerre froide. Souvent encouragées et appuyées par le gouvernement américain, les dictatures militaires s'emparèrent du pouvoir au sein de nombreux États postcoloniaux, comme au Chili, aux Philippines ou en Indonésie, sapant du même coup l'optimisme suscité par la décolonisation. Une instabilité économique mondiale alimentée par la crise de la dette des années 1980 ouvrit la porte à la mondialisation du néolibéralisme (voir chapitre 2). À leur tour, ces processus transformèrent une fois de plus les géographies économiques du développement capitaliste, tout en transformant le projet politique décolonial.

* * *

Pour comprendre le développement économique et politique propre aux régions du monde, une géohistoire sur la longue durée, qu'on concentre sur les relations et les processus spatiaux à grande échelle, est importante pour plusieurs raisons. Premièrement, la production de l'espace et le contrôle de la structuration des relations spatiales permettent le développement du capitalisme. D'une part, l'expansion et la transformation continuelle des frontières géographiques montrent une facette du dynamisme propre au capitalisme. D'autre part, les inégalités spatiales, telles que la relation centre-périphérie, ne sont pas seulement le résultat du développement capitaliste, mais elles sont aussi nécessaires à son propre fonctionnement.

Deuxièmement, une telle compréhension de ces géohistoires permet de remettre en question certaines représentations géographiques réductrices et souvent stéréotypées, lesquelles mobilisent des frontières et des binarités fortes pour expliquer le monde : développé/non développé, moderne/traditionnel, Occident/Orient, Nord/Sud. Contrairement à ce que sous-tendent ces dualités, les pays du Sud ou de « l'Orient » ne sont pas en dehors de la modernité et n'existent pas dans un monde du passé, attendant de « rattraper leur retard ».

Pour les géographes critiques, la production de l'espace et des relations spatiales est un élément constitutif des relations de contrôle, de domination et d'exploitation. Pourtant, l'histoire ne s'arrête pas là. Une attention sérieuse portée à l'espace peut aider à mettre en évidence certaines contradictions et faiblesses des modèles spatiaux dominants, ainsi que les géographies de résistance. Dans la mesure où elle offre des outils pour remettre en question les inégalités et les rapports de pouvoir, la géographie contribue activement à un monde plus juste.

CHAPITRE 2

La mondialisation économique

Sébastien Rioux

La mondialisation correspond au processus historique d'expansion du système capitaliste par lequel se constitue un espace Monde. On distingue le monde du Monde, la majuscule marquant la création d'une nouvelle échelle géographique qui fut longtemps inexistante et qui est le résultat – toujours instable et changeant – du processus de mondialisation (Dollfus, 1993). Bien que l'on associe généralement les origines de la mondialisation aux « Grandes Découvertes » qui débutent au 15e siècle (voir chapitre 1), ses dynamiques contemporaines se caractérisent par une croissance vertigineuse des flux économiques mondiaux. En effet, la libéralisation des marchés, la révolution des transports, la financiarisation de l'économie et le développement des technologies de l'information et de la communication (TIC) ont permis une formidable compression de l'espace. Cette compression a permis la massification et l'accélération des flux et des mobilités à l'échelle mondiale, ainsi que la transformation de notre expérience du monde avec l'implantation d'une culture de l'instantané comme nouvel horizon des rapports sociaux.

Christophe Grenier (2019) parle d'« ouverture géographique » pour décrire le processus géohistorique par lequel la mondialisation intègre au système Monde des régions et des territoires jusqu'alors isolés. Si le concept d'ouverture géographique souligne bien le fait que le Monde est une échelle géographique dynamique en constante redéfinition, il rappelle également qu'à chaque ère de mondialisation correspond une aire de diffusion. Ce processus d'unification territoriale demeure toutefois marqué par l'intégration différenciée des territoires au sein de l'économie mondiale. Par conséquent, au lieu de créer un monde uniforme marqué par l'aplanissement des différences spatiales, la mondialisation se caractérise plutôt par le développement géographiquement inégal.

L'aire/ère développementaliste

Au lendemain de la Deuxième Guerre mondiale, le capitalisme doit faire face à une importante remise en question. En effet, durant la première moitié du 20e siècle, les pays capitalistes avancés ont connu la crise financière de 1929 et le chômage de masse, vécu l'essor du fascisme et plongé l'humanité dans deux conflits planétaires qui ont fait des dizaines de millions de morts. De plus, l'expansion du capitalisme depuis la fin du 15e siècle s'est faite par la spoliation des territoires et l'exploitation des peuples au bénéfice des classes bourgeoise et aristocratique des empires coloniaux européens. À l'inverse, l'idéologie communiste a le vent dans les voiles. L'Union des républiques socialistes soviétiques (URSS) s'est retirée, dès sa naissance lors de la révolution d'Octobre 1917, de la Première Guerre mondiale. L'URSS échappe à la crise économique de 1929, se positionne contre le colonialisme européen et pour l'autodétermination des peuples, et joue un rôle décisif dans la chute de l'Allemagne nazie. Malgré ses propres pratiques coloniales, notamment en Europe de l'Est et en Asie centrale, l'Union soviétique constitue un formidable contrepoids au capitalisme au sortir de la Deuxième Guerre mondiale. Sans une profonde transformation dans les structures de l'économie mondiale, c'est la survie même du capitalisme qui est en jeu. C'est dans ce contexte que l'assujettissement politique et économique de l'ère coloniale disparaît graduellement au profit d'une doctrine développementaliste, chapeautée par l'hégémonie des États-Unis (Rist, 2013). Les objectifs de ce vaste projet de développement sont simples : reconstruire les pays dévastés par la guerre et promouvoir la souveraineté politique et le développement économique capitaliste des pays du tiers-monde afin de contrer la popularité grandissante du communisme.

À l'échelle internationale, cette « mondialisation administrée » s'articule autour d'institutions ayant pour but d'encourager le développement économique. D'abord, les accords de Bretton Woods de 1944 établissent les fondements du système monétaire international, centré sur un taux de change fixe mais ajustable. Le système s'appuie également sur la création de deux nouvelles institutions: le Fonds monétaire international (FMI), qui est responsable des règles et de la gestion internationale des politiques monétaires des États, et la Banque internationale pour la reconstruction et le développement (BIRD), qui a pour fonction de promouvoir la croissance du commerce mondial et de financer la reconstruction des pays décimés par la guerre. Par la suite, la mise en place de l'Accord général sur les tarifs douaniers et le commerce (GATT) en 1947 vient encadrer l'expansion du commerce international par la réduction graduelle des barrières commerciales et l'harmonisation des politiques douanières. Enfin, les États-Unis adoptent le plan Marshall en 1947 afin de subventionner la reconstruction industrielle de l'Europe de l'Ouest et du Japon, d'injecter des liquidités dans l'économie internationale et de créer de nouveaux marchés pour l'expansion industrielle et financière étatsunienne. Dans les pays capitalistes avancés, cette période se caractérise par une croissance économique forte, une augmentation de la productivité du travail, une progression du salaire réel et un déclin des inégalités sociales et économiques (Manzagol, 2011).

À l'échelle nationale, la pensée développementaliste s'articule autour de trois idées principales. Le fordisme en tant que méthode d'organisation du travail provient de l'innovation de Henry Ford, qui introduit la chaîne de montage en 1913. Combinée à la division accrue du travail et à la standardisation des pièces, des produits et des machines, la chaîne de montage permet une croissance fulgurante de la productivité du travail dans l'après-guerre. Plus largement, le fordisme s'appuie sur un compromis de classe qui permet l'arrimage entre production et consommation de masse. Si les travailleurs obtiennent le droit de syndicalisation et connaissent une hausse de leur pouvoir d'achat par une augmentation soutenue du salaire réel, en échange, ils acceptent de déléguer au patronat le contrôle du rythme, de l'intensité et de l'organisation de la production. Une deuxième notion importante est celle du keynésianisme, issue des travaux de l'économiste John Maynard Keynes. Contrairement à la pensée économique néoclassique qui postule un équilibre naturel des marchés, Keynes maintient que l'État doit intervenir dans le marché afin de garantir le plein emploi et accroître la demande pour les biens et services. L'effet multiplicateur des dépenses gouvernementales permet de stimuler l'économie en période de ralentissement ou de crise. En ce sens, les déficits sont productifs dans la mesure où ils favorisent un contexte propice aux investissements et à la création d'emplois. Finalement, l'État-providence, par la création de programmes et d'institutions, assure un revenu minimum à la population (salaire minimum, aide sociale), protège les travailleurs de la maladie, de la vieillesse et des aléas du marché (assurance maladie, pension de retraite, assurance-chômage), et offre des services universels aux membres de la société (éducation, logements sociaux, services sociaux).

Sur le plan théorique, le projet du développement s'appuie sur les travaux d'économistes tel Walt Whitman Rostow, qui tente de déterminer les étapes du développement économique afin d'assurer le décollage industriel des pays dits sous-développés. Or, comme le soulignent les théoriciens de la dépendance, les pays décolonisés, en dépit d'une souveraineté politique nouvellement acquise, demeurent dans un rapport de dépendance économique hérité de l'ère coloniale (voir chapitre 1). En effet, la division coloniale du travail a créé un développement géographiquement inégal où l'économie des pays du Sud global repose sur l'exportation de matières premières et l'importation de produits manufacturés des pays capitalistes avancés. Puisque le prix des matières premières tend à stagner ou à baisser et celui des biens manufacturés à augmenter, la mondialisation a pour conséquence d'engendrer une détérioration des termes de l'échange, renforçant par le fait même la dépendance économique des pays du Sud global envers les pays du Nord global. S'inspirant de la théorie de la dépendance et des travaux de l'historien Fernand Braudel, le sociologue Immanuel Wallerstein conçoit le développement géographiquement inégal comme le résultat d'une division internationale du travail qui régit l'ordonnancement des territoires selon une intégration hiérarchique du monde en trois entités : le centre, la semi-périphérie et la périphérie. Pour Wallerstein, le sous-développement n'est donc pas une anomalie de la mondialisation capitaliste, mais l'une de ses caractéristiques principales (Wallerstein, 2006).

Afin de renverser le poids des inégalités issues du processus de mondialisation, de nombreux pays ont pris le chemin du développement en adoptant une politique d'industrialisation par substitution aux importations (ISI). Comme son nom l'indique, l'ISI cherche à briser la dépendance économique et technologique des pays du Sud global par l'établissement d'une base industrielle nationale permettant la production – plutôt que l'importation – de certains biens. C'est l'économiste japonais Kaname Akamatsu qui élabore cette approche dans les années 1930 avec sa théorie du vol des oies sauvages. Dans cette théorie, chaque oie représente un pays positionné dans la formation industrielle mondiale. S'amorçant avec des produits simples sur le plan de la technicité, le processus d'industrialisation se transforme avec le développement technologique du pays, qui abandonne graduellement la production de produits simples à faible valeur ajoutée pour se concentrer sur la production de biens de consommation technologiquement plus avancés. Les activités productives abandonnées sont alors délocalisées vers un pays où les coûts, les compétences et les qualifications de la main-d'œuvre sont moindres, permettant à celui-ci d'entamer son processus d'industrialisation. Dans l'après-guerre, les tenants de l'ISI souligneront aussi l'importance des politiques protectionnistes, de la scolarisation et des réformes agraires afin de permettre la formation d'une main-d'œuvre qualifiée (voir chapitre 12). L'État joue ici un rôle de premier plan en mobilisant les ressources humaines, matérielles et monétaires nécessaires au décollage économique, souvent en exerçant un contrôle rigide sur les relations de travail (Fishwick, 2019).

En lien avec la révolution des transports (maritimisation et conteneurisation) et la standardisation des machines et des procédés de travail, l'ISI a favorisé la délocalisation d'une partie de la production de biens manufacturés vers les pays du Sud global (voir chapitre 4). Cette restructuration de l'espace de production mondiale a permis l'émergence des nouveaux pays industrialisés (NPI) tels que le Mexique, le Brésil et les dragons asiatiques (Corée du Sud, Hong Kong, Singapour, Taïwan). L'importance grandissante des NPI dans les années 1960 et 1970 débouche sur une nouvelle division internationale du travail (NDIT), principalement ancrée dans les secteurs du textile et de l'électronique. Contrairement à la division coloniale du travail qui confinait les pays du Sud global à l'exportation de matières premières à faible valeur ajoutée, la NDIT se caractérise par le transfert d'une partie de la production industrielle et manufacturière vers les pays en développement. Si la NDIT signale bel et bien l'effritement des logiques de dépendance ayant structuré le travail à l'échelle mondiale durant l'ère coloniale, d'importantes asymétries spatiales perdurent toutefois alors que de nombreux pays d'Afrique, d'Asie et d'Amérique latine demeurent en marge de la mondialisation des systèmes productifs.

La mondialisation néolibérale

À la fin des années 1970, la démarche politique qui a donné sa légitimité au pacte social d'après-guerre se désagrège alors que l'approche développementaliste ne semble plus soutenir une croissance dynamique. Émerge alors un nouveau paradigme selon lequel la libéralisation des marchés serait le meilleur moyen d'assurer le développement économique. Après son instauration violente au Chili par le dictateur Augusto Pinochet en 1973, le néolibéralisme devient un courant dominant à l'échelle mondiale avec l'élection de Margaret Thatcher au poste de première ministre du Royaume-Uni en 1979 et celle de Ronald Reagan à la présidence américaine en 1980. Pour le géographe David Harvey (2014), le néolibéralisme est une idéologie selon laquelle le meilleur moyen de contribuer au bien-être est de favoriser la croissance économique avec un cadre institutionnel fondé sur la propriété privée, le libre marché et le libre-échange. Poussé par le FMI et la Banque mondiale à partir du milieu des années 1980 pour restructurer les pays fortement endettés, le néolibéralisme s'étend dans la majeure partie des pays industrialisés et en développement. La chute du bloc soviétique au début des années 1990 parachève l'intégration des territoires nationaux à une économie capitaliste désormais mondiale. La création de l'Organisation mondiale du commerce (OMC) en 1995 vient consolider l'ouverture géographique néolibérale en instituant le principe du libre-échange comme principe fondateur de la mondialisation contemporaine.

La mondialisation néolibérale ne représente pas la fin de l'État, mais plutôt la transformation de son rôle au sein de l'économie (Dicken, 2015). Beaucoup moins interventionniste, l'État néolibéral cherche plutôt à créer un environnement réglementaire concurrentiel pour favoriser l'innovation et améliorer la productivité et la profitabilité des entreprises. En ce sens, la dérégulation vise à mettre en place un cadre économique orienté vers le libre-échange et l'accroissement de la liberté des acteurs économiques. La crise de la dette qui débute dans les années 1980 va fortement contribuer au processus de libéralisation économique, en plus d'encourager une dérégulation compétitive entre pays pour attirer les investissements et promouvoir la croissance économique. En effet, dans les années 1960 et 1970, les États décolonisés se sont lourdement endettés auprès des banques et des institutions internationales afin d'assurer leur développement économique et industriel. Or, le premier choc pétrolier et l'adoption d'un régime de changes flottants au début des années 1970 débouchent sur une crise économique caractérisée par la stagflation, soit une croissance économique faible ou nulle et une inflation forte. Avec la chute de la demande internationale et l'augmentation des coûts de production, plusieurs dizaines de pays en développement souffrent d'une croissance économique trop faible pour soutenir leur taux d'endettement. Les difficultés sont telles qu'à partir des années 1980, de plus en plus de pays sont incapables de rembourser leur dette. Tout au long des années 1980 et 1990, l'aide financière du FMI et de la Banque mondiale aux pays endettés devient conditionnelle à la mise en place de mesures de libéralisation, mieux connues sous le nom de programmes d'ajustement structurel (PAS). Loin d'améliorer la situation, ces PAS, qui s'appuient entre autres sur la réduction des barrières tarifaires, l'accroissement de la mobilité du capital, la dévaluation monétaire et la privatisation des entreprises d'État, appauvrissent la grande majorité des pays touchés.

On associe souvent la mondialisation, en tant que vaste mouvement d'intégration, à un processus d'homogénéisation. En effet, l'expansion territoriale de la marchandisation et l'accroissement des flux se traduisent non seulement par un relâchement des normes juridiques, politiques et morales qui encadraient jusque-là la vie économique, mais également par l'uniformisation de la consommation et des imaginaires culturels. Or, la mondialisation n'en demeure pas moins caractérisée par un important processus de différenciation spatiale qui se déploie à plusieurs échelles. Par exemple, à l'échelon infranational, la différenciation fonctionnelle des territoires s'observe entre autres par la multiplication des zones franches appelées zones économiques spéciales (ZES). Les ZES sont des aires géographiques qui ne sont pas soumises au droit commun d'un territoire. Conçues par les États pour attirer les investissements étrangers, créer des emplois et favoriser les transferts technologiques, les ZES permettent aux entreprises qui s'y établissent de bénéficier d'avantages économiques tels que l'abaissement des droits de douane, la réduction de la réglementation protégeant les travailleurs et l'environnement, une fiscalité avantageuse et la présence d'une main-d'œuvre qualifiée à moindre coût. Si les « maquiladoras » mexicaines constituent l'archétype de la zone franche, ce sont surtout les ZES chinoises qui ont connu un développement fulgurant au cours des dernières décennies. Par exemple, la zone franche de Shenzhen, créée en 1980, est une plaque tournante de la mondialisation contemporaine. Troisième plus grand port à conteneurs au monde, Shenzhen accueille quelques-unes des plus importantes usines d'assemblage d'appareils électroniques, dont Foxconn, une entreprise taïwanaise responsable de l'assemblage des iPhone d'Apple. La multiplication des zones franches depuis les années 1980 constitue une importante rupture par rapport à l'uniformité juridique, politique et économique des territoires durant la période développementaliste de l'après-guerre.

Mise à part la reconfiguration du rôle de l'État, la mondialisation néolibérale se traduit aussi par une concentration sans précédent du pouvoir économique entre les mains des grandes entreprises. Longtemps considérées comme des objets secondaires, celles-ci sont désormais au cœur des réflexions en géographie économique. La chute des coûts du transport, l'ouverture des marchés et le rôle grandissant de l'informatique dans la coordination logistique des activités ont permis l'expansion des firmes dans l'espace mondial. Si l'on associe fortement la mondialisation néolibérale à l'augmentation quantitative des firmes *multi*nationales, c'est-à-dire des entreprises qui sont présentes dans plusieurs pays, elle correspond également à une mutation qualitative associée aux firmes *trans*nationales. Ces dernières sont les véritables artisanes du développement des chaînes de valeur globales qui se généralisent depuis les années 1990. Comme son nom l'indique, la firme transnationale privilégie le dépassement du cadre national avec des réseaux de production mondiaux visant à optimiser les bénéfices de ses activités. À l'usine nationale typique de la période développementaliste se substitue l'usine mondiale de la mondialisation néolibérale. Cette dernière peaufine davantage encore les grands principes du toyotisme. Développée par le constructeur automobile Toyota, cette organisation du travail s'articule autour de la synchronisation des flux selon la demande et le rythme d'assemblage. Le juste-à-temps permet de diminuer les coûts de production par une gestion en temps réel des inventaires afin de réduire le gaspillage et le maintien de stocks excédentaires dispendieux (Boulay et Grandclément, 2019).

Les géographes distinguent l'entreprise en tant qu'entité juridique de l'usine, qui correspond au lieu physique où sont produits les biens et les services. Les grandes entreprises se composent souvent d'un ensemble de filiales. Ce découpage stratégique permet de tirer profit de la segmentation politique et juridique des territoires, par exemple en établissant des filiales dans des paradis fiscaux où les taux d'imposition sont faibles. Contrairement à l'entreprise fordiste caractérisée par une intégration nationale des activités productives, deux processus principaux animent l'organisation spatiale de la production des grandes entreprises à l'ère néolibérale. D'une part, l'externalisation des activités a pour but de confier à d'autres entreprises certaines fonctions ou étapes du processus de production (on parle communément de sous-traitance). Il s'agit de rationaliser les opérations d'une entreprise afin de se concentrer sur un plus petit nombre de tâches à haute valeur ajoutée et de réduire les coûts de production. Certaines entreprises comme Nike ou Apple vont très loin en externalisant l'entièreté de leurs activités de fabrication, ne retenant que les fonctions de direction, de recherche et de commercialisation. D'autre part, la reterritorialisation fonctionnelle correspond à la délocalisation des activités d'une entreprise par leur séparation géographique. Ainsi, de nombreuses entreprises ont recours à la délocalisation de leurs activités productives afin d'exploiter une main-d'œuvre bon marché, un environnement politique moins contraignant et des régimes fiscaux plus généreux, ce que facilite la multiplication de filiales étrangères enregistrées sur des territoires éloignés du siège social. Le résultat est une géographie économique qui se traduit par la multiplication des filiales et des établissements au sein de réseaux de production mondiaux.

Les grandes entreprises redessinent aussi la géographie de la production avec l'investissement direct étranger (IDE), qui correspond à un investissement transnational durable dans une entreprise résidente d'un autre pays que celui de l'investisseur direct. Estimés à 205 milliards de dollars en 1990, les IDE en totalisaient près de 2000 milliards en 2015, un sommet historique. Les pays capitalistes avancés – les États-Unis, l'Europe de l'Ouest et le Japon en tête – en demeurent les principaux pays émetteurs depuis 1945. Bien que leur part des IDE sortants ait diminué depuis la crise financière de 2008, la domination des entreprises du Nord demeure. Le déplacement des activités économiques vers l'Est a toutefois permis la constitution d'importants pôles de développement régional en Asie de l'Est et du Sud-Est. Le caractère sélectif du développement et l'intégration différenciée des territoires à l'économie mondiale sont visibles dans le classement des principaux pays récepteurs d'IDE : États-Unis, Chine, Hong Kong (Chine), Brésil, Singapour. On observe également une transformation dans la nature des investissements depuis le début des années 2000 : alors que le poids relatif des secteurs agricole, minier et manufacturier est en baisse, celui du secteur des services est en forte hausse.

La financiarisation constitue une autre dimension fondamentale de la mondialisation néolibérale. Il s'agit du processus par lequel une proportion croissante du revenu national total est captée sous forme de revenus tirés du contrôle d'actifs financiers. Concentré dans les villes mondiales, le pouvoir de la finance se voit notamment dans la hausse des activités FIRE (Finance, Insurance, Real Estate) au sein de l'économie. La financiarisation s'accompagne également d'une importante transformation de l'actionnariat. Les individus qui composaient l'essentiel des actionnaires des sociétés cotées au tournant des années 1980 ont été remplacés par des compagnies et des investisseurs institutionnels tels que les banques, les sociétés d'assurance et les fonds de placement et de retraite, qui tirent une part de plus en plus grande de leurs revenus des intérêts ou des dividendes de l'achat et de la vente de titres. Étant donné leur important pouvoir organisationnel et financier, ils exercent un poids considérable sur la gouvernance des entreprises et l'organisation des marchés financiers.

On recourt souvent à la règle des « trois D » (Bourguinat, 1987) pour comprendre la mondialisation financière. D'abord, la déréglementation désigne l'assouplissement ou la suppression des mécanismes de régulation issus des accords de Bretton Woods. La suppression des contrôles sur les mouvements de capitaux et l'abolition du contrôle des changes depuis la fin des années 1970 participent de cet abandon des normes encadrant les transactions financières à l'échelle nationale et internationale, contribuant ainsi à la diminution des règles prudentielles en matière d'innovation financière. Ensuite, le décloisonnement des marchés financiers renvoie à la suppression progressive des frontières imposant une séparation stricte des marchés de capitaux, qui avaient pour but de limiter la spéculation et l'instabilité financière. Le décloisonnement se fait à l'échelle nationale, par l'élimination des barrières entre divers types de marchés financiers, et internationale, par la suppression des frontières entre les marchés nationaux. Enfin, la désintermédiation des banques correspond à une mutation structurelle dans l'origine du financement des entreprises et des particuliers, qui ont de plus en plus recours aux marchés financiers – plutôt qu'aux banques commerciales – pour financer leurs dépenses. Si l'émission de titres demeure l'un des principaux vecteurs de financement des entreprises, on voit également croître le rôle des investisseurs institutionnels tels que les sociétés d'assurance ou les caisses de retraite, qui cherchent à faire fructifier leur capital. Pour ce qui est des ménages, les cartes de crédit de détaillants, les prêts automobiles ou encore l'étalement des paiements d'électroménagers sont autant d'exemples du rôle accru que jouent aujourd'hui les services financiers des entreprises dans l'offre de crédit.

L'internationalisation qui débute dans les années 1980 favorise la diffusion et l'adoption rapide des innovations qui s'organisent de plus en plus autour de pôles et de réseaux hyperspécialisés capables de fournir les ressources matérielles et intellectuelles nécessaires au développement économique. Contrairement aux modèles de localisation classiques qui avaient tendance à réduire la diffusion territoriale des activités économiques aux coûts des transports, les nouveaux modèles s'intéressent aux qualités relationnelles des agglomérations (« *clusters* »). Technopole reconnue mondialement dans le secteur des nouvelles technologies de l'information et du multimédia, Montréal est devenue un lieu de prédilection pour les entreprises spécialisées dans l'imagerie et le son numériques, essentielles à la production d'effets spéciaux pour le cinéma, les jeux vidéo et le contenu Internet. L'écosystème montréalais jouit de politiques fiscales avantageuses pour l'industrie et abrite un grand nombre de collèges, d'universités et de centres de recherche permettant la formation d'une main-d'œuvre qualifiée. De plus, le nombre et la proximité physique des acteurs de l'industrie nourrissent une rétroaction positive, favorisant la concentration des investissements, la circulation des connaissances et la présence d'une main-d'œuvre spécialisée. Cette « coopétition », c'est-à-dire la coopération entre acteurs qui sont aussi des compétiteurs, est typique des agglomérations contemporaines.

Pour Pierre Veltz (2008), la concentration spatiale des flux économiques au sein de territoires hyperspécialisés (technopoles, ZES, paradis fiscaux, centres financiers, ports) souligne bien l'émergence d'une économie d'archipel où se concentrent les fonctions de direction et les activités à forte valeur ajoutée. Alors que la finance globale demeure ancrée au sein des grandes métropoles telles que New York, Londres, Tokyo, Shanghai et Hong Kong, un nombre de plus en plus important d'entreprises multinationales et d'individus abritent leurs avoirs dans des sociétés « *offshore* » enregistrées auprès de paradis fiscaux tels que les îles Vierges, les îles Caïmans et le Luxembourg. D'ailleurs, le journal *Le Monde* évalue à 350 milliards d'euros l'impôt qui échappe au fisc des États chaque année, dont 20 milliards à l'État français. Les paradis fiscaux facilitent également ce que Roger Brunet appelle l'antimonde, soit la mondialisation des activités criminelles qui tirent avantage du secret bancaire pour engranger les revenus issus des marchés de la drogue, de la prostitution et du trafic d'armes et d'êtres humains, facilitant par le fait même les opérations de blanchiment d'argent. La forme archipélagique de la géographie économique contemporaine se traduit aussi par la production de nouvelles « périphéries » au cœur même des États, comme en témoignent les hauts taux de chômage structurel et de pauvreté des anciennes régions industrielles comme le bassin minier du Nord-Pas-de-Calais en France ou la *Rust Belt* du nord-est des États-Unis.

La géographie du travail

Le passage à la mondialisation néolibérale implique d'importants changements dans l'organisation et la nature du travail. On note d'abord une segmentation encore plus fine des processus de production. Si la libéralisation de l'économie mondiale a permis aux entreprises d'exploiter les écarts de coût de main-d'œuvre, de qualification et de réglementation entre pays et régions, les progrès dans le domaine des transports et des TIC ont grandement augmenté leur capacité de commande et de coordination. Les flux croisés de pièces et de biens intermédiaires sont tels que les échanges entre les entreprises et leurs filiales ou fournisseurs constituent aujourd'hui la majorité du commerce mondial. L'hyperspécialisation des territoires et leur insertion différenciée dans les chaînes de production mondiale représentent ainsi une rupture avec la période de l'après-guerre où le commerce international se fondait principalement sur les échanges de produits finis. En ce sens, la mise en place d'un système de production multipolarisé entre matière première, fabrication, assemblage et développement technologique marque l'avènement d'une nouvelle division internationale du processus productif (NDIPP). Alors que la NDIT se caractérisait par un déplacement de la production industrielle dans de nouvelles régions manufacturières, la NDIPP souligne le rôle intégrateur que jouent les firmes transnationales dans l'organisation archipélagique de la production mondiale. L'émergence depuis quarante ans des tigres asiatiques (Indonésie, Malaisie, Philippines, Thaïlande, Vietnam), des BRICS (Brésil, Russie, Inde, Chine, Afrique du Sud), de l'Argentine, du Chili, de la Colombie et de la Turquie sur la scène économique internationale tient en grande partie à leur capacité d'occuper de façon stratégique un ou des nœuds du processus productif.

Outre la segmentation du processus productif, la géographie du travail se distingue par la restructuration du marché du travail et la transformation graduelle du rapport de pouvoir entre employeurs et employés. Au cœur de ces changements se trouvent la flexibilisation du travail, c'est-à-dire la montée du travail atypique, l'émergence de nouvelles formes de travail et la multiplication des statuts. La croissance du travail à temps partiel et temporaire, de la sous-traitance, du travail autonome et à la pièce, du travail saisonnier des migrants et des aides familiales, du cumul des emplois et du secteur informel sont autant d'exemples des conséquences de cette restructuration sur la qualité du travail et de l'emploi. La flexibilisation du marché du travail consiste à assouplir, voire à supprimer les restrictions et les obligations imposées durant la période fordiste, notamment en ce qui concerne la durée des contrats, les indemnités de départ, le salaire minimum et les avantages sociaux. Pour Pierre-Noël Giraud (2015), la mise en compétition des travailleurs et travailleuses à l'échelle mondiale fait ressortir la distinction entre emplois nomades (ou compétitifs) et emplois sédentaires (ou protégés), c'est-à-dire entre les emplois soumis à la concurrence extérieure et ceux qui, pour diverses raisons, sont difficilement délocalisables. Le principal défi pour les gouvernements est d'attirer les emplois nomades – généralement mieux qualifiés et mieux rémunérés – afin de créer des pôles de développement à forte valeur ajoutée.

Une autre caractéristique de la mondialisation néolibérale est la croissance du travail informel, qui englobe les entreprises et travailleurs qui ne sont pas enregistrés auprès de l'État et qui, de ce fait, ne sont pas régis par la réglementation nationale en matière de relations de travail. Si le travail informel prédominait déjà dans de nombreux pays avant les réformes néolibérales, celles-ci contribuent cependant à l'augmentation du phénomène par le démantèlement progressif des structures institutionnelles instaurées durant la période d'après-guerre, qui avaient pour but d'augmenter l'emploi formel sur les marchés du travail. Selon l'OIT (2019), environ 2 milliards de personnes (61,2 % de l'emploi mondial)

Encadré 2
Quel avenir pour le travail ?

Quel est l'avenir de la main-d'œuvre dans un monde de plus en plus automatisé ? Bon nombre d'analystes prédisent une baisse de la demande de main-d'œuvre au cours des prochaines décennies. Par exemple, Adidas, le géant allemand de la chaussure, a récemment annoncé la construction de deux nouvelles usines entièrement automatisées. Bien que de nombreuses entreprises investissent massivement dans l'automatisation et la robotisation des équipements afin d'augmenter la productivité du travail et diminuer les coûts de main-d'œuvre, c'est surtout la connectivité des acteurs, objets et processus qui constitue la transformation majeure de notre époque. Associés à l'émergence d'une quatrième révolution industrielle, ces changements technologiques sont à l'origine d'une économie de plateforme dominée par les GAFA (Google, Apple, Facebook, Amazon) et autres géants du numérique qui génère une quantité vertigineuse de données permettant la création de nouvelles chaînes de valeur.

Une des principales dimensions de cette révolution technologique est le développement des véhicules autonomes. Par exemple, la société minière multinationale Rio Tinto exploite actuellement 69 camions autonomes dans le cadre de son projet Pilbara, en Australie. Contrairement aux dizaines de millions de chauffeurs de taxi, de travailleurs des transports en commun, de camionneurs ou de livreurs, une voiture sans chauffeur comporte des frais d'exploitation modestes, peut travailler sans arrêt, échappe à la réglementation du travail, et la grève et la négociation de meilleures conditions lui sont étrangères. Étant donné les investissements colossaux des géants internationaux comme Apple, Ford, Google, Honda, Intel, Microsoft et Toyota dans la recherche et le développement des véhicules sans conducteur, on peut s'attendre à y voir la prochaine grande révolution des transports, où la croissance économique se combinera à des mises à pied massives.

travaillent dans l'économie informelle et produisent des biens de consommation et des services essentiels sur lesquels beaucoup de gens comptent au quotidien. Les pays émergents et les pays en développement, qui représentent 82 % de l'emploi mondial, comptent 93 % des emplois informels dans le monde. En moyenne, près de 70 % des travailleurs dans ces pays besognent dans le secteur informel, comparativement à 18,3 % dans les pays développés. Au Mozambique, une série de PAS durant les années 1980 et 1990 a réduit la main-d'œuvre des secteurs industriel et public, ce qui a eu pour effet d'élargir la place du secteur informel dans la capitale, Maputo. Comme dans la plupart des grandes villes d'Afrique, le travail informel demeure la forme d'emploi la plus courante. Puisque l'État ne reconnaît pas la légitimité de ces activités, les infrastructures et les services pour les travailleurs informels demeurent inadéquats. Les vendeurs ambulants occupent donc les terrains vacants, établissent des marchés spontanés et se font harceler par la police. L'absence de protection légale des commerçants informels de Maputo est essentielle pour comprendre leur précarité spatiale dans la ville.

On constate également une augmentation du travail forcé à l'échelle mondiale depuis quelques décennies (OIT, 2017). L'OIT, qui définit le travail forcé comme un travail accompli contre son gré et sous la menace d'une peine quelconque, estimait à 40,3 millions le nombre de victimes d'esclavage en 2016 : 16 millions de travailleurs exploités par le secteur privé et 4,1 millions par les États, 3,8 millions d'adultes et 1 million d'enfants victimes d'exploitation sexuelle commerciale, et 15,4 millions de personnes vivant dans un mariage forcé. S'il ne connaît aucune frontière, le phénomène n'en demeure pas moins géographiquement inégal entre l'Asie-Pacifique (25 millions de personnes), l'Afrique (9,2 millions), l'Europe et l'Asie centrale (3,6 millions), les Amériques (2 millions) et les États arabes (0,5 million). On estime à 150 milliards de dollars les profits générés par le travail forcé. La restructuration néolibérale des marchés du travail a profondément transformé le rapport de pouvoir entre capital et travail, favorisant ainsi l'expansion du travail non libre au sein des populations fragilisées, qui ont peu ou pas de moyens de résister ou de revendiquer leurs droits. De la même façon, la précarité juridique des migrants en situation irrégulière peut les contraindre à accepter des conditions encore plus défavorables s'ils ont accumulé des dettes et subi la confiscation de leurs pièces d'identité, la retenue de leur salaire ou la menace d'une dénonciation aux autorités. Que ce soit parmi les travailleuses domestiques philippines à Taïwan, les travailleurs agricoles mexicains au Canada ou les ouvriers indiens du secteur de la construction au Qatar, un nombre croissant de cas d'abus souligne la précarité grandissante du travail dans un système qui fabrique de plus en plus de « travailleurs jetables ».

Enfin, la mondialisation néolibérale transforme la nature des migrations ouvrières (voir chapitre 6). Le développement d'une industrie des services dans les pays capitalistes avancés contribue d'abord à accroître l'importance des travailleuses migrantes autonomes, qui recherchent des perspectives économiques dans le travail domestique, le commerce de détail, les services de traiteur, l'hôtellerie, les chaînes de montage, les soins de santé et le divertissement. On observe ensuite une évolution géographique des flux de migrants. Aujourd'hui, bon nombre d'États sont à la fois des pays d'origine, de transit et de destination, leur statut changeant selon le degré d'intégration de leurs villes et de leurs régions dans l'économie mondiale, les caractéristiques de leurs secteurs et perspectives économiques, et la présence de communautés de migrants susceptibles de faciliter la migration. Enfin, la migration de retour est en progression, à mesure que les gouvernements mettent en œuvre des programmes de migration temporaire et de travailleurs invités, qui restreignent leur présence spatiotemporelle dans le marché du travail. En lien avec ce resserrement des mesures de contrôle de l'immigration dans les pays capitalistes avancés émerge une nouvelle tendance quant à l'évolution géographique de la migration internationale des travailleurs : la migration Sud-Sud concerne maintenant 38 % des migrants, comparativement à 34 % pour la migration Sud-Nord, rompant ainsi avec la tendance historiquement dominante.

* * *

La mondialisation économique pose au moins trois grands défis. Le premier a trait à l'accroissement des inégalités socioéconomiques. Selon les estimations de Crédit Suisse, la part de la richesse mondiale détenue par 1 % et 10 % des plus nantis était respectivement de 44,9 % et de 81,8 % en 2020. Toujours selon le même rapport, la moitié la plus pauvre de l'humanité (environ 3,7 milliards d'individus) détenait moins de 1 % de la richesse mondiale. Selon une étude récente de la House of Commons Library, le service de recherche officiel du Parlement britannique, le centile supérieur détiendra 66 % de la richesse mondiale en 2030 si la tendance actuelle se maintient. Même au sein des pays les plus avancés, l'ascenseur social est en panne. L'Organisation de coopération et de développement économiques (OCDE) rapporte qu'il faut désormais en moyenne cinq générations pour qu'une personne issue d'une famille pauvre puisse atteindre le revenu moyen de son pays. La mondialisation ne se caractérise donc pas par l'exclusion des pauvres, mais par leur intégration différenciée dans les circuits d'accumulation du capital. En effet, ce « marché des pauvres » compte 4 milliards d'individus, lesquels représentent une masse impressionnante de consommateurs qui reconduisent au quotidien la mondialisation (Choplin et Pliez, 2018).

La mondialisation pose ensuite un défi démocratique. Contrairement aux prédictions des penseurs libéraux, pour qui la libéralisation des marchés est le moteur de l'expansion des droits sociaux et des libertés individuelles, on constate que les pays ayant connu les plus fortes croissances économiques sont souvent des pays autoritaires où les gouvernements interviennent activement dans les sphères économique, sociale et politique. La Chine, la Corée du Sud, l'Égypte, les Philippines, Taïwan et la Turquie ne sont que quelques exemples de pays où l'État intercède pour limiter les revendications des travailleurs et contraindre les libertés individuelles. Parallèlement, on observe la montée des idéologies racistes et xénophobes, qui s'expriment par la centralisation du pouvoir politique, un resserrement des politiques d'immigration et une vision citoyenne différenciée. Pour plusieurs observateurs, ce repli identitaire représente une instrumentalisation politique inquiétante de l'insécurité économique issue de la mondialisation néolibérale.

Enfin, la production et la consommation de masse sont au cœur de la crise environnementale qui bouleverse actuellement les cycles de régulation planétaire (voir chapitres 10 et 11). Les changements climatiques, la pollution, la déforestation et le gaspillage à grande échelle sont autant d'exemples d'un désastre environnemental engendré par un système économique incapable de reconnaître les limites que lui impose la finitude des ressources terrestres. Ainsi, l'anthropocène constitue non seulement une nouvelle ère géologique, mais également une nouvelle aire géographique fondée sur la constitution d'une nouvelle échelle spatiale globale. Contrairement à la mondialisation, la globalisation permet d'entrevoir une nouvelle ouverture géographique où l'incidence du système Monde sur le système Terre repositionne l'échelle des rapports sociaux et environnementaux à un niveau global, c'est-à-dire qu'ils se rattachent aux propriétés et aux dynamiques géophysiques du globe terrestre dans son ensemble.

CHAPITRE 3

Tous urbains ? Villes et dynamiques métropolitaines

Violaine Jolivet

Les villes sont des centres névralgiques, lieux d'échanges économiques, carrefours des mobilités et espaces sociaux caractérisés par une forte diversité. Elles concentrent la majorité des services et industries et présentent des modes de vie et des formes du sentiment d'appartenance qui diffèrent généralement des campagnes environnantes. Un vieil adage allemand du 15e siècle disait « l'air de la ville rend libre » pour souligner à la fois le rêve d'ascension sociale de certains paysans qui quittaient leur région pour rejoindre la ville, et également une surveillance sociale et politique moins étroite en ville que dans les campagnes, ainsi que la création d'autres sociabilités et solidarités.

Le nombre de villes et de citadins dans les différentes régions du globe est une information importante pour comprendre les dynamiques du développement économique, l'histoire et l'évolution des sociétés. Alors qu'en 1800 seulement 2 % de la population mondiale vivait dans une zone urbaine, l'espace urbanisé concentre aujourd'hui la majorité des humains. Le seuil de 50 % est atteint en 2007, année où les urbains sont devenus plus nombreux que les ruraux à l'échelle planétaire, et l'ONU estime qu'en 2050, deux tiers de la population mondiale seront des urbains et que les trois quarts de ces habitants seront des citadins du Sud global. L'urbanisation de la planète et l'étude des villes présentent donc des défis constamment renouvelés pour les géographes, tant les espaces urbains englobent aujourd'hui des territoires complexes, à la fois mosaïques de quartiers à l'échelle locale et pôles de décision et d'organisation spatiale à l'échelle régionale et mondiale.

L'urbanisation : un phénomène planétaire hétérogène

L'urbanisation est un processus spatiotemporel dynamique qui se caractérise par le développement des villes et la concentration de la population dans les centres urbains. Le processus d'urbanisation se traduit par la croissance de la population urbaine, du nombre et de la taille des villes à l'échelle d'un État ou d'un continent, et correspond à la transformation d'un espace rural en espace urbain sous l'influence de la croissance démographique et spatiale de la ville et de ses activités. Le caractère dynamique de l'urbanisation engendre une difficulté à définir la ville et à savoir où s'arrête l'urbain et où commence le rural. Les comparaisons entre les villes du globe montrent que la délimitation est souvent délicate : les paysages, les seuils de concentration démographique, la continuité du bâti et les modes de vie ne permettent pas d'opter pour une définition générique de la ville et de l'urbain. Alors que les Nations Unies retiennent un seuil de 20 000 habitants agglomérés, c'est-à-dire occupant un espace bâti continu, pour parler de ville, le Canada place ce seuil à 1000 habitants et le Danemark à 200.

Au-delà de ces statistiques, les problèmes de définition relèvent aussi de la difficulté à réduire le fait urbain au simple mot de ville (Paquot *et al.*, 2000). En effet, alors que les limites de la ville étaient auparavant facilement repérables, entourée qu'elle était par des murs ou des enceintes, on observe depuis la seconde moitié du 20e siècle une dilution de la ville dans l'urbain, qui redéfinit les contours historiques de la ville.

Ainsi, les premières agglomérations de peuplement pouvant s'apparenter à des villes sont vieilles de plus de sept millénaires et possédaient des contours facilement visibles. En Mésopotamie, on situe entre 5300 et 3700 avant l'ère commune l'apparition d'une forme nouvelle d'organisation humaine : la ville. Toutefois, le phénomène est apparu de façon indépendante en plusieurs points du globe : autrement dit, le fait urbain a des origines et des formes multiples.

On attribue la naissance des villes à deux de leurs fonctions principales : l'échange économique et la protection politique. La ville, dès le début de son histoire, se définit par rapport à la campagne où réside la grande majorité de l'humanité. La migration des populations des campagnes vers les villes est un phénomène ancien. La révolution industrielle du 19e siècle, dont les foyers principaux sont les grandes villes du nord de l'Europe, favorisera l'intensification de ce phénomène et génèrera l'exode rural, qui caractérise la migration massive de populations vers les villes nouvellement industrialisées. L'exode rural et la concentration des activités et des populations en ville sont des dynamiques spatiales qui se diffuseront tout au long du 20e siècle, provoquant l'étalement de la ville sur la campagne, tout en complexifiant les modalités d'interpénétration entre mondes rural et urbain.

La croissance urbaine s'est effectuée sur le temps long, mais les indicateurs permettant de quantifier le fait urbain, en particulier le nombre et la taille des villes ainsi que la densité du semis urbain, c'est-à-dire la répartition des entités urbaines, montrent que la population urbaine a crû de manière accélérée depuis les années 1980 (Davis, 2006). La croissance urbaine est aujourd'hui en partie le fait des grandes villes en Inde, en Chine, dans les États du golfe Arabo-Persique, alors que ces pays étaient encore essentiellement ruraux dans les années 1950 et que les pays de l'OCDE sont à 75 %, voire à 80 % urbains depuis presque un siècle. Le taux d'urbanisation, soit le pourcentage de la population urbaine par rapport à la population totale, est alors un indicateur permettant de comparer les pays, notamment en mettant en relation le taux d'urbanisation et les étapes du développement économique. Certains pays où il existe de très grandes villes et des régions développées économiquement, comme l'Inde, peuvent présenter un taux d'urbanisation d'environ 35 %. D'autres, comme le Rwanda ou l'Éthiopie en Afrique de l'Est, ont des taux d'urbanisation inférieurs à 20 %.

Par transition urbaine, on désigne le passage d'une population majoritairement rurale et dispersée à une population majoritairement urbaine et concentrée dans les villes. Cette schématisation de l'urbanisation par phases, pensée à partir du modèle de la transition démographique, distingue une phase de démarrage suivie d'une phase d'accélération induite par l'exode rural, puis une phase de croissance de la population urbaine induite par l'accroissement naturel interne et, enfin, une phase de stabilisation. La transition vers des sociétés majoritairement urbaines semble partout en cours, malgré l'amorce depuis une trentaine d'années d'une phase de décroissance urbaine dans certains pays occidentaux, en particulier dans les villes industrielles. Il est important aussi de souligner que la croissance du taux d'urbanisation n'est pas uniquement le fait des grandes villes. En effet, la grande majorité des urbains vivent dans des villes petites à moyennes de moins d'un million d'habitants.

Un autre phénomène important pour comprendre l'urbanisation planétaire est la croissance du nombre de villes et d'espaces urbanisés. L'augmentation du nombre de villes s'explique soit par la création de centres urbains *ex nihilo*, comme c'est le cas des villes nouvelles de Yamoussoukro en Côte d'Ivoire ou de Putrajaya, capitale de la Malaisie, soit parce que des noyaux de peuplement grossissent ou se joignent pour devenir des villes atteignant le seuil de concentration de population requis pour que les appareils de recensement qualifient d'urbains les espaces étudiés. De plus, on observe que le fait urbain déborde largement de la ville dans sa définition traditionnelle fondée sur un seuil démographique et une continuité du bâti. Il faut aussi prendre en compte des formes urbaines induites par l'étalement urbain et l'annexion ou la transformation d'espaces ruraux en espaces urbains. Étudier et quantifier l'urbanisation revient à prendre en considération la ville non seulement comme entité administrative, souvent constituée en une municipalité, mais également comme espace économique, en étudiant l'ensemble de la conurbation. Ainsi, on parlera d'agglomération pour définir un espace urbain développé en couronnes concentriques ou en doigts de gant le long des axes de communication au bâti continu depuis la ville centre. En l'absence de cette continuité morphologique, on parlera davantage d'aire ou de région urbaine dont la définition se fonde sur des critères fonctionnels, comme le bassin d'emploi ou les navettes domicile-travail.

Dans le cas des métropoles, ces grandes villes qui concentrent les fonctions de direction économique et politique d'une région, on parle de région métropolitaine. Au Québec, le recensement canadien compte six régions métropolitaines de recensement (RMR), dont la région métropolitaine de Montréal qui abrite près de 4 millions d'habitants alors que son noyau, la ville de Montréal, n'en compte que 1,7 et que l'île de Montréal regroupe environ 2 millions d'habitants. Cette région métropolitaine composée de près de 90 municipalités forme une tache urbaine allant jusqu'aux petites villes et banlieues de la grande couronne au nord comme au sud, incluant notamment dans son périmètre des municipalités comme

Vaudreuil-Dorion ou Saint-Jérôme, reliées par train et autoroute au centre montréalais. Le Grand Montréal est la deuxième région métropolitaine du Canada derrière Toronto et devant Vancouver. La mise en place d'outils statistiques à l'échelle des agglomérations ou des régions métropolitaines souligne la nécessité croissante d'aborder les espaces urbanisés dans leur ensemble au lieu de s'en tenir à la ville centre pour décrire le fait urbain. Avec la notion de métropole, on dresse également un autre constat : l'évolution de la polarisation du territoire par les grandes villes et leur mise en réseau à l'échelle planétaire.

Les grandes métropoles : des espaces centraux de la mondialisation

À partir des années 1980, on assiste à une montée en puissance des grandes métropoles comme territoires moteurs de la mondialisation. La notion de métropole est alors au cœur de ce changement de paradigme dans les analyses du fait urbain. Sa racine grecque renvoie à la « ville-mère » qui régule et étend sa domination sur un espace, comme l'exprime l'idée de la métropole coloniale qui régit les territoires outre-mer (Derycke, 1999). L'emploi contemporain du terme indique l'étalement des dynamiques urbaines à une échelle nouvelle : celle du monde.

La métropole est avant tout une place centrale, un lieu décisionnel dont le rayonnement sur un espace se fonde sur une concentration de services spécialisés et d'instances décisionnelles. Ce n'est pas le poids démographique ou la taille qui fait la métropole, mais son influence, sa capacité à polariser l'espace, à concentrer en son sein des fonctions de commandement (politique, financier, commercial, industriel, culturel). Il est donc nécessaire de distinguer les notions de mégapoles, de métropoles et de mégalopoles (voir encadré 3). Les mégapoles comme Lagos ou encore Kolkata sont des grandes villes de plus de 10 millions d'habitants selon l'ONU, alors que les métropoles sont des centres de rayonnement comme New York ou Tokyo. Certes, Lagos et Kolkata sont des métropoles à l'échelle régionale, mais leur rayonnement est limité hors de leur État et des pays limitrophes, et leur concentration d'entreprises multinationales ou les flux internationaux de leur aéroport ne font pas encore d'elles des métropoles de rang mondial.

La métropolisation, corollaire de la mondialisation fondée sur le passage à une économie des services et à une nouvelle forme de division

Encadré 3
Qu'est-ce qu'une mégalopole ?

La mégalopole est un concept décrivant la mise en réseau de grandes métropoles proches les unes des autres et dont l'agglomération devient un espace charnière entre l'économie nationale et mondiale. C'est Jean Gottmann qui forge la notion de « mégalopole » dans son ouvrage pionnier de 1961, *Megalopolis: The Urbanized Seabord of North-Eastern United States*. Il y développe l'idée que le corridor urbain du nord-est des États-Unis allant de Boston à Washington est l'artère centrale de la nation américaine. Il analyse la mégalopole comme un réseau d'agglomérations où se concentrent des activités politiques et économiques essentielles et où vivent plus de 30 millions de citadins dans une forme d'urbanisation quasi continue entre les grands centres urbains et leurs banlieues. Pour montrer l'exception spatiale qui fonde la mégalopole étatsunienne, Gottmann aborde les métropoles qui la constituent dans leurs relations avec l'espace, en soulignant qu'elles entretiennent plus de liens entre elles et avec l'extérieur, notamment par-delà l'Atlantique, qu'avec leur arrière-pays (*hinterland*) immédiat.

Selon Gottmann, c'est parce que les ports de la région du Nord-Est des États-Unis sont devenus des foyers majeurs du système de transport et de communication de l'Amérique du Nord et du monde que les grandes villes de la côte est sont désormais des lieux essentiels du système d'échange mondial, au cœur de la mondialisation d'après-guerre. En inventant le concept de mégalopole, Gottmann jette la base d'une analyse en réseau comme force organisationnelle du territoire.

La mégalopole concentre aujourd'hui plus de 16 % de la population étatsunienne et comprend quatre des plus grandes CMSA du pays (Consolidated Metropolitan Statistical Areas). On a par la suite appliqué le concept à plusieurs réseaux de grandes métropoles présentant des caractéristiques similaires. On parle ainsi d'une mégalopole allant de Londres à Milan, de celle qui s'étend sur 1300 km reliant Tokyo à Osaka, de la San-San, qui s'étend sur la côte ouest des États-Unis de San Francisco à San Diego, ou encore de la mégalopole du Brésil qui relie Rio de Janeiro à Sao Paulo.

À partir de la notion de mégalopole, Olivier Dollfus théorise la notion d'archipel mégalopolitain mondial (AMM) pour évoquer l'organisation spatiale de ces îlots urbains ultraconnectés entre eux, concentrant l'essentiel du trafic aérien, des flux de télécommunication, des opérations financières et de la production de connaissances scientifiques.

internationale du travail (voir chapitre 2), favorise la concentration des biens et des populations dans les centres urbains, et contribue à renforcer le rôle des grandes métropoles. La métropolisation désigne le processus de concentration de valeurs, de populations, d'activités et d'informations au sein de centres urbains connectés à toutes les échelles. L'idée qu'il existe des métropoles qui organisent l'espace mondialisé est d'abord apparue dans les travaux de John Friedmann sur la ville mondiale et des géographes du laboratoire Globalization and World City (GaWC). Leurs études visent à attribuer un rang à chaque métropole grâce à des indicateurs spécifiques (flux internationaux du transport aérien, présence de sièges sociaux de grandes entreprises ou de banques internationales) déterminant son degré de connectivité et l'intensité des contacts qu'elle entretient avec les autres. Elles montrent que les grandes métropoles comme New York, Londres, Paris ou Tokyo sont au sommet de la hiérarchie urbaine en quantifiant, entre autres, les relations entre de grandes firmes de services aux entreprises (cabinets d'avocats et services juridiques, banques, assurances, audit, marketing et publicité) qui y sont localisées.

La sociologue Saskia Sassen (1991, traduction française 1996) met également en exergue l'apparition de la ville globale, qu'elle définit comme un centre d'affaires et un pôle décisionnel du capitalisme avancé permettant de contrôler une économie désormais dispersée à l'échelle mondiale. La concentration remarquable des institutions de la finance, des technologies de l'information et du tertiaire supérieur est le fondement de ce nouvel ordre urbain. Les sociétés de ces villes connectées aux dynamiques migratoires intenses reflètent également une forte polarisation aux deux extrêmes de l'échelle sociale. En évoquant New York, la sociologue souligne, d'une part, la très forte concentration de travailleurs hautement qualifiés et d'une élite transnationale, qui vivent notamment dans les quartiers riches de Manhattan comme l'Upper East Side et, d'autre part, l'importance des migrations internationales et de la violence qui frappe les marges sociospatiales au cœur de la métropole (carte 3). Ainsi, dans les années 1990, Manhattan connaît les mêmes inégalités de revenu que le Guatemala. Si les dénominations de ville globale et de ville mondiale traduisaient au début des différences scientifiques et méthodologiques, la distinction entre les deux termes est moindre aujourd'hui.

CARTE 3

New York, métropole mondiale aux fortes inégalités sociospatiales

Crédits : Données NJGIN Open Data & New York State GIS, 2019, 2020 (fond de plan), US Census Bureau 2017 (revenus médians). Projection NAD83, UTM zone 18. Rodolphe Gonzalès.

Bien que les métropoles ne soient pas toutes d'envergure mondiale, ce qu'il faut retenir de cette appellation, c'est que celles-ci vont organiser et polariser le système urbain dans lequel elles s'inscrivent. La notion de système urbain, que celui-ci soit d'ordre régional ou mondial, traduit l'idée que les villes n'évoluent pas séparément, mais qu'elles forment un ensemble de lieux connectés, qu'elles sont interdépendantes dans leur évolution et leur spécialisation, à la fois complémentaires et concurrentes. Dans le contexte de la métropolisation, cela engendre une compétitivité accrue entre les différentes villes du globe ou à l'échelle d'un même État pour attirer le plus de services supérieurs et d'acteurs internationaux, qui renforcent leur place dans la hiérarchie urbaine. Cette course à l'attractivité a toutefois un effet majeur sur les citadins qui vivent dans ces grandes métropoles, en particulier le coût du foncier et le prix des loyers, ou la surspécialisation économique dans des secteurs favorables uniquement à des employés très qualifiés.

La métropolisation accroît également un phénomène aujourd'hui inséparable de nos sociétés communicationnelles : l'importance du marketing urbain. En effet, il ne s'agit pas seulement d'attirer par des politiques d'incitation fiscale les entreprises multinationales (voir l'exemple de Montréal au chapitre 2), mais il faut également attirer sans cesse de nouveaux talents en leur promettant un cadre de vie « de classe mondiale ». Pour promouvoir la ville, des politiques de communication se mettent en place afin de véhiculer l'image d'une métropole « branchée », « créative », « durable », « intelligente » et ainsi se maintenir dans la compétition entre les grandes villes du globe. L'image de marque des villes est également indispensable à l'attraction de touristes internationaux, lors de grands événements comme les Jeux olympiques, l'Exposition universelle et un éventail de festivals internationaux, qui favorisent l'afflux de capitaux publics et privés. Ces derniers permettent la réalisation de grands aménagements et projets urbains comme le Stade olympique et le prolongement du métro de Montréal lors des Jeux olympiques de 1976, ou la construction du tramway à Athènes en 2004. Ces grands événements sont également dénoncés comme des facteurs importants d'accroissement de la spéculation foncière et immobilière, contribuant à la hausse du prix des terrains et des logements à proximité des nouvelles infrastructures.

En outre, le processus de métropolisation contribue à l'uniformisation des paysages urbains, avec notamment une verticalisation et une densification des centres-villes, où la course à la verticalité est une forme de concurrence symbolique. L'image de la «*skyline*» est devenue le symbole par excellence de la ville mondialisée. Ainsi, l'ouverture économique de la Chine et l'arrivée des métropoles chinoises sur la scène internationale se sont symbolisées par le développement de gratte-ciels et de quartiers d'affaires, la production d'un espace urbain connecté à l'économie mondiale montrant la capacité de l'État chinois à rivaliser avec les économies capitalistes avancées. En développement depuis les années 1990, le quartier de Pudong à Shanghai cristallise l'image de la modernisation et de la verticalisation rapide des paysages urbains. Cette verticalisation, symbole de puissance dans les villes du Sud, n'est pas l'apanage des très grandes villes comme Shanghai. Des métropoles secondaires comme la ville de Panama sont aujourd'hui de véritables chantiers à ciel ouvert, cherchant à attirer aussi bien des investisseurs étrangers que des résidents ou des touristes internationaux achetant des «condos» de luxe. À l'échelle du pays, la métropole panaméenne est à la fois un espace de concentration démographique (50 % de la population du pays) et le territoire privilégié de la connexion à l'économie-monde, avec comme secteurs principaux la logistique (canal et port), la finance internationale et l'immobilier donnant naissance à un urbanisme spéculatif, c'est-à-dire favorisant l'extraction de valeur privée. Le boum immobilier (2007-2015) a transformé radicalement le paysage urbain avec l'érection de plus d'une centaine de hautes tours, dont le symbole le plus parlant est la Trump Ocean Club Hotel & Tower située dans le quartier de Punta Pacifica. Le développement de quartiers dits de «classe mondiale» dans des métropoles du Sud est alors le symbole de la compétition accrue entre les métropoles qui cherchent à attirer simultanément des services, des élites transnationales et des investisseurs. Ces nouveaux quartiers de tours de bureaux ou de condominiums, qui partout fleurissent à l'échelle planétaire, reflètent également une dynamique cruciale du capitalisme tardif: la financiarisation de l'immobilier. En effet, de plus en plus de constructions constituent avant tout un placement financier, l'objectif premier étant non pas la création de logements mais l'accumulation financière pour les investisseurs. Cette financiarisation croissante du secteur de l'immobilier est préoccupante et touche tous les secteurs du logement, y compris les immeubles locatifs des périphéries urbaines.

Habiter la ville, du centre à la périphérie

La notion générique de périphérie urbaine désigne à la fois les espaces contigus des banlieues et les territoires plus distendus du périurbain, qui se caractérisent par la non-continuité du bâti. Historiquement, la banlieue désigne un espace extérieur à l'enceinte de la ville dont le développement (habitat, activité, infrastructure) est lié à la présence de la centralité urbaine. C'est le cas notamment des premières banlieues ouvrières anglaises installées à proximité des usines à la fin du 19e siècle, puis du développement des banlieues en zones concentriques autour du centre-ville qui caractérisera l'organisation fordiste décrite par l'École de Chicago, première école de pensée sur la ville (Joseph et Grafmeyer, 1979).

Avec le processus de métropolisation, la ville-centre gagne progressivement les premières banlieues du Nord global, construites entre la fin du 19e siècle et l'après-guerre, qui sont alors intégrées au noyau urbain, et de nouvelles banlieues plus éloignées se développent pour répondre à la croissance démographique et à la déconcentration des activités dans l'agglomération. Dans les années 1990 et 2000, l'École de Los Angeles, qui signe un tournant dans la pensée urbaine et replace l'analyse des villes au sein du capitalisme globalisé, parlera alors de ville postfordiste, qui se caractérise par de nouvelles dynamiques spatiales où les périphéries ne sont plus nécessairement « dépendantes » du centre-ville, mais deviennent des territoires directement connectés à l'économie mondiale. C'est le cas notamment de certaines plateformes logistiques, d'espaces de bureaux ou de banlieues ethniques.

Les périphéries urbaines sont par ailleurs aujourd'hui le lieu de résidence de la majorité des urbains à l'échelle de la planète. C'est en partie lié à l'émergence de la banlieue pavillonnaire comme idéal type du mode d'habiter d'après-guerre. Par exemple, 62 % des habitants aux États-Unis vivent en banlieue ou dans le périurbain, un phénomène favorisé dès les années 1950 par l'émergence de la voiture individuelle et la construction du réseau autoroutier à l'échelle fédérale, permettant l'éloignement des centres (voir chapitre 4), ainsi que par des politiques étatiques favorisant l'accession à la propriété d'un logement grâce à des taux d'emprunt bas. Ces politiques ont favorisé l'étalement urbain sans pour autant nécessairement en planifier les conséquences.

L'État peut encadrer l'étalement urbain, c'est-à-dire l'accroissement démographique par l'étalement du bâti sur les espaces périphériques initialement ruraux, grâce à des schémas directeurs qui orientent la croissance des grandes agglomérations et définissent les limites des espaces urbanisables. La création de villes nouvelles peut dans une certaine mesure permettre de mieux distribuer les services publics et répartir la population, coordonner l'offre de déplacement et préserver les ceintures vertes et maraîchères, comme ce fut le cas en région parisienne. L'étalement urbain peut également être plus anarchique, soit parce qu'il est à la solde des promoteurs privés, qui lotissent des espaces sans penser nécessairement à la cohérence d'ensemble de l'agglomération, soit, comme souvent dans les métropoles du Sud, parce que ces espaces se construisent de façon spontanée, par l'établissement de populations venues des campagnes et occupant des terrains, souvent publics, de manière informelle, c'est-à-dire sans titre de propriété.

Ce qu'on a longtemps désigné dans la littérature comme des « bidonvilles », dénomination issue d'un quartier de Casablanca construit avec des bidons et des matériaux de récupération, est une réalité importante du monde urbain contemporain. Selon les Nations Unies, près d'un milliard d'urbains vivent dans ces quartiers d'habitat informel, principalement en Afrique subsaharienne, en Asie et en Amérique latine (Davis, 2006), ce qui en fait une priorité dans l'action pour le développement orchestrée par les différentes politiques internationales sur la ville (ONU-Habitat), notamment autour des questions d'accès aux services urbains et de santé. Les pouvoirs publics étatiques, provinciaux ou municipaux mettent également en place des politiques ciblant ces secteurs informels souvent associés à la marginalité urbaine et à la criminalité. Par exemple, dans les favelas de Rio de Janeiro, l'État de Rio a créé des unités de police spécifiques (Unidade de Polícia Pacificadora) censées « pacifier » ces territoires périphériques et reprendre en main des espaces économiques grevés par le narcotrafic. Toutefois, les études urbaines critiques montrent que ces espaces abritant des populations vulnérables sont trop souvent stigmatisés et réduits à leur caractère hors-la-loi. Il serait pourtant erroné de penser que ces marges urbaines sont des espaces « hors de la ville », où la puissance publique n'intervient pas; preuves en sont les nombreuses opérations d'aménagement qui touchent ces quartiers périphériques dans les différents contextes urbains. Tantôt frappés par des déguerpissements violents à cause de la démolition des habitations, tantôt faisant l'objet d'une régularisation des lots et d'une dotation en services urbains menant à une restructuration parcellaire et au traçage de la voirie, ces espaces sont touchés par l'interventionnisme des élus au gré des successions politiques et des promesses électorales.

On a longtemps étudié ces territoires urbains caractérisés par le squat des terrains et l'autoconstruction, qui regroupent près d'un habitant sur dix dans les villes du Sud, comme des espaces de la pauvreté, de l'exclusion urbaine, mais aussi comme des symptômes d'un « mal urbain », celui de la mégapole explosive, qui croît démesurément, incapable d'intégrer et de loger ses nouveaux habitants et ses populations les plus vulnérables. Depuis la fin des années 2000, les orientations de la recherche urbaine ont tendance à repenser ces espaces du squat et de l'informalité urbaine dans le Sud global au regard des théories postcoloniales, faisant de ces territoires spécifiques non plus uniquement des espaces stigmatisés à éradiquer pour leur pauvreté ou leur insalubrité, mais également des espaces de l'urbanisme subalterne, avec ses propres modes d'habiter, de vivre la ville, avec son économie et ses formes de gouvernement et de citadinité (Roy, 2011). Loin de romantiser ou d'atténuer la réalité des indicateurs qui montrent des inégalités criantes et les processus de marginalisation à l'œuvre dans ces territoires, les auteurs analysent l'informalité urbaine de manière à ne plus en faire une anomalie de la ville formelle, mais bien une forme de production de la ville en soi, partie intégrante des modes de production de la ville néolibérale fragmentée, où se juxtaposent des territoires « gagnants » attirant les flux de l'économie mondialisée et des territoires « perdants » où s'entasse une main-d'œuvre peu qualifiée ou déconnectée des circuits de l'économie formelle. Le processus de fragmentation, c'est-à-dire d'éclatement entre les territoires urbains, repose à la fois sur la spécialisation et la différenciation sociospatiale des espaces urbains, qui fonctionnent désormais de façon quasi autonome, et participe à un phénomène plus général : celui de la polarisation sociale de l'espace intra-urbain. Cette polarisation renforce alors les processus de ségrégation, c'est-à-dire de division sociospatiale forte de l'espace urbain, constitutif de l'organisation interne des villes.

La notion de ségrégation désigne l'action de « mettre à l'écart ». Au sens strict, elle renvoie à un processus intentionnel comme la ségrégation des Juifs en Europe menant à la création de ghettos ou celle imposée aux

Afro-Américains dans les villes étatsuniennes jusqu'aux années 1960. De manière plus large, la ségrégation est la résultante de processus socio-économiques et culturels qui aboutissent à la concentration subie ou choisie de groupes partageant des caractéristiques sociales, ethniques ou religieuses. Les processus de ségrégation spatiale cantonnent souvent les populations les plus vulnérables aux espaces de moindre qualité, par exemple les quartiers enclavés par le chemin de fer ou les autoroutes, ou les zones soumises à des risques majeurs. Certains espaces ségrégués résultent également d'une stigmatisation fondée sur le racisme. C'est le cas des « chinatowns » nés de la politique d'exclusion des travailleurs migrants chinois dans les villes américaines où ces derniers s'implantaient à la fin du 19e siècle (voir chapitre 6).

Le passage à la ville postindustrielle menant à l'abandon de plusieurs espaces productifs à proximité du centre-ville a entraîné une dégradation des espaces résidentiels populaires, dont certains font aujourd'hui l'objet d'une revitalisation urbaine, c'est-à-dire d'une stratégie de redynamisation de l'économie locale par les pouvoirs publics et les acteurs privés visant une amélioration de la qualité de vie. Ces stratégies « de retour en ville » des investissements de capitaux et des classes moyenne à supérieure redessinent les frontières et les divisions sociospatiales de la ville.

Dans les villes occidentales, on observe, à partir des années 1970, un réinvestissement des quartiers centraux. Alors qu'on associait ces derniers à des quartiers délaissés à l'habitat vétuste et exigu depuis le développement des banlieues, on les valorise de nouveau pour leur proximité avec les lieux de la culture et les commerces, et la possibilité d'accéder à la propriété grâce à un stock de logements bon marché. S'opère alors le remplacement des classes populaires par des populations appartenant à des classes plus aisées, un phénomène que l'on nomme la gentrification. Ce néologisme anglais, inventé par Ruth Glass en 1963, rend compte de la transformation d'un quartier dégradé et populaire au nord de la City londonienne au fil d'un processus de réhabilitation progressive qu'induisent l'achat, la réparation et la revalorisation des immeubles de style victorien par des ménages des classes moyenne et supérieure. Par leur installation et leur appropriation des lieux, ces nouveaux habitants vont « embourgeoiser » le quartier et changer radicalement sa trajectoire urbaine.

Le concept de gentrification sera par la suite théorisé dans deux approches principales en géographie urbaine. D'une part, les géographes marxistes comme Neil Smith (1996) décriront la gentrification comme un mécanisme fondé sur les cycles immobiliers de désinvestissement/revalorisation dans les quartiers centraux qui permettent aux investisseurs immobiliers publics comme privés d'obtenir une plus-value considérable par un réancrage du capital dans des quartiers désinvestis lors du dernier cycle de l'économie urbaine (Harvey, 1987). La théorie du « *rent gap* » met alors en évidence ce « retour en ville » des investissements qui cherchent à exploiter le différentiel entre la rente foncière ou les loyers tirés des usages actuels du sol et leur valeur potentielle après le réinvestissement et la rénovation. D'autre part, une approche davantage socioculturelle portée par David Ley (1986) ou Sharon Zukin (1989) montre que le retour en ville est également lié à l'émergence de nouvelles classes moyennes recherchant la centralité et le cosmopolitisme urbain. La gentrification dans sa première phase serait donc le fait de « pionniers » caractérisés par les néologismes de « bobos » ou de « *hipsters* », qui vont s'installer dans des lofts ou des logements à loyer abordable au sein de quartiers dont ils valorisent la diversité ethnique ou sociale, voire l'authenticité.

Les zones touchées par la gentrification théorisée dans les villes du Nord sont majoritairement des quartiers dont les populations se sont appauvries avec la désindustrialisation et qui ont accueilli des communautés d'immigrants. Aujourd'hui, ces résidents sont chassés par l'augmentation exponentielle du prix des loyers, les changements de l'offre dans les commerces et les différentes stratégies de revalorisation de l'espace.

La présence de nouveaux propriétaires résidents transforme alors peu à peu l'habitat et les commerces qu'ils rendent attractifs et génèrent un changement d'image, qui sera par la suite valorisé par les promoteurs privés et la municipalité, notamment avec des opérations urbaines de revalorisation du patrimoine industriel, réinvestissant des sites en friche pour en faire des espaces voués à la culture ou aux loisirs. C'est par exemple le cas des opérations de réhabilitation des docks à Londres ou à Brooklyn, ou de transformation de sites industriels à Kreuzberg à Berlin, dans le Mile-End à Montréal et dans le Brewery District de Toronto.

La cohabitation socioculturelle se trouve alors réduite et on assiste à une certaine homogénéisation des pratiques urbaines, car les populations n'habitent pas la ville de la même manière. Alors que la coprésence et la diversité sont l'essence même de l'habiter en ville, la gentrification renforce le processus de ségrégation. Elle transforme peu à peu les pratiques de l'espace public et les commerces au profit des classes moyenne et supérieure majoritairement blanches, et marginalise les pratiques des anciens résidents, qui ressentent une pression notamment par l'augmentation des prix (loyers et commerces) et l'accroissement des forces de police ou des dispositifs de surveillance qui norment les pratiques de l'espace public.

Certaines études sur la gentrification soulignent également le rôle de la condoïsation, c'est-à-dire la construction de tours de logements neufs destinés à des classes aisées, ou des locations à court terme au moyen de plateformes comme Airbnb, qui contribuent, à l'échelle locale, à une flambée des prix menant à terme à l'éviction quasi totale des classes populaires et, à l'échelle globale, à une financiarisation accrue du logement, laquelle s'articule étroitement au processus de gentrification. Dans les pays du Sud, de nombreuses études ont également souligné l'éviction des classes populaires du centre-ville et les formes d'élitisation ou de condoïsation de la ville. Ces formes se doublent parfois d'une gentrification touristique ou transnationale, en particulier dans les villes à forte valeur patrimoniale ou abritant une importante population d'expatriés. Ainsi, à Marrakech, le centre traditionnel de la Médina est aujourd'hui en partie vidé de ses habitants et artisans par l'engouement d'expatriés européens rachetant les *riads* afin de les convertir en logements de luxe ou à destination des touristes. Ce patrimoine urbain remis en valeur par les touristes-habitants, mais dont les usages sont détournés, pose alors la question de l'authenticité de ces centres-villes touristifiés.

* * *

Les différents processus d'exclusion et d'éclatement de la ville, de l'étalement des périphéries urbaines informelles à l'élitisation du centre-ville, nous poussent à interroger la notion de droit à la ville développée par Henri Lefebvre au tournant des années 1970. Le droit à la ville qui devrait se manifester par un accès pour tous à la centralité et à la vie urbaine semble plus que jamais fragilisé pour les populations les plus vulnérables, car cette centralité n'est plus un espace de partage, mais une centralisation du pouvoir et de la richesse.

La métropolisation en cours favorise la circulation d'un modèle urbain largement dicté par les centres urbains du capitalisme mondial.

Toutefois, l'émergence de centres décisionnels secondaires et le poids démographique des citadins dans les pays du Sud soulignent la nécessité de s'interroger sur la ville de demain et de penser l'urbain et ses dynamiques en changeant de focale.

Par ailleurs, la croissance urbaine planétaire souligne un autre enjeu majeur, celui de la soutenabilité de nos modes de vie. Entre la bétonisation des sols, les pollutions multiples, les séparations sociales et la concentration des vulnérabilités face aux risques (voir chapitre 11), la notion de ville « durable » reste davantage un concept qu'une réalité. En effet, bien que plusieurs villes se soient aujourd'hui engagées dans une transformation de leurs modes de déplacement (valorisation des transports en commun, du vélo et de la marche), un verdissement accru de leurs espaces ou encore des politiques de logement prônant la mixité sociale, les efforts à fournir sont encore considérables pour offrir à chaque citoyen-citadin le droit de s'approprier pleinement son espace et de préserver son environnement. L'adaptation des modes d'habiter et des échelles de la gouvernance urbaine aux changements climatiques souligne également toute la complexité des environnements urbains, responsables d'importantes émissions de carbone, mais formant aussi le terreau de nombreuses initiatives citoyennes en faveur d'un changement radical de nos modes de consommation.

CHAPITRE 4

Les réseaux et les mobilités : l'armature et la circulation mondiales

Jeanne-Hélène Jugie

Les infrastructures assurant la mobilité et le déplacement des personnes, des biens et des idées ont pris de l'expansion dans l'histoire de l'humanité, permettant ainsi la mise en réseau progressive du monde. Des moments d'ouverture, comme la « découverte » d'un « Nouveau Monde » à la fin du 15e siècle, et d'accélération, avec notamment l'impérialisme européen, l'industrialisation et la modernité capitaliste (19e siècle), ont peu à peu façonné la mondialisation (voir chapitre 1). Cependant, les réseaux ont parfois connu des périodes de contraction, et la vitesse de déplacement, la capacité de transport ou les risques de rupture ont fluctué. Ainsi, les voies romaines ont permis à la poste impériale de parcourir jusqu'à 75 km par jour, alors que les postes françaises de la Renaissance, vers 1550, n'en parcouraient que 45, avec des risques bien supérieurs. Les Chasquis, messagers incas, étaient capables de courir en relais de 200 à 400 km par jour le long de la cordillère des Andes, alors que César, réputé extrêmement rapide, parcourait 150 km au maximum avec son attelage. Par ailleurs, les attelages paysans médiévaux, sur des routes mal entretenues et dangereuses, ne parcouraient guère plus de 4,5 km à l'heure, soit la vitesse de marche normale d'un adulte.

À l'époque moderne et contemporaine, la vitesse progresse de façon assez constante : couvrir la distance Paris-Lyon demandait en moyenne 47 h en 1829, 34 h en 1840 et seulement 2 h 15 en 2020. Mais les contre-exemples et les situations exceptionnelles ne manquent pas, générés par les guerres, les conflits sociaux et les grands blocus de l'histoire : les blocus de Berlin de 1948-1949 et de 1961, les événements de mai 1968 à Paris ou la crise d'Oka en 1990 près de Montréal ; autant de situations qui suspendirent plus ou moins durablement la circulation des individus et des marchandises dans des régions très bien pourvues en infrastructures modernes.

La conteneurisation des marchandises depuis les années 1960, puis la révolution numérique des années 2000 sont les évolutions technologiques les plus récentes de la révolution des mobilités. L'Internet numérique et l'Internet physique en construction, réseau continu et global du transport de marchandises, forment l'épine dorsale de la mondialisation actuelle. Ils compressent l'espace et le temps, imposent aux territoires locaux les décisions des acteurs internationaux et les effets des flux globaux. On parle alors de pression du global sur le local. La massification des échanges matériels et immatériels nécessite l'arrimage des différents réseaux et des territoires ainsi que la prise en compte des répercussions environnementales croissantes. Ces différents réseaux sont donc de très bons marqueurs des luttes de pouvoir, des différenciations spatiales et des enjeux scalaires générés par la mondialisation.

La géographie des systèmes de transport étudie les différents réseaux de transport et leurs relations avec les territoires. Cette géographie s'arrime profondément aux différents enjeux contemporains et se redéfinit actuellement en lien avec les enjeux de résilience face aux changements climatiques. La recherche appliquée et la recherche-action sont des avenues naturelles pour ce champ d'études. Cependant, le besoin de recherche théorique y est également important, surtout pour le transport de fret.

La croissance des mobilités

Le capitalisme, la croissance démographique et les changements climatiques forment les principales causes de l'accélération des mobilités depuis le 19e siècle, et plus encore depuis les années 1990. La mobilité humaine, auparavant essentiellement liée au travail (migrations pendulaires) et aux besoins journaliers, se complexifie : trajets multidestinations, succession de modes de transport. S'y ajoutent des mobilités contraintes à l'échelle régionale et globale, soit des déplacements de population pour causes politiques, économiques, culturelles ou environnementales, souvent cumulées. Les déplacements volontaires (excursionnisme, tourisme de loisirs et d'affaires) sont également de plus en plus nombreux (Duhamel, 2018). Le transport des marchandises se fait par mer à plus de 80 % à l'échelle planétaire, en second par route, puis par voie ferrée et par avion. Les marchandises suivent des logiques de consolidation, de regroupement pour abaisser les frais, qui allongent les distances et multiplient les intermédiaires. Il en est de même pour les flux immatériels, qui passent par des bourses, des plateformes et des serveurs.

La révolution des transports au 19e siècle a décuplé la vitesse de déplacement, les charges portées et les distances parcourues en passant d'une énergie musculaire humaine, animale, éolienne ou hydraulique à une énergie mécanique alimentée au charbon, à l'essence ou à l'électricité. Depuis, la dépendance aux énergies fossiles (hydrocarbures) n'a fait que croître. Actuellement, l'automobile est le principal mode de transport et le plus problématique (Dupuy et Gallez, 2018). Le choix d'un mode de transport dépend de plusieurs critères, entre autres l'accessibilité, le coût, la vitesse, la capacité de charge, le rayon d'action et la flexibilité, soit la capacité à moduler le trajet. L'automobile et le camion sont compétitifs pour la majorité de ces critères, notamment l'accessibilité et la flexibilité, ce qui explique leur succès. Si dans plus de 200 centres-villes européens les véhicules individuels motorisés tendent à diminuer en raison de la création de zones à faibles émissions de gaz à effet de serre (GES), leur utilisation progresse très fortement dans les BRICS (Brésil, Russie, Inde, Chine et Afrique du Sud – plus de 10 % de croissance en 2019) ainsi que dans la majorité des espaces périurbains et ruraux du monde. En Amérique du Nord, la plupart des territoires s'organisent autour de l'automobile : un réseau d'autoroutes intra-urbaines très développé a généré un étalement urbain et de faibles densités humaines, comme le montre le modèle de Los Angeles. De nombreux pays du Sud global connaissent une démographie et une urbanisation si fortes que les transports collectifs sont souvent en sous-capacité et en rupture chroniques. Le recours à l'automobile, aux transports actifs ou informels (moto, camion, tap-tap et autres) est une réponse spontanée à la déficience des institutions : Le Caire en Égypte, mégalopole de 23 millions d'habitants en pleine croissance, qui devrait en compter 40 millions en 2050, connaît déjà des embouteillages et une pollution d'ampleur considérable. Avec ses 20 millions d'habitants, New Delhi, en Inde, est soumise à une pollution aux particules fines considérablement dommageables pour la santé humaine.

Cependant, les tendances se modifient: la jeunesse des nords délaisse de plus en plus l'automobile; la Chine, premier marché automobile mondial, prépare son électrification à marche forcée alors que le Canada et le Québec déclarent vouloir interdire la vente de voitures légères à essence d'ici 2035. Une douzaine d'autres pays ont adopté des résolutions semblables à des horizons variés (entre 2025 et 2035). Partout, la croissance du parc automobile électrique est en progression, mais elle est fragile et largement tributaire des subventions étatiques, de l'expansion des réseaux de chargeurs et des innovations technologiques telles que la capacité de stockage de l'électricité, l'allègement de l'empreinte écologique des batteries et de la production d'électricité, sans oublier le recyclage des batteries.

Au-delà du débat énergétique, c'est le règne de l'auto solo qui est contesté: pour limiter le gaspillage de ressources, à commencer par celui de l'espace, il faut réduire fortement le nombre de véhicules individuels. Désormais, face à l'hégémonie des modes motorisées individuelles et à la dépendance énergétique aux hydrocarbures, on assiste à la montée d'un discours en faveur du transfert modal de l'automobile vers des transports plus durables. Ils peuvent être collectifs (bus, métro, train), collaboratifs (covoiturage, colis-voiturage), partagés (auto- et vélopartage, partage de flotte de camions, avions ou navires) ou actifs (marche, vélo, patins à roues alignées, trottinette). Les innovations technologiques provoquent une diversification des technologies utilisées (navette à suspension magnétique), des vitesses (avion supersonique) et des gabarits (navire post-Panamax, c'est-à-dire excédant le gabarit du canal de Panama), ainsi qu'une hybridation des modes de transport (train-tram) et une extension de leurs capacités. Des véhicules autonomes, coopératifs, communicants apparaissent. Mais ces innovations restent pour l'instant largement hors de portée des pays en développement et des populations les plus pauvres des pays du Nord global. Les lobbies de l'automobile et de l'industrie fossile restent également très puissants et poursuivent le développement de leurs industries.

Les interrelations entre les transports et l'urbanisation sont très profondes et abondamment modélisées depuis le 19e siècle, en particulier grâce à la théorie de la localisation, à la théorie des places centrales et, plus récemment, à l'analyse spatiale assistée par la géomatique. Von Thünen a modélisé la localisation des activités agricoles en partie selon des critères de distance au marché et de coût de transport, ce qui a ouvert la porte aux travaux de Christaller notamment, avec la modélisation des réseaux et des espaces urbains. Une certaine géographie des systèmes de transport, quantitativiste, s'associe désormais à la recherche opérationnelle en gestion de réseaux et logistique.

Il faut savoir que, d'une part, les transports possèdent un effet structurant majeur sur l'implantation des populations. À l'échelle régionale, les ports ont formé de très nombreuses villes, lieux de transfert de charge, carrefours de circulation et culs-de-sac maritime et ferroviaire. L'arrière-pays (*hinterland*) est l'espace de production d'où sont extraites les ressources – agricoles, minières, industrielles – envoyées par le port vers un avant-pays (*foreland*), zone de marché et zone d'influence de la ville portuaire (Taaffe *et al.*, 1963). À l'échelle de l'agglomération, l'urbanisation progresse en doigts de gant ou en rubans le long des axes de transport routier, et en cercles concentriques aux points d'accès des infrastructures terrestres (entrée d'autoroute, gare ferroviaire ou routière). Les terminaux aéroportuaires créent de véritables villes secondaires (aéropolis) en région métropolitaine.

D'autre part, l'agglomération humaine pousse au développement de nouveaux liens de transport par l'augmentation de la demande de mobilité et de justice sociale. Plus les densités sont élevées, plus les transports sont de capacité élevée. Leur pouvoir structurant sera en retour plus important. Les grands pôles d'activité sont généralement localisés aux points d'entrée et de sortie des réseaux de transport (station ou terminal).

Les transports offrent aux territoires des externalités positives : des retombées économiques sous la forme de taxes et d'emplois ainsi que des conditions d'accessibilité pour les populations et les marchandises, favorisant dès lors le développement des activités humaines. Cependant, les infrastructures et les opérations de transport ont également un effet socioécologique négatif important, entre autres les nuisances locales telles que la congestion, la pollution de l'air, des eaux et des sols, sans oublier la pollution sonore, lumineuse, olfactive et paysagère. S'y ajoutent la fragmentation des espaces et l'enclavement des populations, voire la mise en danger des individus par des voies de transit (autoroutes, voies ferrées) en milieu urbain dense. Les populations défavorisées sont très souvent aux prises avec des espaces dominés par les grandes infrastructures de transport, particulièrement de marchandises (autoroute, voie ferrée, tête de pont, port et aéroport, centre de distribution de marchandises). C'est le cas dans l'est de l'île de Montréal, spécialement dans le district Maisonneuve-Longue-Pointe. Ces mêmes territoires sont souvent peu accessibles, dépourvus de moyens de transport rapides, surtout collectifs. Ainsi, les relations entre transport et territoire sont à double tranchant : les réseaux de transport renforcent la capitalisation foncière, l'aspect attractif ou répulsif des territoires, la double vulnérabilité énergétique pour le logement et le déplacement (critères discriminants d'accessibilité et de coût) ainsi que les inégalités socioéconomiques.

À l'échelle globale, les émissions de GES sont la cause majeure des changements climatiques : la transition énergétique vise à optimiser l'utilisation de l'énergie (efficience énergétique) et à substituer des énergies renouvelables et moins polluantes aux énergies fossiles. Cependant, les pollutions indirectes sont difficiles à évaluer et à éviter (production électrique, empreinte écologique des biocarburants, production et recyclage des composants).

La planification urbaine intègre de plus en plus la gestion de la demande de transport. En développant l'accessibilité par de nouveaux liens ou en augmentant la capacité, on encourage et on accroît la mobilité et, à terme, la saturation des réseaux. *A contrario*, la gestion de l'offre, soit l'adaptation de la mobilité à l'offre de transport, permet de limiter en partie l'expansion des infrastructures et leurs effets territoriaux. Elle est un frein à la mobilité et peut aider à juguler certains effets pervers comme l'étalement urbain. C'est pourquoi le « troisième lien » projeté entre les villes de Québec et de Lévis est une menace à l'intégrité des espaces ruraux de Chaudière-Appalaches (Beauce). La mixité fonctionnelle et la dispersion des pôles d'activité réduisent les migrations pendulaires des populations ; la densification urbaine, par comblement d'espaces interstitiels ou par verticalisation, rend possible la création de transports collectifs qui, à leur tour, favoriseront la compacité urbaine (Lewis, Torres et Fortin P., 2019).

On conçoit des projets politiques, incitatifs ou coercitifs de réduction de l'usage automobile (zones sans voiture, interdiction de certains carburants, primes à l'électrification), et on intègre la planification et la gestion des transports et des territoires (plan d'urbanisme et de mobilité). De plus en plus, la réduction de la mobilité paraît indispensable pour résoudre la crise climatique, comme a pu le montrer la crise sanitaire de 2020-2021, en provoquant une contraction mondiale des mobilités lors du premier confinement imposé à la moitié de l'humanité (télétravail, arrêt des déplacements jugés non essentiels, réduction de la consommation, contraction et rupture de chaînes d'approvisionnement).

L'urbaniste analyse la mobilité urbaine dans ses temporalités quotidienne, hebdomadaire et saisonnière. La trame urbaine se redessine progressivement pour les transports actifs ; on étudie la distance psychologique, la perception de l'espace (convivialité, sécurité et animation des rues, surtout nocturne). On tente de gommer les inégalités sociales et fonctionnelles en rendant le territoire accessible, en permettant à des personnes de toutes conditions physiques et socioéconomiques de se déplacer d'un point à un autre. Les populations vulnérables (à revenus modestes, à mobilité réduite, femmes, enfants, personnes âgées, minorités visibles) ont chacune leurs enjeux spécifiques : gratuité, accessibilité universelle, sécurité, sûreté.

Les systèmes de transport

Les infrastructures portuaires, routières, ferroviaires et aéroportuaires forment l'armature des réseaux matériels mondiaux, renforcée et prolongée par une toile numérique (Internet). Les lignes de transport (tronçons) sont connectées par des carrefours (nœuds) dont l'importance dépend du nombre de liens capturés. Cette connectivité d'un nœud du réseau est désormais plus importante que sa simple accessibilité, puisqu'elle détermine sa centralité. L'extraversion du système productif libéral favorise les zones de libre-échange et donc l'expansion des réseaux, surtout de marchandises. Cependant, certaines politiques protectionnistes (Intranet chinois), les embargos (Cuba, Corée du Nord), les catastrophes naturelles, les crises politiques ou des tensions internationales modifient en permanence les stratégies commerciales et les flux. Ces toiles physique et virtuelle sont donc en perpétuelle reconfiguration.

Les systèmes de transport actuels sont des assemblages de plus en plus complexes des canevas suivants :

1. La ronde de lait est un réseau linéaire avec des arrêts successifs, permettant le chargement et le déchargement de personnes ou de marchandises. On a recours à ce système généralement en milieu peu dense ne nécessitant pas un réseau très complexe (circuit agricole

court, bus scolaire en milieu rural, train privé de travailleurs dans le Grand Nord canadien) ou en logistique urbaine pour les livraisons de colis ou de marchandises d'un fournisseur à quelques clients.

2. Le réseau point à point développe des tronçons entre tous les nœuds. Ce type de réseau est robuste, car on peut contourner la rupture d'un tronçon ou sa saturation par l'utilisation d'autres tronçons, moins directs (quadrillage des rues de desserte). Cependant, les redondances sont nombreuses pour un trajet, ce qui rend le réseau peu efficace et plus cher, puisque les tronçons à construire, à faire fonctionner et à entretenir sont très nombreux.
3. Le réseau en étoile (*hub-and-spoke*) est un réseau hiérarchisé qui se compose de points à forte capacité et connectivité (*hub*) et de voies de desserte (*feeders*) de plus faible capacité et connectivité, créant des structures en forme de rayons de vélo (*spoke*). Ce type de réseau permet la consolidation des flux de personnes et de marchandises dans les hubs (gare routière ou ferroviaire, port, aéroport et centre de distribution) à partir de régions de moindre densité desservies par les voies de desserte. Les hubs sont alors connectés entre eux par des tronçons de forte capacité permettant des économies d'échelle. Ce type de réseau est performant économiquement, mais sa robustesse et sa résilience sont faibles, surtout dans le cas où un hub est rendu incapable de poursuivre ses opérations de transbordement. La paralysie du réseau peut alors être importante. Aujourd'hui, le concept de réseau en étoile est le modèle dominant, largement repris pour augmenter la connectivité des territoires à différentes échelles ou entre les échelles géographiques.

Au fur et à mesure que les chaînes logistiques se structurent, les coûts de transport baissent. Le temps devient alors le critère discriminant de compétitivité. On cherche de plus en plus le continuum de mobilité pour diminuer les temps de trajet. Ainsi, l'intermodalité, c'est-à-dire l'utilisation de plusieurs modes de transport durant un même trajet, nécessite qu'on facilite le transfert modal, soit le passage d'un mode de transport à un autre, par exemple route/rail ou rail/mer. La multimodalité, qui suppose l'existence de plusieurs modes de transport permettant d'effectuer un même trajet, permet pour sa part d'améliorer la résilience rapide des réseaux en cas de rupture d'un mode de transport. L'intermodalité surtout devient une caractéristique indispensable des nœuds des réseaux (Chapelon, 2016). À Montréal, par exemple, certaines liaisons manquent cruellement, entre autres une navette ferroviaire directe et de grande capacité entre le centre-ville et l'aéroport international de Montréal, situé à Dorval (encadré 4).

Le transfert modal des marchandises a connu une rationalisation majeure avec l'invention du conteneur par Malcolm McLean en 1956. Cette boîte standardisée (en EVP, équivalent vingt pieds) permet de déplacer, en un temps plus court et pour un coût inférieur, davantage de marchandises qu'en vrac ou en conditionnement libre. La réduction des temps logistiques et la consolidation du fret conteneurisé ont généré davantage de transbordements et des routes plus longues (en distance), mais moins chères et plus rapides. Cette révolution technologique a permis l'expansion du transport transocéanique, préparant les vagues successives de délocalisation industrielle et l'essor du commerce international. Les grandes routes maritimes transocéaniques et circumterrestres ainsi que les ponts continentaux ferroviaires et routiers se renforcent, et les réseaux de desserte régionale et locale se multiplient (carte 4).

Après la connectivité et le continuum de mobilité, la fiabilité et la résilience des réseaux gagnent en importance face aux ruptures qu'occasionnent les captures de marché, la très grande volatilité des flux et les catastrophes naturelles (tsunami du 26 décembre 2004 dans l'océan Indien, éruption volcanique de l'Eyjafjallajökull en 2010) et technologiques (accident nucléaire de Fukushima en 2011) ou encore les événements météorologiques extrêmes (ouragans, tempêtes de verglas) renforcés par les changements climatiques. Les réseaux doivent désormais être suffisamment flexibles pour proposer des trajets de remplacement, et assez résilients pour assurer un rapide retour à une forme de normalité, deux critères majeurs de compétitivité.

La progression de la mondialisation économique et l'accroissement de la mobilité à toutes les échelles provoquent une pression sans précédent sur les systèmes de transport. Maintenir un réseau à un haut degré de performance nécessite des investissements colossaux de la part des territoires et des propriétaires des réseaux, non seulement pour entretenir et réparer les infrastructures existantes, mais aussi pour les moderniser et en assurer la croissance ou le repositionnement. Ces financements dépassent souvent la capacité d'un seul acteur. Le désengagement des États est fréquent, si bien que la commercialisation, les gouvernances en PPP (partenariat public-privé) et les privatisations sont en forte progression. Très fragmentée jusque dans les années 1980, la gouvernance des transports connaît depuis une forte concentration, tant sur le plan des infrastructures que des opérations, pour tous les modes et à toutes les échelles. C'est surtout vrai pour le transport de fret, qui est couplé aux rythmes et aux évolutions des échanges mondiaux. Par nature, les transporteurs de personnes sont plus souvent régionaux ou locaux, ce qui n'empêche pas la concurrence. La consolidation y est beaucoup plus faible que pour les marchandises, et ce sont surtout le temps de trajet, la fréquence et le coût unitaire qui sont soumis à la compétition. L'intermodalité reste l'enjeu majeur du transport de personnes, en raison des besoins croissants et complexes liés aux mobilités humaines.

Les modes de transport à vocation transcontinentale, comme le transport aérien ou maritime, sont particulièrement soumis à la concentration. De grandes firmes exploitant les terminaux et les chaînes logistiques se constituent et rivalisent pour occuper l'échiquier économique mondial. La concentration des transporteurs fait pression sur les infrastructures, obligées d'afficher une productivité (capacité, fluidité, tarification) et une proactivité sans cesse croissantes pour rester attractives. Certains nœuds deviennent des pôles de concentration mondiale des transports, tels que Singapour ou Rotterdam. Les flux de transit se concentrent sur les « autoroutes maritimes » et passent en certains points terrestres névralgiques. C'est le cas par exemple du port de Montréal, porte d'entrée du commerce transatlantique pour le Canada et le Midwest américain. Par exemple, servant de porte d'entrée à la mondialisation des échanges, les ports sont désormais des « pions » dans le jeu des grandes compagnies maritimes pour la maîtrise des marchés (Slack, 1993).

Cette compétitivité exacerbée provoque une course aux nouvelles technologies et aux territoires locaux, à l'acquisition des infrastructures les plus performantes, les mieux connectées et donc les mieux positionnées dans les réseaux. Dans le transport maritime, les enjeux actuels sont la diminution du nombre d'escales afin de réduire les temps logistiques (10 à 15 % du temps total) et la rationalisation des capacités des méganavires récemment introduits sur les autoroutes maritimes. La nouvelle route de la soie de l'État chinois, qui modernise les routes commerciales maritimes et terrestres entre l'Asie et l'Europe, en est l'expression actuelle. Les territoires limitrophes, y compris en Afrique subsaharienne, longtemps à

CARTE 4

Les autoroutes maritimes et la nouvelle route de la soie

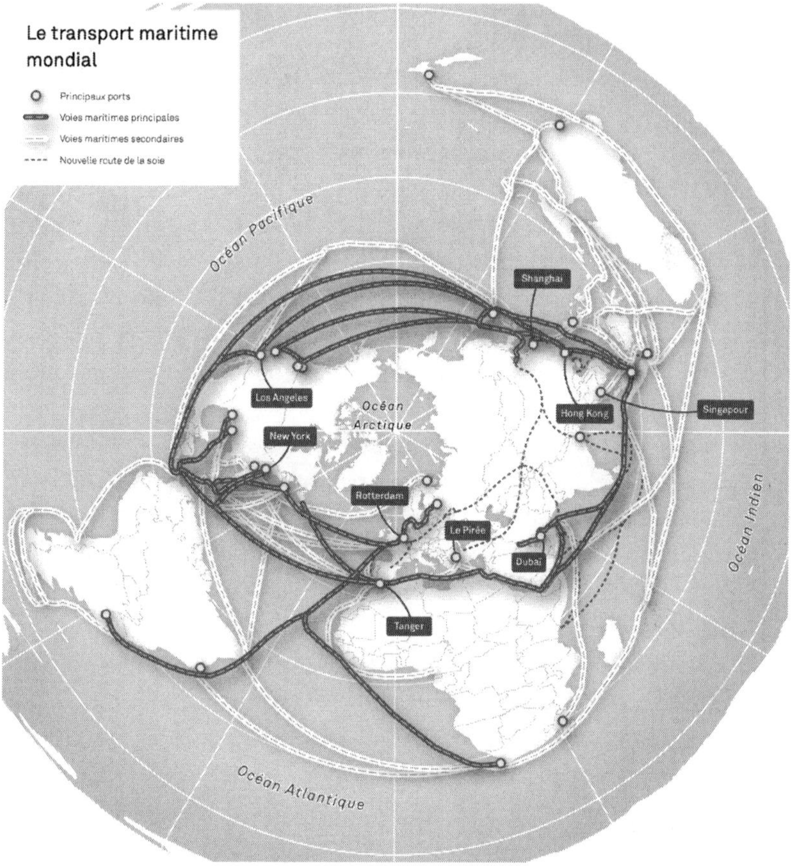

Crédits : Données Natural Earth (fond de plan) & CIA, 2012 (voies maritimes). Projection azimutale équidistante. Voies maritimes numérisées par Philippe de Champlain, carte produite par Rodolphe Gonzalès.

l'écart des routes majeures, reçoivent aujourd'hui des investissements massifs de l'État chinois (carte 4).

La structuration de réseaux de plus en plus denses et étendus permet la maîtrise des territoires à une échelle toujours plus large. Pour le transport de personnes, le nœud central du réseau est généralement un espace urbain central doté d'une gare multimodale, dont le réseau se ramifie dans l'aire urbaine. La complexification et l'expansion des réseaux de transport ont régionalisé l'interrelation entre le transport et l'utilisation du sol (réseau de transport métropolitain, transport rapide interurbain, pont terrestre reliant deux façades océaniques). Des corridors de développement et de nouvelles centralités urbaines se déploient le long des axes routiers et ferroviaires ou aux carrefours autoroutiers en milieu périurbain. Dans les centres urbains, la présence des infrastructures se modifie : friches portuaires et ferroviaires à reconvertir, voies réservées aux différents modes de transport de personnes, parcs-relais ou incitatifs, gares intermodales, parcs de voitures et de vélos en partage. Le modèle nord-américain du TOD (Transit-Oriented Development) joue sur l'intermodalité et l'effet structurant du transport collectif (Calthorpe, 1993). Tous ces développements contribuent autant à la régionalisation des activités qu'à la structuration de nouveaux espaces centraux, et à la création d'agglomérations métropolitaines multipolaires.

En retour, la pression sur les espaces locaux augmente : les flux de transit consolidés passent en quelques points géographiques et soumettent les espaces locaux à d'importantes externalités négatives. Les décideurs évaluent peu et sous-estiment les coûts économiques (financement des infrastructures) et socioécologiques (menace pour la santé des humains et des écosystèmes, réduction de la biodiversité), et ce, à toutes les échelles, surtout pour le transport des marchandises. Ces coûts incombent souvent aux territoires locaux, alors que la valeur ajoutée dégagée est massivement redistribuée à l'échelle globale entre les producteurs et surtout les intermédiaires. Le principe du pollueur-payeur étant peu pratiqué, le territoire n'a que rarement la capacité d'imposer le financement de ces externalités aux transporteurs (internalisation des coûts).

Enfin, les transports matériels et immatériels contribuent à la hiérarchisation des territoires et à la mise en réseau du monde. En rendant tel espace accessible et central, les réseaux en marginalisent et en enclavent d'autres. À l'échelle globale, des réseaux de villes, plus ou moins connectées, se constituent (Derruder et Witlox, 2011). Ainsi, les transports participent au renforcement de la logique centre-périphérie et aux inégalités du système-monde : 1) renforcement et rapprochement des espaces centraux bénéficiant d'une excellente accessibilité ; 2) dépendance des espaces intermédiaires envers les centres, leur bonne accessibilité encourageant les migrations pendulaires et la mobilité des biens ; 3) effet tunnel multipliant les espaces interstitiels, enclavés ; 4) marginalisation des espaces éloignés, faiblement accessibles.

Encadré 4
Le Réseau express métropolitain de Montréal

À l'instar de nombreuses métropoles mondiales, le Grand Montréal souffre de la fragmentation de son offre en transport collectif, et de nombreux espaces métropolitains sont enclavés. Le REM (Réseau express métropolitain), actuellement en développement et propriété de la Caisse de dépôt et placement du Québec, devrait modifier considérablement la donne et provoquer la redéfinition des réseaux d'autobus. L'extension du métro, la création d'un REM de l'Est et la création d'un tramway viendront peut-être également compléter ce maillage. L'ouverture des 26 stations et des 67 km de réseau du REM se fera progressivement entre 2022 et 2024. Il s'agit du plus grand projet de transport collectif au Québec depuis la construction du métro montréalais, dont il va presque doubler le linéaire à l'échelle métropolitaine. Métro léger automatisé et 100% électrique, le REM a pour ambition de raccourcir le temps de trajet des usagers des trains de banlieue, de lutter contre l'usage de l'automobile et de faire progresser d'environ 10% la part de marché du transport durable. De plus, le REM doit renforcer l'intermodalité au sein de la métropole en se connectant à trois stations de métro (Bonaventure, McGill et Édouard-Montpetit), une pour chacune des principales lignes du métro. Le REM crée également un lien direct de grande capacité entre l'aéroport et le centre-ville. Les grands pôles d'activité que sont les quartiers universitaires et d'affaires vont voir leur connectivité renforcée.

Malgré le consensus sur le besoin de transport collectif, de nombreuses oppositions ont vu le jour. Le gain de temps attendu par les usagers pourrait ne pas être le fait de tous, 75% de ceux-ci devant ajouter un transfert modal à leur trajet quotidien. Cela pourrait annuler le gain, voire le dépasser. Certaines populations de la couronne nord estiment également que les mesures d'atténuation des nuisances sociales sont insuffisantes, puisque les travaux dans le tunnel du mont Royal les privent d'un train préexistant vers le centre-ville. Par ailleurs, le coût total officiel de la construction du REM (6,3 milliards de dollars) ne tient pas compte des travaux d'aménagement pour les accès et les stationnements incitatifs à proximité des stations. Les coûts afférents seront de la responsabilité des municipalités, donc des contribuables. De nombreuses municipalités de banlieue, notamment de l'ouest de l'île de Montréal, ont tenté de bloquer le projet en raison de l'abaissement de la hauteur des voies du REM de 16 à 12 m dans ses tronçons aériens. Ainsi, les ponts supportant le REM seront plus près des habitations et génèreront des nuisances auditives et paysagères plus importantes que prévu.

L'information et la communication

Les anciens relais de poste, le télégramme et le téléphone ont chacun en leur temps soutenu les réseaux idéels. Plus récemment, l'essor de l'informatique dans les années 1960, puis de l'intelligence artificielle (IA) dans les années 2010 a bouleversé à son tour la mobilité des idées. On crée des réseaux intelligents (*smart grids*) et des espaces virtuels, fondés sur l'instantanéité et l'ubiquité de la communication. La proximité géographique des acteurs perd de son importance au profit des proximités relationnelles qui rapprochent des acteurs séparés spatialement mais aux intérêts communs. Ces modifications profondes dans l'organisation des individus et des acteurs économiques (Castells, 1998 ; Latour, 2006) touchent de plein fouet l'industrie du transport.

Mais cette révolution touche également les personnes et surtout les marchandises. Depuis les années 1990, la logistique connaît un essor sans précédent grâce aux technologies de l'information et de la communication (TIC) (logistique 3.0). De nouveaux métiers, notamment celui d'intégrateur logistique, sont apparus pour concevoir et opérationnaliser les chaînes logistiques selon les principes du juste-à-temps et du porte-à-porte. La maîtrise des temps de transport et de manutention permet d'abaisser au minimum les stocks. Les inventaires sont désormais mobiles : le stockage se fait en mouvement, pour une production en flux tendus. Dès lors, puisqu'il faut environ 80 jours pour acheminer par cargo des denrées de la Chine à Montréal, c'est le coût de stockage équivalant à ces 80 jours qui est épargné.

On pense de plus en plus les chaînes de transport de fret en fonction de la valorisation des marchandises, donc comme des chaînes de valeur : groupage/dégroupage, adaptation du produit au marché local (langue, particularités culturelles ou légales, options individualisées). Les transporteurs capables d'assurer l'intégralité du trajet en proposant différents modes de transport deviennent les plus compétitifs. Ainsi, l'intermodalité permet-elle de proposer des solutions porte-à-porte, fluides, clé en main et personnalisées (Amazon pour le transport des colis individuels).

À partir des années 2010, la puissance analytique des ordinateurs devient telle que la gestion de données massives (*Big Data*) est désormais possible. On peut traiter et fusionner de nouvelles bases de données (billetterie, géocode, code individuel des objets, données personnelles) pour analyser des déplacements complexes, multimodaux et en temps réel (logistique 4.0). La valorisation de ces données provoque une véritable révolution en cours, fondée sur l'IA, celle des transports intelligents : origine/destination (O/D) simple puis multidestinations, géolocalisation (GPS embarqués), collecte des données *in situ*, itinéraires de remplacement, changements modaux. Cela rend possibles une meilleure fluidité des trafics et l'optimisation des parcs véhiculaires (personnes et fret), l'automatisation et l'ubérisation des transports (de personnes, de repas, de colis). Les analyses multicritères gagnent également en envergure pour l'évaluation de la probabilité des risques, la gestion des aléas et de la vulnérabilité des réseaux. Elles permettent en outre d'intégrer des paramètres de différenciation des personnes ou du fret transportés. On peut échafauder des scénarios de rupture et de résilience. Enfin, la cybersécurité devient un enjeu majeur pour tous les réseaux physiques et virtuels.

La logistique 4.0 donne une nouvelle impulsion à la mondialisation capitaliste. La gestion des inventaires partagés et le nouveau modèle d'affaires d'Amazon préfigurent l'Internet des objets (*Internet of Things* ou IoT), soit la reconfiguration totale des chaînes de distribution en interconnexion avec l'Internet numérique. Les quatre plus grands intégrateurs mondiaux du transport express de colis (Fedex, UPS, DHL et KPN-TNT) ainsi qu'Amazon se livrent actuellement une guerre pour la création et le contrôle d'un réseau mondial que l'on souhaite fluide et unifié, qui sera à terme l'Internet physique (Ballot et Montreuil, 2014). Selon ce modèle, les différents acteurs généralisent et partagent les infrastructures. Ce n'est plus le transport qui est payant, mais la logistique qui y est associée, car les réductions de coûts d'inventaire, notamment, sont énormes. Si ces intégrateurs ne font pas de profit sur la logistique pour l'instant, les taux de croissance et de profits attendus sont considérables et exponentiels, puisqu'on évolue vers une réduction massive des stocks et la mise en place de schémas de distribution directe vers le client final. La crise sanitaire de la COVID-19 a largement accéléré ce processus par le recours très important au commerce en ligne et à la livraison à domicile des biens de consommation, y compris alimentaire. Cette guerre commerciale se fait actuellement au détriment des conditions de travail de salariés précaires (migrants très peu payés et utilisant leur propre véhicule pour les livraisons Prime, flexibilité extrême des horaires de travail).

La concentration des chaînes a déterritorialisé la gouvernance des transports, surtout transcontinentaux (maritimes et aériens). En effet, en raison du poids grandissant des acteurs globaux à l'échelle locale et des proximités relationnelles, les territoires se trouvent privés d'une part toujours plus importante de leur pouvoir de décision. Cette perte de contrôle explique que l'internalisation des coûts de transport, surtout du fret, est encore peu fréquente. Or, le diktat du temps fait pression sur les territoires avec une force sans précédent. Pour cela, des voies artérielles permettent aux flux consolidés d'échapper aux espaces locaux et aux voies de desserte. Ainsi, le lien organique entre les transports et leur territoire s'amenuise. Une reterritorialisation des flux de marchandises, impliquant la recherche de proximités relationnelles entre les acteurs et les activités, est un enjeu majeur à l'heure actuelle (Bahers et Durand, 2017).

L'urbanisme logistique, souvent suburbain, se développe et favorise l'étalement urbain : centres de distribution, pôles logistiques, zones de stockage, terminaux de transit. De nouveaux aménagements apparaissent, liés au développement de la logistique urbaine : points de cueillette, stockage interstitiel ou temporaire, transport souterrain, transport mixte personne/fret (Dablanc, 2017). Mais l'optimisation du « premier/dernier kilomètre », tronçon le moins compétitif, reste difficile. Les rondes de lait, très utilisées, sont souvent chères et sources de nombreuses externalités : présence de camions en surcapacité dans la ville, émissions de GES, congestion des voies de desserte, coûts importants. L'augmentation des flux en transit et des jeux de pouvoir entre les acteurs locaux et globaux alimente les conflits socioterritoriaux.

* * *

Les approches développées en recherche ont souvent été associées au structuralisme, mais le fonctionnalisme, et plus particulièrement les approches relationnelles et qualitatives, se développent beaucoup. Elles constituent une occasion de renouveau disciplinaire majeur. Par une approche structuraliste et des méthodes le plus souvent quantitatives, les géographes des transports étudient, d'une part, la structure et le design des réseaux, les enjeux de l'industrie tels que la capacité et la croissance des chaînes logistiques, la sécurité, la sûreté et la fiabilité des réseaux, sans oublier l'adaptation et la résilience face aux incidents d'origine naturelle ou technologique. L'analyse des réseaux utilise les matrices O/D et les analyses de graphe pour évaluer leur connectivité, leur vulnérabilité et leur capacité de résilience. Ces chercheurs étudient d'autre part les enjeux des territoires grâce à l'analyse spatiale. L'analyse conjointe de la localisation des transports et des activités permet d'orienter la planification en concevant des plans de mobilité et des analyses spatiales modélisant les évolutions du lien transport/utilisation du sol.

Une approche fonctionnaliste, notamment relationnelle, permet d'évaluer les interactions entre les acteurs, le contexte de la gouvernance, les retombées économiques, les impacts sociodémographiques et écologiques, ainsi que des atténuations possibles pour chaque mode de transport à différentes échelles telles que la gestion des impacts et des risques, l'intégration des modes et la planification intégrée, la coproduction territoriale, et l'adaptation et la résilience territoriale face aux changements climatiques. L'approche relationnelle rend compte de la multiplication des acteurs et des perspectives, des échelles et des enjeux économiques, sociaux et écologiques. L'analyse des arènes d'acteurs, les questionnaires et entretiens, l'analyse de discours et la revue de bonnes pratiques permettent de révéler les perspectives et les actions de chacun et d'élaborer des stratégies de conciliation. S'y ajoutent diverses méthodes participatives ou de cocréation : procédures hiérarchiques d'analyse (PAH ou AHP) multicritère, processus Delphi, *Living Lab* et consultation par consensus informé (CCI).

La géographie des transports utilise désormais les systèmes complexes et construit des outils d'aide à la décision : arbres de choix modal intégrant un diagnostic énergie/émission des mobilités (DEEM), ratios de compétitivité ou d'efficacité économique, sociale et écologique. Les chercheurs intègrent les données massives et travaillent avec des experts en recherche opérationnelle pour la modélisation dynamique de la croissance d'un réseau de transport, les analyses prévisionnelles et la gestion en temps réel des réseaux et des inventaires. Le passage de chaînes dirigées par la demande à des chaînes dirigées par l'offre, le choix des modes à privilégier, la prise en compte des externalités, l'acceptabilité sociale et la participation citoyenne sont actuellement des enjeux centraux. On sollicite la coproduction du territoire et la reterritorialisation des transports pour réduire la vulnérabilité des territoires.

Enfin, la recherche sur le champ du transport de fret est singulièrement en retard sur le champ du transport de personnes, car elle est longtemps restée orientée vers les besoins de l'industrie et le développement des infrastructures. Mais la remise en cause de la mondialisation néolibérale et l'importance des dégradations environnementales poussent la recherche vers de nouveaux questionnements : la privatisation et la concentration des infrastructures de transport et de communication, la transition énergétique dans un contexte de changements climatiques, la gestion à la source des impacts socioécologiques locaux et la reterritorialisation des retombées économiques des flux matériels. Une nouvelle relation société/nature est au cœur de ces questionnements. Ainsi, le néonaturalisme et le postmatérialisme offrent des axes prometteurs de renouvellement de la recherche. On recourt de plus en plus à des approches telles que l'écologie politique et l'écologie industrielle, urbaine et territoriale pour tenter de concilier les enjeux économiques, sociaux et écologiques, et pour répondre aux nouvelles préoccupations sociétales (voir chapitre 10).

CHAPITRE 5

Les frontières étatiques : origines, résistances et nouvelles territorialités

Luna Vives et María Lois

Les frontières étatiques définissent les limites territoriales de l'État-nation. Celui-ci s'avère être une construction sociopolitique qui rassemble un territoire défini, un gouvernement souverain et une population (nation)[1]. La frontière représente une institution clé de l'État, car on peut la manipuler pour lui permettre d'atteindre ses objectifs et de contrer l'anxiété collective « face aux bruits et aux fureurs du monde » (Foucher, 2016, p. 8). Bien que ce chapitre se concentre sur l'État, il est important de noter que les frontières servent également à définir les entités politiques et les autorités, tant infranationales (une province ou un arrondissement) que supranationales (Union européenne). On peut associer d'autres types de frontières à la construction et au maintien de l'État-nation, comme les frontières physiques et sociales qui agissent comme médiatrices des relations entre les personnes de sexes différents et les groupes linguistiques, culturels, religieux, ethniques ou raciaux. Celles-ci agissent à différentes échelles telles que la ville, le quartier et même le ménage. Les frontières étatiques tout comme les frontières sociales sont souvent imposées par la violence, qui est infligée principalement aux groupes minoritaires.

---

1. Texte traduit de l'anglais par Jessie Bigras-Lauzon et Marianne Turcotte-Plamondon.

Comprendre la frontière

Les frontières sont des entités spatiales polysémiques, multidimensionnelles, ambivalentes et dynamiques. Ce sont à la fois des espaces, des éléments structurant l'espace et des marqueurs géopolitiques contemporains. Elles façonnent l'organisation territoriale par l'intermédiaire de la géopolitique, l'économie et parfois même la langue. Les frontières définissent donc l'appartenance et l'identité des groupes et des individus. Dans tous les cas, elles peuvent produire des gradients spatiaux, c'est-à-dire des différences entre deux territoires contigus. Elles peuvent, également, rompre des ordres spatiaux préexistants suivant des contours basés sur des facteurs naturels ou culturels. C'est par exemple le cas de la frontière entre les États-Unis et le Canada imposée aux groupes autochtones déjà établis dans la région (voir section 2).

Les frontières étatiques sont une manifestation particulière des conceptions contemporaines de l'espace politique et de la territorialité, intimement liée à l'État-nation qui est l'acteur politique dominant aujourd'hui. Tout au long de l'histoire de l'humanité, la compréhension du territoire (un espace bien défini sous l'autorité d'une personne ou d'une institution particulière) ainsi que de la territorialité (l'organisation et l'appropriation d'un espace et des ressources qui s'y trouvent) a pris différentes formes. Plusieurs façons de comprendre l'espace et de le gouverner ont mené à des expressions frontalières très différentes de celles que nous considérons comme normales aujourd'hui. Par exemple, les cités-États de l'Antiquité grecque avaient à la fois des murs frontaliers pour protéger les zones urbaines centrales et des zones agricoles intermédiaires qui servaient d'espaces tampons, en plus de fournir de la nourriture à leurs populations. Plusieurs villes voisines se partageaient généralement ces zones tampons. Par ailleurs, les populations nomades (passées et présentes) possèdent une compréhension fluide du territoire, défini par des circulations liées aux changements météorologiques saisonniers, à la disponibilité des ressources et, dans certains cas, aux zones de pâturage. Historiquement, on a souvent utilisé les marqueurs territoriaux comme des indicateurs d'autorité ou comme des dispositifs défensifs, et non pas nécessairement comme des bornes territoriales strictes. C'est le cas de la Grande muraille de Chine.

En définitive, les frontières des États n'ont rien de naturel, même lorsqu'elles coïncident avec des frontières physiques telles que les rivières, les chaînes de montagnes ou les rivages: toutes les frontières territoriales sont des constructions sociopolitiques. Les frontières des États d'aujourd'hui sont le résultat de l'expansion d'une vision du monde précise qui rassemble le territoire, la population et le gouvernement sous l'égide de l'État-nation. Les fondements idéologiques de cette vision du monde s'articulent pour la première fois dans les traités de Westphalie, signés en 1648, puis se répandent aux quatre coins du monde par l'expansion coloniale et impériale européenne.

Au cours des premières étapes du développement du système d'État-nation, le front pionnier était une configuration territoriale dominante: il s'agissait d'un dispositif territorial fluide et mobile pour le contrôle du territoire et des populations. À partir du 16e siècle, les puissances coloniales européennes ont le front pionnier (*frontier*) comme limite des terres habitées, au-delà de laquelle le regard colonial européen dissimulait l'inconnu et le « sauvage ». Les fronts pionniers servaient de zones de transition et de fers de lance dynamiques à la colonisation européenne, car l'avancée des pouvoirs coloniaux déterminait leur mobilité et leur non-linéarité. *Au cœur des ténèbres* (*The Heart of Darkness*) de Joseph Conrad (publié pour la première fois en 1899) reflétait la perception dominante à l'époque des peuples et des territoires colonisés et colonisables comme des espaces vides et « sauvages » et comme de simples ressources à exploiter. Ce roman souligne aussi la violence inhérente à ce point de vue.

Au fil du temps et des conflits, les fronts pionniers sont souvent devenus les frontières des États modernes, c'est-à-dire la ligne reconnue internationalement entre deux (ou plusieurs) entités politiques. Au fur et à mesure de l'évolution du système des États-nations (voir chapitre 1), la disposition linéaire des frontières, leur fixation dans l'espace et l'élimination de l'ambiguïté territoriale sont devenues des caractéristiques centrales de ces marqueurs territoriaux.

En raison de leur centralité dans l'organisation politique et territoriale du monde, les frontières des États sont un objet important de la recherche en géographie humaine. En 1938, Jacques Ancel conceptualise les frontières de l'État comme des isobares politiques temporelles séparant des entités sociopolitiques disparates, ouvrant ainsi le champ des études frontalières. Des décennies plus tard, Foucher (1991) invente le terme d'« horogenèse » dans le but d'établir une science systématique des frontières fondée sur l'étude de la genèse et des origines des limites. Le préfixe *horo* provient du grec et s'employait pour décrire les limites des territoires politiques grecs. Dans le même esprit, Raffestin (1986) a esquissé les étapes de la création des frontières dans l'ordre suivant : 1) définition (phase de négociation et de traités) ; 2) délimitation (représentation cartographique) ; 3) démarcation (la rencontre entre la carte et le territoire). Dans tous les cas, « l'obsession des frontières qui envahit la représentation contemporaine du monde » (Foucher, 2016, p. 16) a été largement abordée et le domaine a évolué rapidement depuis le tournant critique des sciences sociales dans les années 1970. De récentes études remettent en question le fonctionnement du système des États-nations en examinant par exemple la stabilité des frontières, leur linéarité et la nécessaire territorialisation des identités nationales.

La mondialisation n'a jamais abouti à l'abolition des frontières, comme certains spécialistes l'avaient prédit et comme nous le montre leur soudaine réactivation déclenchée par la pandémie de COVID-19. La complexité croissante du système frontalier mondial favorise une attention renouvelée et pluridisciplinaire pour cet objet, notamment de la part des spécialistes des études sur la migration et la sécurité. Dans ce contexte, une approche plus sophistiquée des frontières internationales est apparue : on appréhende les frontières comme des lieux de négociation constante et comme des outils d'exploitation des inégalités de pouvoir entre les régions, les pays, les groupes et les peuples. Selon cette approche, on considère les frontières comme des entités polysémiques et polymorphes, riches de paradoxes et de contradictions, qui entretiennent en plus une relation relativement flexible à l'espace.

Cette instabilité et la malléabilité des constructions frontalières ont conduit certains chercheurs à soutenir que les frontières sont, fondamentalement, des entités performatives, c'est-à-dire dont l'existence est produite par un nombre infini d'actions (*performances*) perpétuées par des acteurs étatiques (promulgation de lois et politiques migratoires, contrôles d'identité) et non étatiques (activités quotidiennes de franchissement des frontières par les citoyens, construction des identités diasporiques).

Au-delà des discussions sur leur existence objective, les chercheurs comprennent généralement que les frontières contemporaines remplissent trois fonctions principales qui sont vitales pour l'ordre mondial actuel. La première fonction est de délimiter ou de sanctionner les limites territoriales des États. Ainsi, les frontières définissent les acteurs (États) vus comme légitimes sur la scène internationale. La deuxième fonction est d'organiser la population, les zones de souveraineté légitime et le territoire en entités indépendantes et sans ambiguïté. Cela signifie principalement que les frontières définissent le territoire où un gouvernement possède un pouvoir souverain sur la terre et les personnes qui l'occupent. La troisième fonction est d'inclure ou d'exclure les populations, ou encore de placer les gens dans des catégories d'appartenance et de désappartenance. En d'autres termes, les frontières définissent le « soi » et l'« autre » comme des entités opposées. Dans ces fonctions, les frontières nationales représentent la tension entre l'inclusion et l'exclusion. Elles ouvrent également la voie à l'une des fins les plus controversées (et les plus rentables) pour lesquelles les frontières sont utilisées aujourd'hui : le contrôle de la mobilité humaine.

Malgré les similitudes entre les frontières nationales pour ce qui est des fonctions qu'elles remplissent (ou qu'elles sont censées remplir), leurs manifestations physiques varient considérablement. Dans certains cas, un assouplissement ou une porosité des frontières nationales peut permettre la circulation relativement libre des personnes, des capitaux et des marchandises : c'est par exemple le cas de l'UE ou de la Communauté économique des États de l'Afrique de l'Ouest (CEDEAO). D'autres pays ont choisi de renforcer leurs frontières souvent en construisant un mur physique ou en déployant des technologies avancées pour empêcher les passages clandestins. On parle notamment de frontières intelligentes ou numériques, à l'instar de portions extérieures de la frontière de l'UE et à la frontière entre la Palestine et Israël. Selon la chercheuse Élisabeth Vallet (2014), le nombre de murs frontaliers (l'expression extrême de la frontière d'État) est passé de 15 en 1989 à au moins 70 en 2019, et beaucoup d'autres sont prévus. Le cas de la barrière de séparation israélienne, typique d'une interprétation stricte et violente de territorialité étatique, est brièvement abordé dans l'encadré 5. Toutefois, une même frontière peut combiner des portions « dures » (un grand mur) et « molles » (une clôture basse), comme la frontière américano-mexicaine. Qu'une frontière soit « molle » ou « dure », celle-ci reflète la relation entre les gouvernements, les espaces et les populations qu'elle rassemble.

Même lorsqu'il y a une frontière « dure » et que les représentations traditionnelles du monde tendent à montrer des unités colorées clairement différenciées et séparées par des lignes nettes, les frontières sont des espaces vécus. La plupart du temps, les interactions entre les populations vivant le

Encadré 5
La barrière de séparation israélienne

La barrière de séparation israélienne est une structure séparant les territoires d'Israël de la Cisjordanie. Sa construction par le gouvernement israélien débute en 2002 pendant la deuxième intifada, en principe pour empêcher la perte de vies israéliennes causée par le terrorisme palestinien. La barrière suit de près la « ligne verte », cette démarcation temporaire établie en 1948 afin de permettre la création de l'État d'Israël. Cependant, la structure pénètre profondément dans les territoires palestiniens de la Cisjordanie pour y inclure les colonies juives dans les zones sous autorité conjointe et exclusive (zones B et C, définies dans les accords d'Oslo II de 1995). Selon les plans actuels, la barrière aura une longueur totale de 712 km, dont plus de 460 km avaient déjà été construits au début de 2019. En fonction de la section, la barrière peut comprendre des murs ou des clôtures parallèles séparés par une zone tampon, un fossé antivéhicule et des détecteurs de chaleur et de mouvement pour dissuader les Palestiniens de la traverser. Les forces de sécurité israéliennes occupent les postes de contrôle. Le gouvernement israélien estime que la construction du mur a sauvé plus de mille vies israéliennes. Après plus de cinquante ans d'occupation israélienne, l'effet de la barrière de séparation sur la Palestine a été moins positif. Le mur est construit sur des terres très fertiles de la Cisjordanie et a bloqué tout accès de la population palestinienne à ses principaux moyens de subsistance, anéantissant par le fait même une grande partie de l'économie. Sa construction a d'ailleurs entraîné l'expropriation et la démolition de maisons et d'entreprises. En raison du mur, l'accès de la population aux services essentiels, qu'on parle de soins de santé ou d'éducation, par exemple, est difficile, voire impossible. Bien que les autorités israéliennes insistent sur le fait que la barrière est une structure temporaire, les observateurs internationaux la considèrent comme le fondement des futures revendications territoriales israéliennes en Cisjordanie.

long des frontières transforment ces zones en zones frontalières (de La Pradelle, 1928). Ces espaces deviennent des lieux de réciprocité et de collaboration définis par les expériences quotidiennes des communautés habitant l'espace de la frontière. La proximité physique, les interactions régulières, les accords administratifs et les activités et préoccupations quotidiennes peuvent imposer une lecture des zones frontalières fondée sur la collaboration plutôt que sur l'opposition. Par exemple, les réseaux dynamiques et les riches interactions entre les populations de Tijuana (Mexique) et de San Diego (États-Unis) indiquent la centralité de la frontière pour les deux communautés, qui sont réunies par la ligne qui les divise. En outre, dans l'UE, un large éventail d'entités cherchant à consolider les zones frontalières et à promouvoir la coopération transfrontalière (eurorégions, eurocités) soulignent la centralité des zones frontalières internes dans la politique de l'UE.

La frontière comme lutte pour le pouvoir : colonisation et résistance[2]

Dans la section précédente, nous avons évoqué quelques débats dans le domaine des études frontalières, en mettant l'accent sur les formes et les fonctions des frontières des États (délimiter, organiser et inclure ou exclure des populations et des territoires). Dans cette section, nous présentons la première de deux études de cas abordées dans le reste du chapitre. Le cas d'Akwesasne en Amérique du Nord montre les conséquences de l'imposition des frontières coloniales pour les populations locales.

L'imposition des frontières étatiques par la colonisation a eu de profondes répercussions sur les populations autochtones du monde entier. La division administrative des territoires colonisés est le résultat de conflits et de négociations entre les puissances coloniales. Cela a perturbé les dynamiques territoriales préexistantes, divisant souvent les groupes installés dans les zones traversées par ces frontières et modifiant les circulations, notamment dans le cas des populations nomades. Les tensions résultant de la gestion des frontières étatiques dans les territoires traditionnellement occupés par les populations précoloniales persistent encore aujourd'hui (voir chapitre 8).

On trouve un exemple typique des conséquences des frontières coloniales sur les populations précoloniales dans Akwesasne, une communauté kanien'kehá :ka. Akwesasne chevauche deux pays (le Canada et les États-Unis) ainsi que trois provinces ou États (l'Ontario, le Québec et l'État de New York) sur les deux rives du fleuve Saint-Laurent (carte 5). Le gouvernement local est géré par le Mohawk Nation Council of Chiefs (gouvernement traditionnel), le Mohawk Council of Akwesasne (au Canada) et la St. Regis Mohawk Tribe (aux États-Unis). Les membres

2. Nous tenons à remercier Ian Kalman pour ses conseils dans la rédaction de cette section.

CARTE 5

Le territoire akwesasne

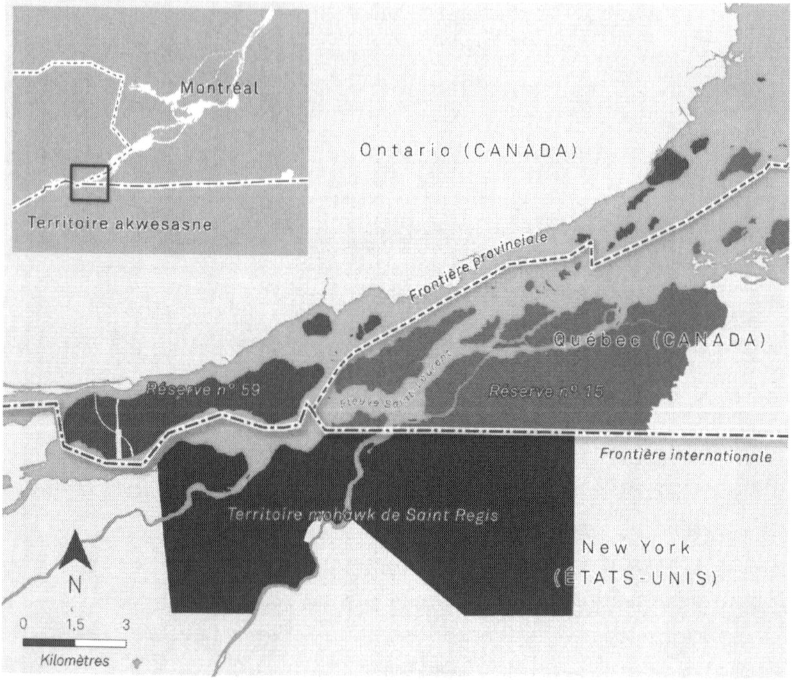

Crédits: Données Canvec 2017 & New York State GIS. Projection NAD83, UTM zone 18. Marianne Turcotte-Plamondon & Rodolphe Gonzalès.

d'Akwesasne (appelés Akwesasronon) ont de multiples identités reconnues officiellement. En tant que Kanien'kehá :ka et membres de la Confédération haudenosaunee, ils doivent respecter les normes, les coutumes et, dans le cas des infractions non pénales, les lois de leur nation. En tant qu'Autochtones membres des Premières Nations, les Akwesasronon sont reconnus comme un groupe distinct de citoyens au Canada et aux États-Unis et jouissent d'une liberté de mouvement relative pour se déplacer dans la réserve malgré les différents paliers d'autorité qui la traversent. En tant que résidents et travailleurs dans les différents territoires administratifs qui coexistent dans l'espace d'Akwesasne, ils doivent jongler quotidiennement avec différents assemblages de droits et responsabilités. L'accès aux services de santé et aux avantages sociaux en est un exemple. De plus, en tant que Canadiens et Étatsuniens, ils sont soumis à différents régimes nationaux de citoyenneté.

Ces défis et la résistance qui en découle mettent en lumière la nature de la frontière comme construction sociale qui, bien que réelle et tangible dans ses conséquences, dépend de sa production constante par les groupes impliqués dans sa (dé)fabrication et met en évidence les inégalités de pouvoir parmi ces groupes. Par leurs actions quotidiennes, les Akwesasronon et les gardes-frontières aux points d'entrée de la communauté « vivent la frontière ». Ils rendent légitime son existence et lui permettent de réaliser ses trois fonctions principales (séparer, organiser, inclure/exclure). En même temps, les acteurs locaux dénoncent les désagréments quotidiens que leur impose cette situation. Les écoles, les infrastructures de santé, les maisons et les lieux de travail se trouvent de chaque côté de cette frontière. Il est obligatoire de se déclarer aux autorités lors d'un déplacement des États-Unis vers le territoire canadien et vice versa, les contrevenants pouvant être soumis à des amendes ou à des peines de prison. Traverser la frontière plusieurs fois par jour est une nécessité pour la plupart des habitants, mais les temps d'attente sont imprévisibles.

Au-delà de ces perturbations, de nombreux membres de la communauté ne voient pas dans cette ligne divisoire une entité légitime. Dans la communauté d'Akwesasne, il y a une longue histoire de contestation de la frontière. Le gouvernement canadien conteste le peuplement du territoire avant la colonisation, et ce, même s'il existe des preuves archéologiques du peuplement du territoire par des Autochtones à partir du 14e siècle (et d'une utilisation antérieure du territoire par des groupes nomades). Cependant, la communauté n'a été officiellement fondée qu'au 18e siècle, ce qui correspond à la période au cours de laquelle la frontière entre les États-Unis et le Canada s'est formalisée.

De plus, le droit à la mobilité des populations précoloniales se voit reconnu dès la délimitation entre les territoires canadien et étatsunien. L'un des nombreux traités ayant mené à la définition de la limite territoriale entre les deux pays est le Traité de Jay de 1794, signé entre la couronne britannique et les États-Unis. L'article III de ce Traité reconnaît le droit des « Indiens américains » de « passer et repasser, par voie terrestre ou par navigation, dans les territoires et pays respectifs des deux parties sur le continent américain [...] et de poursuivre librement le commerce entre eux » (United States Congress, 1846, p. 117, traduction libre). Fondée sur cet article, la loi américaine sur l'immigration établit que « [l]es autochtones nés au Canada ont [...] le droit d'entrer aux États-Unis à des fins d'emploi, d'études, de retraite, d'investissement ou d'immigration» (*US Immigration and Nationality Act*, chapitre 5, section 289, traduction libre). Or, la citation suivante (tirée d'un documentaire des années soixante) démontre que les États-Unis et le Canada ont souvent refusé d'intégrer dans leur législation le droit des membres de la communauté de circuler librement sur leur territoire:

> Les habitants d'Akwesasne, que les Blancs appellent la réserve St. Regis, vivaient sur cette terre bien avant que les deux pays ne décident de tracer une frontière entre eux. Cette ligne n'était pas destinée aux Indiens, et le Traité de Jay de 1794 confirme notre droit de la traverser avec nos biens sans paiement. Le gouvernement canadien n'a jamais réussi à faire de ce traité une loi, et maintenant nous devons payer des droits sur nos courses lorsque nous allons les porter à nos maisons s'il nous arrive de franchir la ligne (Mitchell, 1969, traduction libre).

En effet, le Canada ne reconnaît pas le Traité de Jay et s'est plutôt battu pour maintenir et renforcer les contrôles aux frontières pour deux raisons principales. La première répond à la difficulté de montrer que le lieu a été occupé, traversé et employé comme aire commerciale avant le 18e siècle. La seconde concerne la sécurité nationale, car on craint que la frontière à l'intérieur et autour d'Akwesasne serve la contrebande de tabac, de drogues et de personnes.

La résistance de la communauté à la frontière a pris de nombreuses formes. Certaines impliquent des actes d'évitement quotidiens tels que la non-déclaration (généralement pour des raisons de commodité), sévèrement punis depuis peu. On organise aussi régulièrement des actions de résistance politique. Depuis près d'un siècle, les Haudenosaunee (la confédération à laquelle appartient la nation kanien'kehá:ka) mènent une marche pacifique annuelle durant laquelle ils franchissent la frontière sans s'arrêter ni se présenter aux agents frontaliers, dans un acte de non-reconnaissance. La revendication du droit de passage pour les achats personnels des résidents a également constitué un aspect clé de la résistance antifrontière qui remonte aux manifestations sur le pont du chenal nord en 1969 (aujourd'hui le passage des Trois Nations). Mike Mitchell a porté cette demande devant les tribunaux canadiens en 1988 alors qu'il était grand chef d'Akwesasne. Un autre exemple de résistance est la création des passeports haudenosaunee (Simpson, 2014).

Plus récemment, l'action politique contemporaine s'est concentrée sur la résistance aux initiatives de mise en place des frontières. Par exemple, en 2009, le gouvernement canadien a accru la présence de la Gendarmerie royale du Canada sur le fleuve Saint-Laurent et a proposé d'armer les agents frontaliers déployés aux points d'entrée (le port de l'arme à feu s'étant régularisé à d'autres points d'entrée). La résistance locale a été telle que le gouvernement a finalement décidé de ne pas armer ces agents. Toutefois, le renforcement de la frontière a provoqué une croissance des perturbations pour les résidents de la communauté, notamment par la délocalisation du port d'entrée vers la ville de Cornwall (plus loin) en 2014. Pour remédier à ce problème et réduire les délais de traitement à la frontière, le gouvernement canadien a proposé d'installer des cartes de statut d'Indien lisibles par machine, une initiative approuvée par le Conseil des Mohawks d'Akwesasne.

Ce type d'ajustement technique peut atténuer le cauchemar juridique imposé à Akwesasne, mais la technologie ne supprimera pas le fait que cette frontière est contraire aux conceptions autochtones du territoire (voir chapitre 8). La situation est similaire dans d'autres communautés autochtones en Amérique du Nord. Le slogan militant « Nous n'avons pas traversé la frontière, la frontière nous a traversés » souligne bien les contradictions inhérentes à l'édification de la nation par le colonialisme et les profondes conséquences des frontières coloniales sur les groupes autochtones. La résistance politique autochtone met en évidence la mesure dans laquelle les frontières sont des constructions sociopolitiques imposées à tous avec des effets particulièrement néfastes sur les groupes marginalisés, comme nous le montre un autre cas paradigmatique : les politiques frontalières de l'UE.

L'externalisation des frontières et le contrôle des migrations

Tous les migrants spontanés, c'est-à-dire qui se présentent à la frontière sans l'autorisation de l'État de la franchir, nous forcent à repenser et à redéfinir la frontière étatique. En effet, la construction de l'État-nation n'a de sens que si les gens restent sur place. Bien que la migration humaine soit un phénomène constant tout au long de l'histoire de l'humanité (voir chapitre 6), les progrès des technologies de la communication et des transports ont facilité la mobilité entre les pays.

Dans le contexte mondial actuel, la légitimité de l'État se voit de plus en plus définie par sa capacité à contenir la mobilité des populations

« indésirables ». Des gouvernements en Europe, en Amérique du Nord et en Océanie tentent de bloquer l'accès à leur territoire. Les mesures mises en place se sont concentrées autour d'investissements massifs dans la construction de murs et de clôtures frontalières et dans d'autres formes de renforcement physique, avec principalement le déploiement de personnel, d'équipement de sécurisation et de moyens d'intervention militarisée. La militarisation touche un grand nombre de frontières dans le monde : entre l'Inde et le Pakistan, entre les deux Corées ou encore entre le Zimbabwe et l'Afrique du Sud, avec la construction d'une clôture électrifiée et l'ajout de barbelés. Les États ont également mis en œuvre des stratégies à l'intérieur de leur territoire (internalisation de la frontière) grâce à des contrôles d'identité de routine, qui visent principalement les minorités visibles et deviennent une expression claire du racisme systémique des politiques migratoires. Les États transfèrent en outre de plus en plus la responsabilité du contrôle entre les mains des pays au-delà de la frontière. Ce processus d'externalisation intègre les pays d'origine, de transit et de destination afin d'optimiser la gestion en amont de la migration non désirée.

Le renforcement des frontières, par la construction de murs ou la militarisation, par l'internalisation ou l'externalisation, vise à souligner la pertinence des États-nations malgré la mondialisation et les menaces économiques, politiques et de sécurité nationale. En d'autres termes, dans un contexte de déclin de la souveraineté des États, le contrôle de la migration fournit l'occasion aux États de prouver qu'ils sont toujours aussi importants et fondamentaux (voir chapitre 7).

Le contexte méditerranéen est un bon exemple de ce processus : ici, c'est la migration dite « illégale » qui devient une menace pour l'État-nation et pour l'Union européenne (UE). Depuis la fin des années 1990, les pays du sud de l'UE ont expérimenté la reterritorialisation de leurs frontières pour mettre fin à cette migration. Aujourd'hui, la mer Méditerranée est traversée par trois routes migratoires principales. D'abord, la route de la Méditerranée orientale relie la Turquie et la Grèce. Depuis 2010, cette route est empruntée principalement par des migrants fuyant les guerres et la violence dans des pays comme la Syrie, l'Irak et l'Afghanistan. Ensuite, la route de la Méditerranée occidentale relie le Maroc et l'Algérie à l'Espagne. Elle est utilisée depuis la fin des années 1990, principalement par des migrants économiques en provenance du Maghreb et de l'Afrique subsaharienne. Enfin, la route de la Méditerranée centrale relie la Libye (et, dans une bien moindre mesure, la Tunisie et l'Égypte) à l'Italie et à Malte. Les migrants prenant cette route ont un profil beaucoup plus diversifié, tant par leur origine nationale (pays africains et Moyen-Orient) que par leurs motifs, puisque ce sont à la fois des migrants économiques, des réfugiés et des demandeurs d'asile qui la parcourent. Une quatrième route relie l'Afrique de l'Ouest aux îles Canaries espagnoles dans l'océan Atlantique.

Avant d'arriver à la frontière maritime, les migrants doivent traverser des pays situés en dehors du territoire souverain des États membres de l'UE. Afin d'arrêter les flux de migrants, l'UE et les États membres collaborent avec les pays d'origine et de transit de ces migrants. Si les efforts d'externalisation se sont intensifiés au lendemain de la « crise des réfugiés » de 2015, c'est encore la GAMM, ou l'approche globale de la question des migrations et de la mobilité, adoptée en 2005, qui fonde la stratégie anti-immigration de l'UE. Celle-ci se concentre sur l'intégration des pays d'origine et de transit des migrants, à la fois proches (comme le Maroc) et éloignés (comme le Niger), dans la politique migratoire et frontalière européenne. Dans ce contexte, la reterritorialisation de la frontière a reporté l'attention non plus sur la frontière étatique (la frontière comme ligne fixe) mais sur les routes migratoires (la frontière comme articulation des espaces de transit).

Ces initiatives d'externalisation se répartissent en deux catégories principales. Premièrement, l'UE ou les différents États membres peuvent signer des accords de coopération avec les gouvernements des pays d'origine et de transit. Ces pays s'engagent par la suite à mettre en œuvre des politiques et des réglementations conformes aux priorités de l'État qui externalise sa frontière. Cette européanisation des institutions et des politiques dans les pays hors UE est une forme classique d'externalisation. Ainsi, lorsque l'Espagne a cherché à fermer la route migratoire atlantique, le gouvernement espagnol a entamé un processus de coopération et de cooptation des fonctionnaires sénégalais, et fourni des formations et du matériel aux forces de sécurité du Sénégal afin qu'elles puissent repérer et empêcher le départ de migrants et de passeurs potentiels. L'un des moments clés de cette stratégie fut l'adoption en 2005 d'une loi punissant sévèrement les passeurs, avec de lourdes amendes et de longues peines d'emprisonnement imposées par le gouvernement sénégalais. En conséquence, les pêcheurs locaux qui agissaient en tant que passeurs ont cessé d'aider les migrants. Or, cela n'a pas arrêté la migration : les réseaux criminels sont intervenus pour répondre à la demande de services de contrebande. À l'instar du Sénégal, les pays d'origine et de transit en Afrique sont encouragés à coopérer avec l'UE en signant des accords en matière de migration en échange de sommes importantes.

Deuxièmement, l'externalisation peut s'opérer par la relocalisation des forces de sécurité d'un État sur le territoire d'un autre pays. C'est ce qu'on appelle l'extraterritorialisation. Pour reprendre le même exemple, lorsque le gouvernement espagnol a commencé à coopérer avec le Sénégal, les deux pays ont conclu un accord informel permettant à la Guardia Civil espagnole (l'équivalent de la GRC au Canada) de patrouiller dans les eaux territoriales sénégalaises et d'aider les forces de sécurité sénégalaises à arrêter la migration clandestine. La différence est que l'externalisation renvoie à l'exportation des façons de penser et de faire la frontière afin de servir les intérêts de l'UE ou de l'État européen coopérant, tandis que l'extraterritorialisation correspond à la relocalisation physique du personnel d'un État sur le territoire de l'État coopérant.

Dans les deux cas, les acteurs étatiques doivent négocier un espace frontalier occupé par une multitude d'intervenants pouvant avoir des priorités diverses et parfois contradictoires en ce qui concerne la frontière. Parmi les intervenants impliqués, on compte les États coopérants, les entreprises privées qui fournissent pratiquement tout le matériel de surveillance et d'interception, les ONG et les organisations humanitaires (comme la Croix-Rouge), les organisations intergouvernementales (comme l'Organisation internationale pour les migrations qui fournit un soutien au gouvernement dans le domaine de la politique migratoire), les passeurs, les trafiquants et les migrants eux-mêmes. Dans le contexte européen, les deux formes d'externalisation ont été mises en place grâce à d'importants transferts financiers aux gouvernements collaborateurs. Ces transferts ont été initialement négociés en tant qu'accords isolés entre l'UE (ou ses États membres) et les gouvernements collaborateurs, tel l'accord entre la Turquie et l'UE de 2015, qui impliquait le transfert de 6 milliards d'euros. Plus récemment, l'externalisation a fait l'objet d'efforts plus coordonnés, financés principalement par le Fonds fiduciaire d'urgence de l'Union européenne pour l'Afrique. Ce financement a servi principalement à encourager les gouvernements africains à collaborer au contrôle de la migration à destination de l'UE en provenance du continent.

L'externalisation a effectivement réduit le nombre de migrants arrivant aux frontières de l'UE. Cependant, d'autres conséquences en découlent. La sous-traitance des fonctions de contrôle migratoire et frontalier aux pays ayant de mauvais antécédents en matière de respect des droits de la personne (comme le Maroc, la Libye ou la Turquie) entraîne la violation des obligations internationales de l'UE, en particulier celles concernant les droits des demandeurs d'asile et des enfants. Bloquer l'accès au territoire européen signifie bloquer l'accès aux droits et protections destinés à ces groupes. L'externalisation a également augmenté le nombre de morts sur les routes migratoires, faisant de la Méditerranée la mer la plus meurtrière du monde. La vulnérabilité des migrants est aggravée par le recours croissant de l'UE aux accords de réadmission. Autrement dit, l'UE et les États membres délèguent leurs responsabilités légales et morales à des pays qui ne sont pas sûrs pour les migrants. Ce faisant, ils ne respectent pas leurs engagements internationaux.

Si l'externalisation embrasse de nouvelles formes territoriales pour atteindre d'anciens objectifs politiques (par exemple l'exclusion de certains groupes de personnes du territoire de l'État), d'autres développements ont entraîné des changements plus fondamentaux, comme en témoigne le transfert du pouvoir souverain à une entité supranationale, Frontex. Le mandat initial de Frontex, lors de sa création en 2004-2005, était de fournir un soutien logistique pour la coordination des opérations conjointes le long des frontières extérieures de l'UE. Avec le temps, Frontex est devenu un acteur clé de la militarisation de la frontière maritime. Entre 2016 et 2019 (au lendemain de la « crise des réfugiés »), l'agence a été renommée Agence européenne de garde-frontières et de garde-côtes (EBCG) et a vu son mandat s'élargir et son budget augmenter considérablement. Dans un mouvement critique qui marque un changement important dans la façon de penser et de faire la frontière au sud de l'UE, l'EBCG a commencé, en 2019, à renforcer ses capacités internes pour gérer l'expulsion des migrants sans l'intervention directe des États membres. L'externalisation et le transfert de la souveraineté frontalière à l'EBCG indiquent alors la nécessité, perçue par les États membres de l'UE, de réviser l'ancienne frontière pour maintenir les populations en place.

Du point de vue de la géographie politique de la frontière, l'externalisation transforme les espaces d'origine et de transit des migrants indésirables en une zone frontalière élargie. La territorialité des frontières est alors repensée au-delà de la frontière en tant que ligne. L'UE est pionnière dans cette articulation des espaces au-delà des limites territoriales de ses États membres. La forme que prend la frontière a peut-être changé, mais ses fonctions demeurent. Premièrement, elle délimite et établit l'Europe en tant qu'entité géopolitique distincte et clairement définie. Deuxièmement, elle ordonne et limite la mobilité indésirable, ce qui renforce les catégories géographiques de l'Europe/Européen et de l'Afrique/Africain, tout en perpétuant et en renforçant les déséquilibres de pouvoir (post) coloniaux. Troisièmement, elle déshumanise davantage les populations migrantes racialisées d'origine non européenne (voir chapitre 9). Finalement, la politique frontalière liée au contrôle de la migration fournit aussi une niche rentable pour le complexe militaro-industriel international, ce qui met en lumière une fonction émergente de la frontière, soit la génération de profits pour une poignée d'entreprises privées, principalement européennes.

* * *

Les frontières étatiques jouent un rôle essentiel dans la vision du monde en tant que communauté d'États-nations indépendants et souverains, car elles délimitent et ordonnent les territoires et les personnes qui les habitent par des processus concomitants d'inclusion et d'exclusion. En revanche, la réalité est bien plus complexe que ce qu'une carte politique du monde laisse paraître. La route ayant mené à la création d'un monde d'États-nations est pavée de conflits dont certains subsistent encore aujourd'hui. Tout au long de cette route, les frontières étatiques ont démontré être des entités polysémiques, polymorphes et dynamiques, criblées de contradictions, résultant d'une multitude d'actions quotidiennes et donnant lieu à des résistances politiques importantes.

Nous avons utilisé deux exemples pour mettre en évidence certaines des principales caractéristiques et évolutions des frontières contemporaines. L'exemple d'Akwesasne présente un espace de résistance où la frontière devient l'expression de l'articulation impossible de deux formes de territorialité (l'une coloniale, l'autre autochtone). Le cas de l'UE montre quant à lui la nature dynamique des frontières et des pratiques frontalières ainsi que la malléabilité de la frontière pour faire face à de nouveaux défis. Un autre exemple est la barrière de séparation d'Israël (encadré 5) illustrant le processus par lequel la frontière elle-même est l'objet de conflits. Ces trois cas révèlent l'importance des fonctions traditionnelles des frontières : divisions territoriales, création d'ordres et d'altérités. Ils montrent également la violence intrinsèque au processus de production des frontières.

La frontière est, à bien des égards, plus un processus qu'une entité statique. Autrement dit, elle est davantage une pratique qu'un fait et ses expressions varient, à la fois dans le temps et l'espace. Aujourd'hui, les gouvernements nationaux adoptent la frontière comme une arme et comme un moyen de défense. Dans ce contexte, elle devient (du moins en théorie) un instrument pour défendre la nation contre les menaces extérieures, y compris la menace invisible d'un virus, par exemple. Elle se déploie pour protéger l'économie nationale contre les sociétés multinationales abusives et veille à ce que les membres de la nation restent souverains et, prétendument, en sécurité. La frontière est plus que jamais au centre de la politique et de l'élaboration des politiques nationales et internationales.

Enfin, alors qu'ils semblaient révolus après la chute du mur de Berlin en 1989, on observe un retour des murs frontaliers comme expression physique de la frontière, et ce, malgré les preuves de leur inefficacité à arrêter la circulation des personnes et des biens. On assiste même à la construction de barrières flottantes pour empêcher l'arrivée de demandeurs d'asile, comme c'est le cas en Grèce. On invente et on déploie continuellement de nouvelles technologies à la frontière pour repousser, détecter, intercepter et contenir ceux qui veulent la traverser sans l'autorisation de l'État, lequel distingue les mobilités autorisées de celles qui ne le sont pas. Toutefois, des espaces sanctuaires émergent. De Glasgow à Palerme en passant par Toronto, nombre de villes et de campus universitaires en Amérique du Nord et en Europe défient la localisation officielle des frontières étatiques et les politiques frontalières, notamment en limitant leur collaboration dans la mise en pratique de lois et de technologies restrictives visant les migrants. La frontière n'est pas qu'une simple ligne, c'est un processus et, pour cette raison, la frontière du futur est en train de se définir.

CHAPITRE 6

Les migrations : une planète en mouvement

Violaine Jolivet

Un Canadien sur cinq est un migrant. En effet, selon le recensement canadien de 2016, 21,9 % des habitants du pays sont nés à l'étranger. Bien que l'Organisation internationale des migrations (OIM) reconnaisse qu'il n'existe pas de définition universellement acceptée du terme, la notion de « migrant » renvoie habituellement à toute personne se déplaçant vers un autre pays ou une autre région dans le but d'améliorer ses conditions matérielles et sociales ainsi que ses perspectives d'avenir ou celles de sa famille.

L'action de migrer se définit donc par un déplacement dans l'espace et un changement de résidence, et se qualifie selon la distance et la nature du mouvement. Les migrations internationales concernent plus précisément des déplacements libres de populations qui passent d'un État à un autre pour s'y établir, et changent ce faisant de statut juridique. L'OIM dénombrait en 2018 environ 270 millions de migrants internationaux correspondant à ce profil, ce qui représente environ 3 % de la population mondiale. La même année, le Haut Commissariat des Nations Unies pour les réfugiés (HCR) faisait état, d'une part, de 41 millions de déplacés internes, c'est-à-dire de personnes déplacées sous la contrainte en raison de conflits, de violences ou d'atteintes aux droits de la personne dans leur propre pays et, d'autre part, de 25,9 millions de réfugiés, c'est-à-dire de personnes forcées de fuir leur pays. Les temporalités de la migration sont également un des éléments de sa définition. Qu'il s'agisse d'une migration sans visée de retour ou d'un déplacement saisonnier, la durée du déplacement qualifie la migration et son inscription dans l'espace. La migration temporaire, si elle peut impliquer un changement de pays et de résidence, se caractérise avant tout comme une migration effectuée par un individu sans pour autant qu'il se fixe durablement dans le pays d'accueil. Elle peut également se répéter de manière cyclique ou non.

Dans ce chapitre, nous aborderons la complexité de la notion de migration en nous intéressant principalement aux migrations inter- et transnationales, c'est-à-dire celles qui impliquent le franchissement d'une frontière. Dans une première partie, nous reviendrons sur l'évolution des études sur la migration. Dans une seconde partie, nous verrons comment les migrations sont à la fois des indicateurs et des actrices du processus de mondialisation. Enfin, nous nous attarderons aux territorialités de la migration en abordant la question des lieux et des liens sociaux et spatiaux.

Géographies des migrations

La géographie s'est toujours intéressée aux migrations pour comprendre les dynamiques des circulations humaines et leurs répercussions sur les territoires étudiés. Les études sur la migration ne se limitent pas à comptabiliser les déplacements de populations; elles appartiennent plutôt à un champ beaucoup plus vaste, celui de la mobilité, qui couvre de manière englobante et à diverses échelles toutes les formes de circulation et de déplacement. À la lumière des travaux du sociologue John Urry (2007) qui montrent que les sociétés actuelles ont opéré « un tournant de la mobilité », force est de constater que le développement et la diversification des moyens de transport, la prolifération des télécommunications (voir chapitre 4) et les lois favorisant ou non la mobilité des individus, des idées et des biens contribuent à rendre les sociétés de plus en plus mobiles. Mais l'accès à la mobilité est très inégal selon les territoires et les groupes sociaux étudiés, et toutes les sociétés ne vivent pas à la même vitesse.

Les théories classiques de la migration

Dans la géographie classique, les migrations sont un aspect de la géographie de la population avec une approche démographique. Les flux de populations avec changement de résidence sont quantifiés dans le calcul du solde migratoire, qui représente la différence entre les immigrants (qui arrivent) et les émigrants (qui partent) dans un espace donné. Par exemple, suivant la théorie des «*pull and push factors*», c'est-à-dire en prenant en considération les facteurs d'attractivité (*pull*) des espaces de réception, dont la stabilité économique et politique, et les facteurs de répulsion (*push*) provoquant le départ du pays d'origine, notamment l'insécurité et l'instabilité économique et politique, les géographes cherchent à quantifier et à analyser les flux de populations et les couples migratoires entre pays émetteurs et pays récepteurs. Cette approche classique suppose une cause rationnelle au mouvement migratoire, que celle-ci soit économique, géopolitique ou liée au cycle de vie des personnes aspirant au départ. Les caractéristiques démographiques sont alors un élément explicatif de la mobilité des personnes : les jeunes migrent plus que les vieux, les hommes plus que les femmes.

La géographie de la population qui se concentrait sur l'origine, la composition et la destination des flux connaît un renouveau méthodologique dans les années 1970. Une approche principalement quantitative cède peu à peu sa place à des approches plus qualitatives inspirées en particulier de l'École de Chicago. Bien qu'ils continuent à quantifier les flux, ces travaux intègrent l'échelle locale à leur réflexion et s'intéressent aux dynamiques sociospatiales des espaces de réception. La croissance rapide des villes à cause de l'installation de nombreux migrants provinciaux ou internationaux met en évidence les processus de concentration/ségrégation urbaine à l'œuvre (voir chapitre 3). Les mécanismes de l'installation et de l'insertion sont mis en relief dans l'étude des réseaux familiaux, marchands, ethnoculturels et religieux qui transforment l'espace d'accueil en territoire.

Une notion polysémique

À partir des années 1990, les études sur les migrations sont de plus en plus nombreuses, et la volonté des chercheurs de saisir les espaces entre le lieu de départ et le lieu d'arrivée va radicalement les transformer. En ce sens, les approches relationnelles contribuent à un grand renouvellement sémantique et méthodologique. Il ne s'agit plus d'aborder uniquement la migration par les espaces de départ et de réception des flux, mais de prendre en compte le champ migratoire, c'est-à-dire l'ensemble des territoires migratoires de manière articulée. Les notions de champ et d'espace migratoires (Simon, 2008) remettent l'espace au centre des analyses. L'étude des migrations contemporaines demande ainsi de penser l'ensemble des espaces mobilisés au sein du projet migratoire et englobe les territoires de la mobilité indépendamment des cadres nationaux et des frontières. Des notions comme les territoires circulatoires ou les territoires de la mobilité cherchent à montrer la construction de territoires, de réseaux économiques et d'espaces sociaux par le mouvement en s'émancipant du nationalisme méthodologique qui prévalait jusqu'à présent et qui considère l'État-nation comme l'unité fondamentale de référence et de compréhension du monde social.

Le concept de transnationalisme permet alors de comprendre ces dynamiques migratoires protéiformes faites de connexions, de transit et de multiples localisations. Le transnationalisme se définit comme un processus par lequel les immigrés développent et entretiennent des relations sociospatiales multiples, qui connectent ensemble leurs territoires d'origine et de réinstallation (Schiller, Basch et Blanc-Szanton, 1992). Les personnes impliquées dans ce processus élaborent des champs sociaux qui enjambent les frontières géographiques, culturelles et politiques. Les migrants ne sont plus nécessairement d'ici ou de là-bas, mais peuvent être d'ici et de là-bas. La notion de communauté transnationale transcende les cadres de l'État-nation en mettant en contact des communautés éloignées s'influençant mutuellement, et permet d'interroger les liens matériels et immatériels qui relient les territoires entre eux et favorisent une approche relationnelle de l'espace.

La notion de diaspora permet quant à elle de réfléchir aux modalités de la relation spatiale entre des communautés. D'origine grecque, signifiant la dispersion ou la dissémination, la notion de diaspora était traditionnellement une notion, historico-religieuse décrivant la « grande catastrophe » de la dispersion du peuple juif dans l'Antiquité. On a par la suite appliqué cette notion, correspondant à la dispersion d'un peuple à partir d'un territoire-foyer à la suite d'une catastrophe, aux expériences de la diaspora grecque et de la diaspora arménienne. La notion souligne un rapport entre espace et communauté très différent de l'État-nation. À partir des années 1990, le renouveau des études sur les diasporas élargit le concept à d'autres « peuples-mondes de la longue durée » (Bruneau,

Encadré 6
La diaspora libanaise

Le Liban comptait 6,8 millions d'habitants en 2018, alors que le gouvernement libanais estimait en 2016 à 12,3 millions le nombre de Libanais en diaspora dont l'implantation, quasi planétaire, s'est forgée sur deux siècles d'immigration. L'Amérique latine, les États-Unis ou l'Afrique de l'Ouest sous la colonisation française sont les premiers espaces d'implantation à l'étranger des communautés libanaises, principalement chrétiennes, au tournant des 19e et 20e siècles. Le phénomène diasporique s'élargit cependant à partir de la seconde moitié du 20e siècle et, surtout, au cours de la guerre du Liban (1975-1990). L'émigration touche désormais toutes les communautés libanaises (maronites, sunnites, chiites) et les destinations se diversifient, celles-ci s'ancrant en particulier dans les pays du Golfe, l'Arabie Saoudite en tête, au Canada, en France et en Australie. Ce peuple en diaspora s'est dispersé sur le temps long, et malgré une identité nationale dite « libanaise », il a conservé des disparités internes fortes, notamment entre chrétiens et musulmans.

Dans le champ des études sur les diasporas, à l'instar des diasporas chinoise ou indienne, on analyse la diaspora libanaise comme une diaspora entrepreneuriale, c'est-à-dire une diaspora qui s'articule autour de réseaux commerciaux et entrepreneuriaux (banques, filières d'approvisionnement), dans la mesure où la diversité religieuse ou linguistique ne permet pas l'unité autour de traits culturels ou de revendications politiques communes. Les populations établies lors des premières vagues migratoires ont favorisé l'accueil de nouveaux arrivants dans les territoires où elles s'étaient déjà installées, ce qui a renforcé la polarisation de la diaspora à l'échelle planétaire avec une forte présence au Brésil, aux États-Unis et en Argentine, et une très forte concentration dans les centres urbains. Ainsi, en Afrique de l'Ouest, la diaspora libanaise se concentre essentiellement au sein des grandes villes côtières, surtout Abidjan, Dakar, Freetown et Accra.

Grâce aux réseaux sociaux et économiques, des liens durables s'établissent entre les différents pôles de la diaspora et le territoire d'origine : le Liban. Des mobilités nombreuses, de biens, de capitaux et de personnes, articulent les territoires en diaspora. Aujourd'hui, les gouvernements du Liban s'appuient largement sur cette force économique extranationale, et les transferts de fonds de la diaspora représentaient un apport en 2017 de 6,8 milliards de dollars américains.

2004) et tente de systématiser ce qui « fait diaspora » : une organisation multilocalisée, en réseau, où une mémoire commune du territoire originel imaginé ou fantasmé se perpétue malgré la dispersion au sein de plusieurs États (encadré 6). Les peuples en diaspora maintiennent des traits communs (langue, religion, organisations politiques et culturelles, réseaux commerciaux) et un lien fort avec le territoire d'origine réel ou imaginé, par-delà la dispersion en des territoires multiples.

Migrants, réfugiés, déplacés, demandeurs d'asile

Depuis plusieurs années, qu'il s'agisse de la «caravane» qui traverse l'Amérique centrale ou des « vagues » de migrants qui arrivent sur les côtes de l'Europe, les médias ne cessent de parler de « crise des réfugiés » ou de « crise des migrants ». Or, au-delà de l'emploi inopiné de la notion de crise, ces deux dénominations ne sont pas équivalentes et il est important de bien distinguer les termes employés pour déconstruire ce discours médiatique peu rigoureux. Tout d'abord, un réfugié ou un déplacé fuit un conflit ou des persécutions, soit à l'extérieur de son pays pour le réfugié, soit à l'intérieur ou à proximité de ses propres frontières pour le déplacé.

Selon la convention de Genève signée en 1951, on définit un réfugié comme une personne « craignant avec raison d'être persécutée du fait de sa race, de sa religion, de sa nationalité, de son appartenance à un certain groupe social ou de ses opinions politiques, [qui] se trouve hors du pays dont elle a la nationalité et qui ne peut ou, du fait de cette crainte, ne veut se réclamer de la protection de ce pays ». Ainsi, la différence profonde entre un immigrant et un réfugié réside dans le caractère forcé ou non du mouvement. On considère les migrations économiques, pour rapprochement familial ou liées aux cycles de vie (études, retraite) comme des déplacements décidés librement. Toutefois, la distinction entre migration forcée et volontaire peut s'avérer ardue. Pour obtenir l'asile auprès d'un État d'accueil, il faut prouver par la déposition d'un « récit migratoire » expliquant les causes de départ et les étapes de la traversée que la raison initiale de la migration permet bien de prétendre au statut légal de réfugié, une protection internationale délivrée par le Haut Commissariat des Nations Unies pour les réfugiés.

De nouvelles catégories voient également le jour, comme la notion de migrant environnemental ou celle de déplacé ou de réfugié climatique.

Les catastrophes naturelles déplacent en moyenne 25 millions de personnes par an, mais ces données ne prennent pas en compte le nombre croissant de déplacés, de réfugiés ou de migrants qui quittent leur région d'origine en raison d'un changement climatique ou environnemental, par exemple l'élévation du niveau des mers ou l'érosion et la désertification des sols. Les liens entre migrations et changements environnementaux semblent de plus en plus ténus et complexes. L'OIM et la Banque mondiale estiment que les changements climatiques font en moyenne deux fois plus de déplacés que les conflits à l'échelle planétaire, et qu'ils risquent de devenir le facteur migratoire principal, notamment dans les zones définies comme les plus vulnérables aux changements climatiques.

Un phénomène planétaire

Le projet de recherche « génographique » lancé par la revue *National Geographic* montre, avec l'analyse des caractères communs de l'ADN, comment nous nous sommes déplacés depuis des millénaires. Sans remonter nécessairement aux migrations hors du berceau africain par Homo sapiens il y a environ 60 000 ans, il est intéressant de considérer le temps long pour comprendre la migration comme un phénomène central de l'histoire globale. Les migrations sont en effet un corollaire de la mondialisation, c'est-à-dire de la mise en relation économique, politique et culturelle du Monde : les différentes étapes de la constitution d'un « système-monde » vont s'accompagner systématiquement d'une accélération et d'un changement d'échelle du fait migratoire.

Le temps long des migrations

La première phase généralement admise de la mondialisation s'ouvre au 16e siècle, avec les grandes avancées scientifiques et la colonisation de territoires outre-mer par les empires européens (voir chapitre 1). Qu'il s'agisse de l'établissement de comptoirs commerciaux ou des violentes conquêtes coloniales, les puissances maritimes européennes sont à l'origine de la première grande accélération du fait migratoire. L'arrivée de plusieurs milliers de colons européens a eu une incidence sans précédent sur les populations américaines de l'époque, causant par le choc microbien et les massacres la mort de plus de 50 millions d'Autochtones ainsi que de grands déplacements. La colonisation des Amériques a entraîné un changement d'échelle dans la systématisation des migrations forcées de main-d'œuvre. La traite des Africains réduits en esclavage concerne au total 12,5 millions de personnes déracinées, auxquelles s'ajoute un nombre très élevé de morts durant le transit. Les conséquences seront grandes pour les territoires africains, vidés de leurs forces vives, comme pour les territoires d'arrivée où l'univers « plantationnaire » sera au fondement d'un système économique et social profondément raciste et inégalitaire qui perdurera bien au-delà de l'abolition de la traite atlantique (1850-1860) et de la fin de la colonisation européenne (Chivallon, 2003).

La deuxième grande accélération coïncide avec la révolution industrielle et technique au 19e siècle et l'accroissement des échanges commerciaux. Le trait le plus saillant en est l'émigration massive des Européens vers les Amériques. Environ 60 millions de personnes traversent ainsi l'Atlantique par bateau entre 1820 et 1914. Dans son film *America, America* (1963), Elia Kazan relate ce périple souvent chaotique. On y suit la trajectoire tumultueuse de Stravos, un Grec d'Anatolie, qui s'embarque sur un navire à Constantinople pour rejoindre New York. Le temps long de la correspondance écrite avec sa famille, la durée de la navigation ou les scènes de « triage » à Ellis Island donnent un aperçu cinématographique des dispositifs communicationnels et politiques qui encadraient ces migrations massives vers les terres américaines et de l'imaginaire fort de l'Eldorado qui motivait ces traversées. La prépondérance des migrations vers les États-Unis ne doit cependant pas masquer la formation d'autres connexions entre des territoires distants par l'intensification des mouvements de populations. L'exemple des engagés (*coolies*), travailleurs sous contrat venus d'Inde et de Chine pour remplacer les esclaves dans les Caraïbes, en Afrique de l'Est, dans les îles de l'océan Indien ou encore au Pérou, montre comment des migrations anciennes de populations fondées sur l'exploitation des travailleurs ont évolué en installations pérennes.

La troisième accélération du phénomène migratoire débute avec la dernière vague des décolonisations et tient principalement à l'émergence de flux migratoires soulignant les rapports de pouvoir entre les centres et les périphéries du système-monde. La nouvelle division internationale du travail engendrée par la mondialisation diversifie et complexifie les flux migratoires, et c'est surtout à partir de la fin de la guerre froide que le phénomène devient global (voir chapitre 2). Les migrations dans le monde ont plus que triplé en quarante ans et cet essor s'accompagne d'une diversification des origines géographiques des migrants.

Ce sont les pays du Sud ou ceux de l'ex-bloc soviétique qui alimentent majoritairement les migrations contemporaines. Cette diversification des origines s'est accompagnée d'une diversification des routes permise par la seconde révolution des transports. Les migrants sont devenus des acteurs incontournables du marché du travail globalisé. On observe aussi depuis une trentaine d'années une féminisation de cette migration dite « économique », les femmes étant recrutées notamment dans le domaine du « *care* » ou des services à la personne. L'exemple des réseaux de travailleuses domestiques philippines, dont la migration est encadrée par le gouvernement philippin, est remarquable, car il montre comment l'État tire profit de l'internationalisation du travail et du transfert de travailleuses du Sud vers des économies plus développées telles que Hong Kong, Singapour et la péninsule arabique.

La majorité des chercheurs s'accordent pour dire que nous connaissons une période de mutations sans précédent des mobilités migratoires liées à la multiplication des flux à l'échelle globale et à l'augmentation des contrôles et des barrières ayant pour but de stopper ou de sélectionner les migrants. Une cartographie générale du système migratoire planétaire tend à représenter les pays selon leur solde migratoire positif ou négatif. Les pays du Sud présentent souvent un solde migratoire négatif: les flux de départ sont supérieurs aux flux d'entrée ou de retour. Inversement, les pays à solde migratoire positif coïncident avec les pays aux PIB plus élevés. Aujourd'hui, ce sont les pays du golfe Arabo-Persique qui connaissent la plus forte proportion d'immigrants au sein de leurs États avec 50 %, voire 70 % d'immigrants. Cela permet de nuancer l'idée que les migrations internationales se font systématiquement du Sud vers le Nord.

On estime aujourd'hui que seulement 33 % des migrations internationales se font du Sud vers le Nord et que la majorité des migrations internationales sont des migrations Sud-Sud, comme en témoignent les chiffres en Afrique subsaharienne, qui compte plus d'un million d'immigrants chinois dont 90 % sont arrivés après 1970. Plus modestes en flux, les migrations Nord-Nord, les migrations intraeuropéennes ou transatlantiques et les migrations Nord-Sud s'ajoutent non moins aux nouvelles dynamiques du système migratoire. Ces déplacements permettent d'appréhender une nouvelle perspective du développement inégal induit par la mondialisation. Ainsi, des retraités nord-américains vont s'installer au Costa Rica ou au Panama et des retraités européens vont rejoindre le Maroc ou le Sénégal parce qu'ils y trouvent des bénéfices économiques au-delà de l'héliotropisme classique, notamment un coût de la vie et de l'immobilier moindre et parfois des services de santé plus accessibles, comme c'est le cas au Panama pour les Étatsuniens. Cependant, bien que les migrations se diversifient de plus en plus, il faut concéder une stabilité relative des principales routes migratoires, de l'Amérique centrale et des Caraïbes vers l'Amérique du Nord, de l'Asie centrale vers la Russie ou de l'Asie vers l'Australie, par exemple.

Régulation étatique, contrôle des flux et circulations inégales

Ces mises en contact ne se font pas sans heurts, et les discours inhospitaliers, comme le contrôle accru des flux, montrent que la circulation migratoire est loin d'être un processus dérégulé. La représentation cartographique de Philippe Rekacewicz (carte 6) montre comment des outils juridiques (visas, droit de résidence ou de libre circulation) ou physiques (murs, milices privées antimigration, technologies de la sécurité et dispositifs militaires) régulent la migration. Si la mondialisation a permis un abaissement des frontières douanières et la formation de macrorégions économiques prônant la libre circulation des biens et des capitaux, les expériences migratoires à l'échelle planétaire traduisent partout la violence dans l'expérience des frontières, celle-ci étant amplifiée par la résurgence de murs et des frontières armées qui accentuent le risque pour les migrants de perdre la vie lors de leurs traversées (voir chapitre 5).

La mondialisation des flux est aussi synonyme d'une multiplication des parcours et des routes migratoires, entre autres pour contourner ou surmonter les obstacles juridiques et politiques de contrôle et de militarisation aux frontières des États. Les dispositifs accrus de contrôle sont également une des principales conséquences de la multiplication des acteurs du trafic de personnes. Une véritable « économie du passage » s'est développée autour de la traversée et du transit. Le trafic illicite de migrants ou la traite de personnes, notamment par les réseaux criminels et mafieux, sont une autre facette de la mondialisation du fait migratoire, qui contribue à la mise en place de véritables marchés souterrains. La violence est alors intrinsèque aux processus migratoires, et la violence des passeurs doit se

RTE 6

monde sanctuarisé

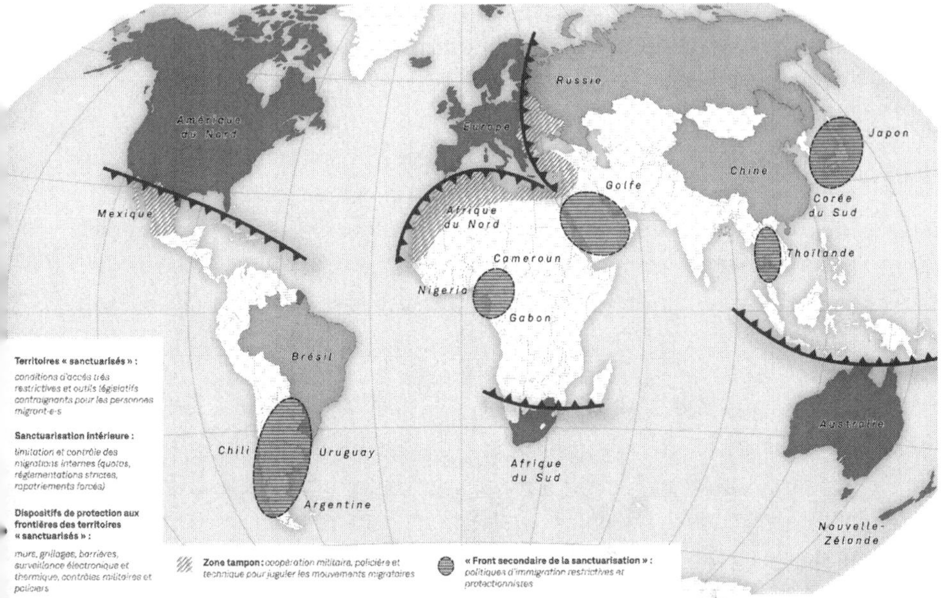

édits : Données Natural Earth (fond de plan). Projection Winkel-Tripel. Carte réalisée par Philippe Rekacewicz, 2011, et produite par Rodolphe Gonzalès.

comprendre au regard de la violence des politiques migratoires et de celle du marché du travail et des employeurs qui recrutent des travailleurs en situation irrégulière (Pécoud, 2018).

Le Canada dans l'espace migratoire mondial

Cette face sombre de la migration touche tous les pays. L'accueil très médiatisé de réfugiés syriens par Justin Trudeau en 2016 à l'aéroport de Toronto et la promesse du gouvernement d'accueillir 25 000 Syriens ne doivent pas occulter le principe de sélection et de quotas qui fonde les politiques migratoires du Canada, ni le nombre croissant de « déboutés », c'est-à-dire de candidats en situation irrégulière renvoyés dans leur pays d'origine. Comme la Nouvelle-Zélande et l'Australie, le Canada, lors de sa constitution en tant qu'État, a mené une politique d'immigration dite de peuplement, c'est-à-dire que depuis la Confédération, le gouvernement fédéral considère l'immigration comme un moyen incontournable d'accroître sa population et donc son économie. Si les différentes lois migratoires canadiennes renferment depuis la fin du 19e siècle un grand nombre de discriminations raciales et ethniques, le multiculturalisme canadien trouve bien ses fondements dans cette politique migratoire de peuplement.

À la fin de la décennie 2010, l'immigration internationale représentait 80 % de la croissance démographique du pays, et environ 60 % des admissions de résidents permanents se classaient dans la catégorie « immigration économique », le reste des obtentions de résidence se faisant essentiellement soit par les modalités du regroupement familial, soit par la demande d'asile. La politique migratoire canadienne favorise la venue de migrants qualifiés, induite par la reconfiguration des logiques de l'organisation du travail. Ainsi, on octroie des points aux candidats à la migration selon leur diplôme, leur connaissance de l'une des deux langues officielles et leur expérience professionnelle. Ces politiques de quotas sont responsables de l'exode des compétences, encore appelé « fuite des cerveaux » dans de nombreux pays du globe. Selon l'OIM, la plupart des migrants internationaux sont parmi les plus qualifiés des sociétés de départ.

Par ailleurs, les directives fédérales misent sur un passage de la migration à la « mobilité », c'est-à-dire au recours croissant à la migration temporaire qui favorise une adaptation de la main-d'œuvre aux besoins du marché. Pour attirer des travailleurs hautement qualifiés, le gouvernement a mis en place le programme pour les travailleurs en technologie de l'information. Ce programme attire beaucoup de ressortissants de Chine, d'Inde, de France et des États-Unis, qui sont également les nationalités les plus représentées dans le contingent des étudiants internationaux. L'accroissement du nombre d'étudiants étrangers dans les universités canadiennes est un exemple de ce type d'immigration « choisie », car les diplômés étrangers d'une université canadienne bénéficient par la suite d'un protocole favorable à leur installation pérenne s'ils le désirent.

La sélection au cœur de la politique d'immigration canadienne touche également les travailleurs les moins qualifiés pour combler un manque de main-d'œuvre dans certains secteurs de l'économie. C'est le cas du programme pour les travailleurs agricoles temporaires. Nombreux sont les travailleurs caribéens, mexicains ou centraméricains qui viennent par l'intermédiaire de ce programme travailler chaque année dans les fermes québécoises ou ontariennes (voir chapitre 9). L'apport incontournable de leur force de travail dans ce secteur reste peu valorisé, et la plupart de ces travailleurs temporaires s'accommodent difficilement des conditions précaires et souvent abusives dans lesquelles ils sont reçus et d'une vie faite de circulations qui les mène à répétition loin de leurs communautés et de leurs familles, sans pouvoir prétendre à un statut pérenne et à une vie plus stable.

Des lieux et des liens

Il n'est pas anodin d'évoquer ici la question des familles, car toute migration est à la fois un fait individuel et collectif, qui s'appuie sur des réseaux sociaux dont la famille reste le principal maillon. L'individu mobilise ainsi systématiquement son réseau social, qui peut s'apparenter à une forme de capital social, c'est-à-dire la somme des ressources que l'individu peut puiser dans son réseau de relations: sa famille, ses amis, ses collègues, sa communauté. La migration comme fait social s'inscrit donc dans un réseau de relations complexes qui permettront le départ (en réunissant le capital économique nécessaire pour payer une partie ou l'ensemble du voyage), la circulation (par l'échange d'informations, de savoirs et de contacts) et l'arrivée (la présence de structures communautaires fondées sur des solidarités sociales). En retour, le migrant, une fois ancré, maintient des liens avec son territoire d'origine et ses proches.

Des territoires en réseau

Les réseaux ou archipels sont aujourd'hui des concepts clés de la migration, car ils permettent une approche intégrée des territoires. La connexion des personnes, mais également des lieux, se fait par-delà la distance topographique et invite à repenser les formes mêmes du territoire. Les notions de territoire en réseau ou d'espace réticulé soulignent l'importance d'étudier les articulations spatiales du phénomène migratoire. Ces connexions se font non seulement entre les lieux de départ et d'arrivée, mais également avec d'autres territoires qui sont connectés à la trajectoire de vie de l'individu mobile ou de sa communauté.

La question des transferts d'argent des migrants est une des modalités de l'articulation des territoires. Ainsi, la Banque mondiale estimait à plus de 689 milliards de dollars américains le montant des transferts d'argent envoyés par les populations migrantes dans leur région d'origine en 2018. Dans certains pays, ces transferts représentent une part substantielle du PIB national, comme en Haïti ou au Soudan du Sud où les virements effectués par des sociétés de transfert d'argent comptent pour plus de 30 % du PIB, et ce, sans compter la partie informelle de cette économie de la migration. Ces transferts représentent des leviers de développement local essentiels à l'amélioration des conditions de vie des ménages. Migrer est parfois une stratégie pour mieux rester ou revenir, et les formes d'investissement dans le territoire d'origine ne se réduisent pas à l'envoi de devises. La construction de résidences secondaires par les émigrés qui participent de manière saisonnière à la vie des espaces d'origine, ou l'avènement d'associations de migrants qui favorisent le développement d'infrastructures afin d'améliorer le cadre de vie des populations restées au pays sont autant d'éléments qui contribuent à lier les trajectoires d'espaces distants. Les réseaux migratoires peuvent également constituer une force politique. Avec le développement de communautés transnationales de plus en plus nombreuses, les États-nations prennent conscience de la force économique et politique de ces réseaux (Cortes et Faret, 2009).

Les territoires en réseau peuvent aussi être virtuels, comme le montrent les nombreuses études sur le rôle des technologies de l'information et de la communication. La croissance de la téléphonie mobile et de l'Internet dans la plupart des pays favorise la permanence du lien entre des personnes distantes. Les territoires formés par les médias permettent de connecter des quotidiens, de s'informer et de suivre l'actualité des pays où vivent les membres de son réseau social. Il est désormais plus facile de se parler à distance et de transmettre des images, de la musique ou des vidéos qui favorisent le maintien du lien dans ces territoires virtuels en réseau.

Lieux de transit, territoires habités

Les territoires de la mobilité migratoire articulent différentes localités et nous permettent de mieux saisir les territoires fluides de la migration qui ne sont pas forcément continus. Cette discontinuité permet également de faire une place aux lieux parcourus, aux points de passage et de transit. De plus en plus de travaux de recherche s'intéressent aux territoires de *l'entre*, aux ancrages temporaires et à leur incidence sur la reconfiguration des trajectoires migratoires et des territoires de la mobilité. Ainsi, les espaces de transit sont désormais des objets d'étude pour les géographes. Pour décrire cette socialisation et cette appropriation des espaces de la mobilité, sans référence à la sédentarisation, Alain Tarrius (2007) propose la notion de territoires circulatoires et évoque le cas particulier de ces transmigrants afghans spécialisés dans la revente d'éléments électroniques importés, via Dubaï, de l'Asie en Bulgarie, qui effectuent durant plusieurs mois des tournées de « chez eux à chez eux ». Cette migration circulatoire correspond à une stratégie commerciale du « *poor to poor* » où les transmigrants passent par-dessus les réglementations fiscales et commerciales des États sans pour autant être isolés au sein des sociétés qu'ils côtoient.

Dans les approches des territoires du transit, on étudie désormais pour leurs territorialités propres les camps de réfugiés, de déplacés ou de migrants. Celui de Kutupalong au Bangladesh passe pour le plus important camp du monde avec plus de 500 000 personnes, principalement des Rohingyas fuyant les persécutions religieuses au Myanmar. Les camps sont des espaces d'accueil pour les populations ayant fui leur pays ; ils sont également des lieux de triage, de contrôle et d'enfermement mis en place par les États. L'implantation de camps en Grèce, en particulier sur les îles de Kos et de Lesbos au large de la Turquie, se fait sous l'initiative du Haut Commissariat pour les réfugiés, mais aussi de l'Union européenne, qui transfère des fonds aux autorités grecques pour qu'elles accueillent et surtout contiennent les migrants (voir chapitre 5). Ces camps sont donc à la fois des espaces de réception et de rétention au sein desquels les autorités procèdent à l'identification des réfugiés, par la prise des empreintes digitales des requérants. Au-delà de la promiscuité et des manquements à la dignité humaine qu'imposent ces espaces, la géographie d'un camp s'inscrit également sur le territoire dans lequel il s'implante, spécialement si on pense à la situation sanitaire, à l'accès à l'eau, à la gestion des déchets et à la cohabitation.

Le camp en tant que technologie spatiale de contrôle a aussi attiré l'attention de chercheurs s'interrogeant sur la validité de la notion de transit pour qualifier ces territorialités spécifiques, car certains donnent lieu à une installation plus pérenne, entre autres à cause de l'impossibilité pour leurs habitants d'aller s'installer ailleurs. C'est le cas des camps du Kivu en République démocratique du Congo qui ont accueilli les réfugiés rwandais traversant la frontière, ou des *desplazados* colombiens dont les résidents, après des années de conflit interne, ont fini par recréer un ancrage dans l'espace du camp et ont fait de ces territoires de transit des territoires habités. Enfin, de nombreux camps, principalement des camps de rétention administrative, sont directement situés au cœur des grandes métropoles du globe, au sein des aéroports ou dans l'enceinte des régions métropolitaines. Par exemple, le camp de Homestead dans la grande banlieue de Miami incarne ce que Michel Agier (2010) nomme le phénomène d'*encampment* afin de rendre compte, à l'échelle de la planète, de la forte multiplication de ces espaces disciplinaires et punitifs pour contenir les populations jugées « indésirables » ou « illégales » par les États-nations. Si les statistiques présentent Miami-Dade comme un comté où plus de la moitié de la population est née à l'étranger et où 60 % des habitants se définissent comme Latino-Américains, il n'en reste pas moins qu'un grand nombre de migrants y vivent sans statut légal et craignent de se faire déporter.

Les migrants des grandes métropoles

L'exemple de Miami met en évidence le rôle des grandes métropoles dans le système migratoire mondial. En effet, les métropoles sont partout des lieux de forte concentration des populations issues de l'immigration. Dans les années 1930, les premiers travaux de l'École de Chicago soulignaient déjà le rôle de la ville et de ses quartiers dans les processus d'insertion des migrants. Dans leur modélisation de la ville étatsunienne, ils présentaient le « ghetto » ou quartier d'accommodation comme un espace essentiel à l'intégration des migrants dans la société d'accueil, animés par une vision du *melting pot* dans lequel les nouveaux arrivants finiraient par s'assimiler à la société dominante. Cette vision n'est plus de mise aujourd'hui, mais la ville demeure un des lieux essentiels de l'étude des migrations internationales, et le quartier reste un espace de référence pour comprendre les logiques qui permettent aux populations migrantes de s'ancrer dans la société, l'économie et la politique d'un pays.

L'exemple du Chinatown contribue à retracer l'évolution de l'implantation de la migration chinoise dans les grandes métropoles du globe. La production d'un quartier chinois a d'abord été une particularité des villes d'Asie du Sud-Est, puis, à partir du 19e siècle, des grandes villes occidentales, notamment sur la côte ouest des États-Unis et du Canada avec le Chinatown de San Francisco et celui de Vancouver (Anderson, 1987). D'abord délimités par des mesures racistes comme un espace de confinement pour les travailleurs chinois qui construisaient les chemins de fer, ces quartiers sont peu à peu devenus des espaces économiques, religieux et culturels majeurs pour la population d'origine chinoise, se spécialisant parfois dans certains secteurs d'activités, comme dans la buanderie à Montréal à la fin du 19e siècle. Le Chinatown est le symbole du développement d'un entrepreneuriat ethnique avec l'implantation de commerces d'import-export et de restaurants qui ont pris un nouvel élan économique avec l'ouverture de la Chine et le renouvellement de ces réseaux commerciaux diasporiques à la fin des années 1980. Les quartiers chinois affichent désormais une identité revendiquée, véritable mise en scène de l'espace urbain, qui est souvent encouragée par les politiques touristiques des municipalités, car elle contribue à leur valoir un statut de villes globales (voir chapitre 3). Toutefois, le Chinatown n'est pas le seul territoire de la diaspora chinoise, et de plus en plus de banlieues ethniques (*ethnoburbs*) deviennent les lieux majeurs d'implantation et de déploiement d'activités économiques transnationales. L'insertion des populations migrantes dans les grandes villes ne se fait donc plus uniquement dans des quartiers ou des enclaves ethniques, mais touche tous les territoires métropolitains.

* * *

Les migrations sont un phénomène ancien et mondial. L'accélération et la multiplication des flux migratoires actuels révèlent les inégalités de développement induites par la mondialisation et ses dérèglements, qui favorisent l'exploitation des travailleurs migrants désormais recherchés mais non bienvenus (« *wanted but not welcome* ») au sein des économies du capitalisme avancé. Si les routes migratoires sont plus nombreuses et diversifiées qu'autrefois, les dispositifs répressifs et de contrôle fragmentent de plus en plus les territoires et définissent des régimes de mobilités différenciés.

Nombreux sont les chercheurs qui dénoncent les contrecoups qu'engendre la mise en place d'un véritable complexe militaro-industriel de la gestion des migrations en lien avec la néolibéralisation des économies et une sélection des migrants « utiles ». Les politiques de « migration choisie » ont un impact sur la dangerosité du passage des migrants ne rentrant pas dans les cases de la sélection. Par l'introduction de technologies de surveillance et la militarisation des frontières (voir chapitre 5), ces politiques encouragent les réseaux criminels tirant profit de cette économie du passage. De plus, alors que la régulation des flux migratoires était auparavant du ressort exclusif de l'État, ce dernier délègue de plus en plus cette fonction à des groupes privés (armement, technologies, gestion des centres de rétention, agents de sécurité, délivrance de visa, etc.) qui génèrent des bénéfices en faisant de la migration un délit. Il devient alors de plus en plus difficile d'attaquer en justice les États dans les cas de violation des droits de la personne, pourtant légion.

Des notions comme l'hospitalité et l'accueil interrogent notre capacité d'habiter un monde commun. Alors que le cosmopolitisme des grandes villes du globe est aujourd'hui un argument de marketing urbain, il devient nécessaire de repenser la place de l'autre, mais aussi les modalités du « chez-soi » dans nos sociétés globalisées, où l'ancrage multiple des migrants devrait être mis en valeur comme une capacité et un savoir-faire relationnel plutôt qu'une menace pour la localité.

CHAPITRE 7

La fin de l'État ? Vers l'émergence de nouveaux espaces du politique

Gabriel Fauveaud

L'intérêt de la géographie pour le politique émerge entre la fin du 19e et la première moitié du 20e siècle. Entre les écrits fondateurs du géographe allemand Friedrich Ratzel, qui publie le premier ouvrage de référence de géographie politique (*Politische Geographie*) en 1897, et ceux du géographe britannique Halford John Mackinder au début du 20e siècle, la géographie politique et la géopolitique européenne proposent une vision naturaliste, impérialiste et ethnocentrée de la formation et de l'existence des États-nations. Tombée en désuétude avec le traumatisme de la Seconde Guerre mondiale et la mise au ban de la géopolitique expansionniste et impérialiste, la place prépondérante de l'État dans la géographie politique de ces précurseurs a cependant limité pendant longtemps les approches du pouvoir en géographie à la seule échelle étatique (Raffestin, 1980). Ces contributions ont aussi fait oublier d'autres approches originales du fait politique en géographie, comme celles du géographe français Élisée Reclus. Cet auteur anarchiste formalise en effet très tôt l'idée que l'État-nation est le résultat de différentes formes de violences historiques (guerres, conquêtes, notamment) et que l'espace politique peut et doit exister en dehors de son giron (Pelletier, 2013).

Entre les années 1950 et 1970, les réflexions sur l'État en géographie n'évoluent guère, malgré quelques exceptions, comme les travaux de Jean Gottmann, qui insistent assez précocement sur les dynamiques réticulaires des relations internationales et sur l'importance des réseaux dans la géographie politique (Gottmann, 2007 [1952]). Jusqu'aux années 1970, la dynamique « spatiale » de l'État-nation s'est ainsi principalement articulée autour de trois grands principes : 1) l'État est souverain sur son territoire et représente en ce sens la formation territoriale première de l'organisation des sociétés, tant à l'interne (le territoire national) qu'à l'externe (l'étranger) ; 2) les dynamiques politiques s'organisent avant tout entre les États et autour, qui président à la structuration de l'espace politique ; 3) l'État est souvent perçu comme un « contenant » sociétal et politique statique et immuable, dont les fondations reposeraient sur les frontières étatiques et la souveraineté, c'est-à-dire sur le pouvoir des États à contrôler et gérer le territoire qu'ils possèdent et administrent.

Il faut véritablement attendre la deuxième moitié des années 1970 pour que le champ de la géographie politique s'ouvre et se diversifie, que ce soit en Europe ou aux États-Unis. En France, Yves Lacoste (1976) propose une refondation de la géopolitique et élargit le rapport entre l'État et la géographie. Si l'État reste au centre de cette nouvelle géopolitique, le pouvoir est aussi compris comme une dynamique se déployant à différentes échelles et en fonction d'acteurs variés (groupes sociaux, classes). Les écrits de Claude Raffestin (1980), inspirés entre autres des contributions de Michel Foucault, insistent par ailleurs sur les relations de pouvoir et leurs asymétries, qui s'expriment aussi en dehors de l'État.

Cette volonté d'élargissement de la géographie politique « classique » s'inscrit également dans l'évolution d'une géographie humaine francophone de plus en plus attentive, à partir des années 1970-1980, aux faits sociaux. L'influence des théories poststructuralistes, le tournant spatial (l'espace devient un concept transversal et reconnu comme tel en dehors de la géographie) et relationnel (l'espace n'est pas seulement un produit, mais aussi une dynamique relationnelle) des sciences sociales, ou encore le renouvellement des recherches critiques, viennent nourrir l'évolution de l'étude du rapport entre espace et pouvoir, qui ne se cantonne définitivement plus à l'échelle de l'État-nation.

À partir des années 2000, la géographie politique s'enrichit de travaux sur le colonialisme, les rapports de genre, l'espace public, les luttes sociales et politiques, ou encore sur la violence, notamment institutionnelle et étatique. Ainsi ne s'agit-il plus seulement de s'attarder à l'échelle nationale (politique étatique) ou internationale (politique entre les États), mais aussi d'étudier les géographies du pouvoir aux paliers infra-étatiques (régions, villes, quartiers, rapports sociaux variés) ou supra-étatiques (réseaux, flux et organisations qui dépassent les seules frontières étatiques).

Cette évolution épistémologique fait enfin écho aux profondes transformations économiques, politiques, sociales et culturelles que connaît le monde à partir des années 1970-1980 (voir chapitre 2). L'accélération de la mondialisation économique et l'émergence de la société postfordiste, la diffusion de l'idéologie néolibérale, la révolution numérique ou encore l'émergence progressive d'un monde multipolaire au sortir de la guerre froide font émerger de nouvelles échelles et de nouveaux espaces du politique (Rosière, 2007). Dans ce contexte et pour reprendre une interrogation de Paul Claval (2010, p. 28) : « Comment penser un monde où le vieux modèle de l'État-nation est menacé par la montée en puissance de réseaux variés, et qui est de plus en plus éclaté ? »

On peut ainsi se demander si l'émergence de nouveaux espaces du politique participe d'une redéfinition des échelles et des logiques d'action de l'État et, ce faisant, d'une transformation des espaces politiques. Si l'État-nation reste un acteur clé des processus de mondialisation, sa souveraineté tend à se redessiner et, dès lors, à faire émerger de nouveaux espaces du politique.

Quelle géographie politique de la gouvernance globale ?

Si l'État-nation semble être une entité territoriale très stable, la géopolitique globale nous enseigne qu'il n'en est rien. En 2020, l'Organisation des Nations Unies (ONU) reconnaît officiellement 197 pays dans le monde, mais ce nombre n'a eu de cesse d'évoluer. Si la colonisation européenne fait diminuer le nombre de territoires souverains entre le 18e et le milieu du 20e siècle, il ne cesse de croître depuis les années 1950. Le Soudan du Sud est le dernier pays officiellement reconnu par l'ONU en 2011. Les mouvements de sécession, les revendications d'indépendance, les guerres ou encore les conflits larvés font bouger les frontières étatiques, qui, loin de représenter des éléments territoriaux immuables et consensuels, sont plutôt le résultat de construits politiques, sociaux et culturels sur la longue durée (Foucher, 1991). D'autres peuvent, par ailleurs, contester l'existence d'un État-nation. C'est par exemple le cas de la Palestine, reconnue par l'ONU et la majorité des pays dans le monde, mais non par Israël ou les États-Unis, par exemple (voir chapitre 5).

Si les États-nations président à l'organisation et à la structuration de la géopolitique internationale, ils ne sont pas les seuls acteurs à animer l'espace politique global. Depuis les années 1980-1990, la souveraineté des États-nations est bousculée par l'accélération de la globalisation. Les acteurs et les institutions de la gouvernance globale, que l'on pourrait définir comme l'ensemble des mécanismes politiques et institutionnels régulant les rapports de force entre acteurs politiques à l'échelle mondiale, se sont multipliés et diversifiés depuis les années 1950 et participent d'un repositionnement de la souveraineté étatique. À ce titre, les actions de l'ONU, de la Banque mondiale (BM) et du Fonds monétaire international (FMI) illustrent particulièrement bien les tensions que suscite l'émergence d'une gouvernance globale, face à laquelle les États entretiennent des relations paradoxales.

L'ONU représente aujourd'hui la plus grande institution supranationale qui ait jamais existé. Ses principaux mandats sont de favoriser la coopération interétatique, le règlement des conflits ainsi que le développement économique et social par la mise en œuvre de politiques globales et de feuilles de route. La diplomatie est donc au cœur de son action. Si l'ONU et ses institutions alertent bien souvent les États sur la nécessité de dépasser leurs contentieux politiques et leurs intérêts particuliers pour favoriser le bien commun et la paix, ses capacités d'action se heurtent bien souvent à la *realpolitik*, c'est-à-dire à la défense privilégiée par un État de son intérêt national. Par ailleurs, l'ONU est souvent critiquée pour son manque de neutralité (les positions et actions de l'ONU traduiraient la domination politique et économique de l'Occident et des pays développés), sa lenteur et sa bureaucratisation. En ce sens, elle représente plus une organisation interétatique qu'un véritable gouvernement global. Cependant, l'ONU contribue aussi à faire évoluer les rapports de force de la géopolitique internationale, notamment en favorisant la participation d'acteurs non étatiques aux enjeux et aux débats liés à la politique internationale, comme les organisations non gouvernementales (ONG), les associations de la société civile, des groupes d'experts ou encore des acteurs privés. Elle permet aussi un plus grand accès à la politique internationale aux pays en développement disposant d'une puissance diplomatique plus limitée. L'ONU a ainsi contribué, sur le long terme, à faire avancer la politique internationale sur certains sujets en particulier, comme la justice internationale, le droit du travail ou l'environnement.

Dès lors, l'ONU favorise l'émergence de nouveaux espaces politiques transnationaux où interagissent de manière accrue les acteurs étatiques et non étatiques.

Les activités de la BM et du FMI témoignent aussi de cette importante tension entre la volonté de faire émerger un espace politique global dépassant les intérêts particuliers des États et la mainmise de ces derniers sur les relations internationales. À la différence de l'ONU, la constitution de la BM et du FMI fait suite à la signature des accords de Bretton Woods en 1944, qui fondent l'hégémonie des États-Unis sur le système financier international et la gouvernance économique mondiale. Si la BM joue le rôle d'agence d'expertise, de conseil et de financement pour le développement, le FMI propose plutôt des remèdes, principalement financiers, aux pays en difficulté économique qui sollicitent son aide financière. Les prêts du FMI sont cependant octroyés « sous condition », notamment la réforme des éléments jugés problématiques dans l'économie nationale du pays requérant. Pour ce faire, le FMI utilise une « boîte à outils » pour la libéralisation des marchés, la privatisation, l'équilibre budgétaire ou encore la stabilité monétaire.

Dès les années 1980, les politiques du FMI et de la BM font l'objet de vives critiques de la part des pays en développement, qui dénoncent le rôle de ces institutions dans l'explosion de leurs dettes extérieures. Ce qu'on appellera la « crise de la dette » au début des années 1980 entraîne l'émergence de contestations importantes de la part de la société civile des pays en développement, spécialement en Amérique latine et en Asie du Sud-Est, où apparaissent déjà les premiers discours « altermondialistes ». L'ONU devient un théâtre diplomatique important de ces nouveaux conflits postcoloniaux. Le tournant néolibéral des années 1980, scellé par ce qu'on appelle communément le consensus de Washington au début des années 1990, renforce cette géographie économique globale marquée par la dépendance des pays en développement envers les économies développées. Selon le géographe David Harvey (2003), les stratégies d'action et d'intervention de ces institutions ont principalement eu pour objectif d'ouvrir de nouveaux débouchés aux économies développées faisant face à un ralentissement de leurs modèles de croissance à partir de la fin des années 1970, entraînant de ce fait une perte de souveraineté économique et politique des pays du Sud global.

La gouvernance politique et économique globale ne se limite cependant pas aux actions de ses grandes institutions internationales : elle se structure aussi autour d'organisations politiques et économiques transnationales, dessinant de nouvelles frontières supra-étatiques aux contours plus mouvants. Par exemple, l'Organisation mondiale du commerce (OMC) (créée en 1995, l'OMC remplace l'Accord général sur les tarifs douaniers et le commerce [GATT], qui existait depuis 1947) travaille à la libéralisation de l'économie mondiale. Elle comprend aujourd'hui 164 membres. L'OMC défend officiellement la non-discrimination entre les États, l'ouverture économique, la transparence, la compétitivité, la protection de l'environnement, et octroie plus d'avantages aux pays les moins développés. Faire partie de l'OMC s'accompagne à la fois de droits et de devoirs : en particulier, le droit de bénéficier de marchés ouverts d'un côté, le devoir d'ouvrir ses propres marchés de l'autre. L'organisation appuie le suivi et la mise en œuvre de ses réglementations, en même temps qu'elle arbitre les différends commerciaux (plus de 500 depuis la création du GATT) lorsqu'un pays est accusé de déroger à ses engagements. On peut donc voir l'OMC comme un organe politique supranational dont le pouvoir de décision peut s'imposer aux États, entraînant de ce fait une perte de souveraineté de ces derniers. On critique souvent l'OMC pour sa promotion d'un programme ultralibéral peu attentif aux enjeux environnementaux ainsi qu'aux inégalités du développement social et économique entre pays développés et en développement. Au-delà de ces grandes organisations internationales qui ont émergé à l'initiative des pays occidentaux depuis la Seconde Guerre mondiale, il est enfin important de souligner l'apparition de nouvelles institutions internationales traduisant la multipolarisation des relations internationales. Depuis les années 2010, la Chine a lancé de nombreuses initiatives visant à contrebalancer le poids de l'Occident dans la gouvernance mondiale, comme l'Asian Infrastructure Investment Bank (AIIB) ou la Belt and Road Initiative (BRI), qui accompagnent une évolution des logiques de coopération et de partenariats interétatiques.

La mondialisation économique et politique est aussi renforcée par de multiples intégrations régionales, que l'on définit comme la formalisation d'une collaboration économique ou politique entre au moins trois États. Si celles-ci existent depuis fort longtemps, le processus s'accélère à partir des années 1990, et on compte actuellement une cinquantaine de grandes régions économiques dans le monde. Les intégrations régionales visent différents objectifs. D'un point de vue économique, elles veulent favoriser le libre-échange, stimuler les exportations et accroître les coopérations économiques. D'un point de vue politique, elles veulent favoriser la sécurité des États et leur coopération, dans des domaines très divers. Leurs formes multiples dessinent ainsi différents degrés d'intégration. Par exemple, l'Union européenne, qui comprend 27 membres, est l'organisation régionale la plus aboutie, puisqu'elle est la seule à comprendre un gouvernement politique supranational, le Parlement européen. De la même manière, l'Organisation de coopération et de développement économiques (OCDE), qui a succédé en 1960 à l'Organisation européenne de coopération économique créée en 1948, se veut un forum de coopération interétatique pour le développement économique et social. L'organisation rassemble 36 pays (principalement des pays riches) et représente 80 % des échanges et des investissements mondiaux. Le Conseil de l'Europe, qui se concentre sur la défense de la démocratie et des droits de la personne par l'intermédiaire de la Convention européenne des droits de l'homme, rassemble quant à lui 47 États membres.

Le continent américain connaît aussi une régionalisation précoce qui s'inscrit notamment dans le processus de consolidation de l'hégémonie étatsunienne sur le continent depuis la première moitié du 19e siècle et la mise en œuvre de la doctrine Monroe[1] en 1823. Après la Seconde Guerre mondiale, la régionalisation va cependant s'accélérer et les organisations politiques et économiques vont se multiplier sur le continent. L'Organisation des États américains, qui traite principalement de questions de sécurité et de droits de la personne, est créée en 1948. Elle rassemble aujourd'hui 35 États membres. L'Accord de libre-échange nord-américain (ALENA, créé en 1994 et devenu l'Accord Canada–États-Unis–Mexique, ou ACEUM, en 2020), qui réunit le Mexique, le Canada et les États-Unis, illustre particulièrement bien la domination économique des États-Unis sur le continent. En revanche, la multiplication des sous-ensembles régionaux et des partenariats entre pays latino-américains illustre une volonté d'indépendance économique vis-à-vis des États-Unis et des pays occiden-

1. La doctrine Monroe pose les bases de la politique étrangère américaine en déclarant l'indépendance du continent américain vis-à-vis de l'Europe. Elle servira aussi de fondement à la politique interventionniste américaine sur le continent américain à partir de la fin du 19e siècle.

taux. Le continent est subdivisé en communautés de coopération politique, comme la Communauté caribéenne (CARICOM), la Communauté andine (CAN) ou encore la Communauté des États latino-américains et caraïbes (CELAC).

Les continents asiatiques et africains connaissent aussi une accélération de leurs intégrations régionales, à la fois politiques et économiques. Certaines organisations s'y déploient même à une échelle transcontinentale et favorisent des intégrations économiques de portée globale. C'est le cas, par exemple, de l'Organisation de coopération de Shanghai (créée en 2001, elle comporte six États membres, dont l'Inde, la Russie et la Chine) ou encore de la Coopération économique Asie-Pacifique (APEC, qui représente 21 États membres et les deux tiers de la population mondiale). Une partie des pays d'Asie de l'Est et du Sud-Est ont aussi intégré l'Accord de partenariat transpacifique global et progressiste (en anglais le Comprehensive and Progressive Agreement for Trans-Pacific Partnership ou CPTPP), une zone de libre-échange à laquelle prend part le Canada.

Ces processus d'intégration régionale amènent une reconfiguration de la territorialité économique à l'échelle tant locale que régionale et globale. Cependant, comme pour les institutions de la gouvernance globale, l'intégration régionale s'avère paradoxale. D'une part, elle favorise la formation d'entités économiques, et parfois politiques, supra-étatiques qui entraînent une remise en cause de la souveraineté étatique et l'émergence de nouveaux espaces de négociation politique. Les mécanismes de règlement des conflits commerciaux au sein des régions économiques ont véritablement explosé depuis les années 1990. Au sein de l'ACEUM, par exemple, l'ensemble des différends opposant des entreprises américaines à l'État canadien s'est soldé en faveur des entreprises privées, qui savent utiliser les structures et les règlements juridiques en leur faveur.

D'autre part, les États restent les premiers artisans de l'intégration régionale, à laquelle ils peuvent déroger lorsqu'elle contrevient à leurs intérêts économiques et politiques les plus importants, en fonction de leur puissance et de leur force de négociation. Le « conflit du bois d'œuvre » opposant les États-Unis et le Canada depuis les années 1980 montre les limites de l'intégration régionale lorsque celle-ci concerne des industries stratégiques, tout comme la renégociation, en 2017 et 2018, des accords de l'ACEUM, lancée par les États-Unis. D'un côté, les États continuent donc de présider aux décisions politiques et économiques qui les touchent, particulièrement lorsqu'ils disposent d'une importante puissance économique, politique et diplomatique. D'un autre côté, comme le conflit du bois d'œuvre le montre aussi, les mécanismes de règlement de conflit des institutions régionales peuvent forcer ou fortement inciter les États à respecter les cadres réglementaires des ententes régionales, même lorsque celles-ci nuisent à leurs intérêts économiques directs.

Cela étant dit, la régionalisation semble de plus en plus remise en question depuis les années 2000, tant par des gouvernements populistes, qui pointent du doigt la perte de souveraineté économique et politique des États, que par la société civile et des formations politiques de gauche, qui critiquent la puissance des intérêts privés et les effets du néolibéralisme. Le « Brexit », acté en 2020, ou encore la mobilisation de syndicats et d'associations de la société civile contre le Partenariat transatlantique de commerce et d'investissement (PTCI) qui s'est déroulée en 2016, entre autres au Québec, en sont quelques exemples récents. L'émergence de nouveaux espaces politiques et économiques entraîne ainsi de nouvelles formes de revendication et d'expression politique.

Donc, au-delà du multilatéralisme, la gouvernance politique et économique globale tout comme la régionalisation révèlent un monde que certains auteurs nomment « plurilatéral » où les changements d'échelle de l'exercice des activités politiques et économiques restent structurés par les inégalités de développement et des intérêts statocentrés. Cependant, l'émergence de nouveaux espaces politiques aux échelles « glocales » (Swyngedouw, 1997), entre le global et le local, vient là encore bousculer les frontières de la souveraineté étatique et la géographie politique des États.

La souveraineté étatique face aux nouveaux espaces du politique

La remise en question de la souveraineté étatique et l'émergence de nouveaux espaces politiques ne se font pas seulement à l'échelle globale, mais aussi à des échelles plus locales, c'est-à-dire à l'intérieur même des frontières territoriales étatiques. La « troisième révolution industrielle » (celle des nouvelles technologies de l'information et de la communication ou NTIC), la reconfiguration des mouvements politiques à partir des années 1980 ainsi que la globalisation politique et économique favorisent l'émergence de nouvelles géographies du pouvoir, aux contours plus fluides et changeants (voir chapitre 4).

Tout d'abord, la décentralisation des pouvoirs et la déconcentration des richesses des institutions centrales vers les échelons inférieurs de la gouvernance territoriale, comme les régions, les États fédéraux, les villes ou les arrondissements, ont entraîné de nouveaux enjeux à l'échelle locale. Favorisée notamment par la popularisation des théories du New Public Management à partir des années 1980, cette nouvelle géographie économique et politique est portée par l'idée que la mise en concurrence de territoires plus modestes que les États permet une meilleure compétitivité, tout en limitant les dépenses publiques. Dans ce contexte, les villes, et particulièrement les grandes métropoles, deviennent des espaces structurant le déploiement des flux économiques à l'échelle globale. Les grandes métropoles, comme New York, Los Angeles, Francfort, Londres, Paris, Beijing, Shanghai, Singapour ou encore Hong Kong, en concentrant les fonctions de centre économique, financier et culturel mais aussi de centre de commandement, se retrouvent au cœur de l'organisation de l'économie mondiale (Sassen, 2018). Connectées sous la forme d'archipels réticularisés (Dollfus, 1993), c'est-à-dire d'entités territoriales, politiques et économiques très bien reliées entre elles et développant de nombreux échanges commerciaux, politiques, économiques et informationnels, elles tendent à se substituer aux États dans l'organisation de la mondialisation économique. Ces archipels urbains révèlent aussi une géographie des centres et des périphéries où les grandes métropoles tendent à dominer les villes et les métropoles secondaires (voir chapitre 3).

Si les gouvernements urbains restent sous la férule des États et de leurs institutions infraterritoriales (régions ou fédérations, par exemple), les métropoles disposent d'une autonomie de décision politique et économique accrue. En 2017-2018, l'opposition des « villes sanctuaires » américaines aux politiques migratoires fédérales du gouvernement Trump a illustré l'autonomisation politique des villes vis-à-vis de l'État, voire leur prétention à former un contre-pouvoir étatique. De même, la croissance des partenariats urbains, sous la forme d'accords bilatéraux, de jumelages ou d'organisations multilatérales comme l'Association internationale des maires francophones, montre l'existence d'une géopolitique urbaine de portée globale, qui transcende les échelles statocentrées classiques des relations internationales. Par exemple, Montréal faisait partie de 31 réseaux urbains internationaux en 2017, comme le Réseau des villes créatives de l'UNESCO, le World Cities Culture Forum ou encore le Fonds mondial pour le développement des villes. Ces réseaux représentent à la fois des espaces de coopération politique et économique, des partenariats favorisant le transfert de connaissances et de savoirs, ainsi que des collaborations institutionnelles structurant une diplomatie urbaine venant s'articuler aux modes de gouvernement étatiques.

Si les villes ont toujours été les lieux par excellence du politique et de l'espace civique, elles sont aussi devenues des espaces centraux du renouvellement des mouvements sociaux, notamment à l'échelle transnationale. Par exemple, le mouvement altermondialiste, qui gagne en importance à partir de la crise économique mondiale de 1998, organise son premier Forum social mondial (FSM) à Porto Alegre en 2001, qui se pose en véritable substitut des forums économiques mondiaux rassemblant les chefs d'État des grandes puissances économiques mondiales. La ville en tant qu'espace politique y occupe une place de choix, comme le montre la mise en place à cette occasion, puis la diffusion à l'échelle globale, des budgets participatifs. Le FSM, qui se tient tous les deux ans, constitue un forum de discussion et d'échange des organisations de la société civile prônant une mondialisation plus sociale et équitable. En 2016, Montréal accueille son premier FSM, illustrant ainsi qu'au fil des ans, les mouvements altermondialistes ont transcendé les oppositions « Nord-Sud ». Les villes soutiennent le déploiement de nouveaux réseaux de solidarité politique et sociale à l'échelle mondiale.

Au-delà de l'espace urbain proprement dit, de nouveaux espaces politiques transnationaux font jour à la suite de l'émergence d'une société postindustrielle au sein de laquelle les mouvements sociaux s'appuient moins sur les formations politiques traditionnelles, comme les partis ou les syndicats, que sur des regroupements sociaux et citoyens aux revendications à la fois plus globales et transversales. Les enjeux liés à l'égalité des genres, à l'environnement ou encore à l'équité fiscale témoignent de cet élargissement, auquel s'associent de nouvelles stratégies de lutte permises notamment par les nouvelles technologies et l'accroissement des mobilités. Cette reconfiguration de l'espace politique s'explique aussi par l'accélération du rythme et la violence des crises économiques mondiales, en particulier celles de 1998 et de 2008, qui favoriseront une intensification des mouvements sociaux à l'échelle internationale. La finance, les firmes multinationales ou les conflits internationaux cristallisent une vaste critique sur le rôle des États, des institutions politiques, des formes de gouvernement traditionnelles et du néolibéralisme dans l'accroissement des inégalités et l'augmentation de la violence sociale.

Les mouvements sociaux grecs et islandais dénonçant le rôle des gouvernements et des entreprises privées (notamment des banques) dans l'éclatement de la crise des *subprimes* de 2008 annoncent (plus qu'ils ne génèrent) une série de mouvements sociaux internationaux aux revendications très diverses. Le développement du mouvement Occupy Wall Street en 2011 s'est ainsi fait en réaction au rôle de la finance dans l'émergence de crises économiques mondiales, dont celle de 2008 a été un catalyseur. Porté par le slogan « *We are the 99 %* », il s'est déployé dans plus de 100 villes américaines et plus de 1500 villes dans le monde. Au Canada, le mouvement Occupons Montréal s'est tenu entre octobre et novembre 2011 et s'est traduit par l'occupation temporaire du square Victoria, espace public symbolique de la concentration des activités financières et de commandement dans la capitale économique québécoise. Le « droit d'occuper l'espace » contre la répression et le contrôle étatique fait partie des revendications du mouvement, aujourd'hui constitué en organisation.

La conquête de l'espace public est donc devenue un enjeu majeur de ces mouvements sociaux, dont certains s'opposent directement à la politique des États et à leurs modes de fonctionnement institutionnels. Certains mouvements sociaux récents correspondent dès lors à des luttes politiques plus « classiques », bien que leur ampleur témoigne de l'émergence d'espaces politiques régionaux et globaux aux envergures inédites. Le printemps arabe, lancé en 2010 sur fond de croissance des inégalités socioéconomiques et de la pauvreté, représente un soulèvement populaire régional sans précédent ayant mené à la chute du gouvernement en Égypte, en Tunisie et au Yémen, à la guerre civile en Lybie et en Syrie, ainsi qu'à de multiples contestations aux intensités et aux répressions variables dans l'ensemble du monde arabe. La visibilité de ces révolutions populaires, facilitée par les réseaux sociaux, a inspiré d'autres mouvements à l'échelle internationale, comme la révolution des parapluies à Hong Kong en 2014 ou encore le printemps érable au Québec en 2012, contestant la volonté du gouvernement de Jean Charest d'augmenter les droits de scolarité dans l'éducation supérieure (photo 7.1).

Depuis dix ans, l'Europe est aussi devenue un laboratoire du politique très actif. Le mouvement Indignados (les Indignés, nom inspiré de l'ouvrage *Indignez-vous !* de Stephen Essel), ou 15-M, né à Madrid le 15 mai

PHOTO 7.1

Les manifestations du printemps érable

Manifestation contre la loi 78 à Montréal, Québec. Boulevard René-Lévesque. 22 mai 2012. Crédits : https://commons.wikimedia.org/wiki/File:Protest-Montreal-22-May-2012-rene-levesque.jpg.

2011, se diffusera dans une grande partie de l'Europe (Royaume-Uni, France, Portugal, Belgique, Grèce) et au-delà (aux États-Unis par exemple, même si le mouvement est d'une ampleur bien moindre). Le mouvement s'est largement appuyé sur les principes de la démocratie participative et directe locale, associés à une occupation quotidienne de l'espace public et à des manifestations, formalisant de nouveaux modes d'expression politique. Dans la continuité des Indignés, la révolution ukrainienne de 2014, ou révolution de Maïdan, du nom de la place publique occupée par les manifestants, a abouti à l'annexion de la Crimée, majoritairement russophone et opposée au mouvement populaire. D'un côté, la révolution ukrainienne montre comment les mouvements sociaux peuvent provoquer une modification des frontières politiques des États-nations. De l'autre, on voit dans la forte implication de la Russie que les mouvements sociaux peuvent être redoublés par des stratégies géopolitiques plus globales, où s'affrontent des États-nations qui peuvent utiliser les mouvements populaires pour défendre leurs intérêts. L'invasion de l'Ukraine par la Russie à partir du 24 février 2022 souligne finalement que les mouvements populaires peuvent être imbriqués dans des jeux de puissance interétatiques plus vastes se déployant sur le plus long terme.

La croissance du rythme des contestations populaires de grande ampleur, leur opposition plus manifeste aux politiques étatiques ainsi que leur portée globale annoncent-elles, comme le défend Julie-Anne Boudreau (2016), une « informalisation » de l'espace politique, c'est-à-dire l'émergence de nouveaux espaces et modes d'expression citoyenne de plus en plus émancipés du cadre étatique ? Un tel argument se discute. En effet, il est certain que les mouvements sociaux contemporains correspondent à une évolution des rapports de force politique caractéristique de la transition postindustrielle. Les NTIC jouent ici un rôle manifeste, car elles favorisent l'émergence de nouvelles pratiques et de nouveaux espaces politiques partiellement émancipés du cadre étatique. Il est aussi très clair que notre société informationnelle se traduit par une globalisation et une transnationalisation des mobilisations sociales, qui dépassent ou redoublent les espaces politiques plus classiques, notamment ceux attachés à l'État-nation. Le mouvement #metoo, lancé en 2017 aux États-Unis à partir des réseaux sociaux, en est un bon exemple. Cependant, si ces nouvelles formes d'expression citoyenne semblent se déployer en dehors de l'État, elles se construisent aussi en opposition à lui, à ses politiques, à ses institutions et à ses modes de fonctionnement structurels. Elles ne peuvent ainsi s'émanciper que partiellement du carcan politique et institutionnel traditionnel qui leur a servi de moule. Par ailleurs, la territorialisation de ces mouvements sociaux se rattache très souvent à des espaces « traditionnels » de l'expression politique, comme les espaces urbains, les espaces publics et les hauts lieux du pouvoir étatique et économique.

L'État serait donc concurrencé, voire poussé dans ses retranchements, mais il ne représente certainement pas une structure politique caduque : il s'est aussi adapté à cette évolution globale des espaces politiques, notamment afin d'assurer le maintien de sa puissance et de sa souveraineté.

Les stratégies coercitives des États face aux nouveaux espaces du politique

Puisque les États-nations ne sont pas des formes territoriales et politiques homogènes et immuables, ils ont répondu différemment aux nouvelles dynamiques politiques, sociales et économiques engendrées ou amplifiées par la mondialisation, par la croissance des flux économiques et des flux de population, par la multipolarisation des relations internationales et par l'émergence de nouveaux espaces politiques locaux et transnationaux. Du côté des pays occidentaux, la violence étatique répondant aux mouvements sociaux a largement décru au cours de la deuxième moitié du 20e siècle en comparaison au 19e siècle et à la première moitié du 20e siècle. Si certains conflits sociaux ont été violemment réprimés entre les années 1950 et 1980 (pensons seulement au meurtre de manifestants algériens en France en 1962 ou encore au mouvement pour les droits civils aux États-Unis), la violence étatique remonte en intensité de manière plus systématique à partir des années 1990-2000. En effet, la militarisation de certains États, c'est-à-dire la mobilisation croissante de matériel et de dispositifs d'encadrement des citoyens, empruntée à la sphère militaire, montre une crispation des États-nations face aux mouvements citoyens dénonçant les politiques sociales et économiques des gouvernements. Les violences et les répressions policières, les tortures, les arrestations arbitraires ou encore la généralisation du placement en détention administrative témoignent de la potentialité de violence des institutions étatiques. Des organisations comme Amnistie internationale ou Human Rights Watch dénoncent régulièrement les traitements infligés par les États à une partie de leur population, aussi bien dans les pays dits « développés » que dans ceux dits du « Sud global ».

Les politiques coercitives étatiques s'appuient sur des dispositifs territoriaux particuliers, et la géographie en étudie les ressorts spatiaux: création d'espaces de relégation (prisons ou camps), stratégies de contrôle des pratiques spatiales (actions de la police, contrôle de la pratique des espaces publics) ou encore contrôle de populations ou de territoires ciblés (populations racisées, quartiers urbains). Ces différentes modalités d'application ou de manifestation du « monopole de la violence physique légitime » des États, qui représente, selon le sociologue allemand Max Weber, l'une des caractéristiques clés de leur souveraineté, évoluent ainsi en parallèle à l'émergence de nouveaux espaces du politique et de dispositifs de contrôle des populations.

Cette géographie de la violence étatique n'est cependant pas homogène et dépend aussi des modes de gouvernement considérés. En effet, l'État n'est pas une réalité intangible: il se compose d'institutions animées et coordonnées par des acteurs qui organisent son fonctionnement. Dans certains pays, l'État et ses institutions peuvent être partiellement ou totalement privatisés par des individus et des clans cherchant à tirer parti des ressources étatiques à des fins personnelles. Ce que l'on nomme les États néopatrimoniaux, prébendiers ou claniques en sont des exemples probants. Les individus, familles et clans au pouvoir s'y assurent généralement un fort contrôle des acteurs de la coercition étatique (police, armée), dont les actions visent à défendre leurs propres intérêts. Au Cambodge, par exemple, le premier ministre Hun Sen, au pouvoir depuis le milieu des années 1980, dispose d'une milice privée de près de 6000 hommes très bien équipés et entraînés et intervenant régulièrement pour réprimer les contestations politiques, défendre les intérêts économiques des individus au pouvoir (et de leurs familles) ou exercer une pression politique en période électorale.

Par ailleurs, les frontières et les échelles de la puissance et du contrôle coercitif des États se sont complexifiées avec la globalisation. L'intégration régionale dessine de nouveaux contours du contrôle territorial dépassant parfois les frontières nationales, comme c'est le cas avec le dispositif panméditerranéen de contrôle migratoire visant à empêcher les migrations vers l'Europe ou à les rediriger vers d'autres États du continent africain (voir chapitres 5 et 6).

Sur un autre plan d'analyse, les États-nations mobilisent aussi de nouveaux dispositifs de surveillance et de contrôle des populations par l'intermédiaire des NTIC, notamment par la collecte et l'utilisation des « données de masse ». Tout d'abord, les États ont dû adapter leurs appareils législatifs et légaux, ainsi que leurs outils de contrôle, pour s'assurer que l'espace numérique respectait les cadres légaux et législatifs. Ensuite, les États s'appuient de manière croissante sur les nouvelles technologies pour favoriser la participation citoyenne, que ce soit par le vote électronique ou par les plateformes politiques participatives, reprenant ainsi à leur compte des pratiques relevant plus traditionnellement du monde associatif. Enfin, les États mobilisent les NTIC et les données de masse pour étendre leurs stratégies de contrôle sur les populations (encadré 7.). En témoigne la découverte en 2016 de l'utilisation du logiciel espion israélien Pegasus par de nombreux États afin de surveiller les activités de citoyens et d'acteurs politiques et associatifs. Il est fortement probable que de tels dispositifs de surveillance se multiplient au cours des prochaines décennies.

La souveraineté et la puissance étatique deviennent ainsi plus tributaires d'une nouvelle géographie politique digitale, où le contrôle des flux

Encadré 7
Le crédit social chinois

Le crédit social chinois émerge au début des années 2000. Il se caractérise par un système de notation individuelle déterminée par un algorithme prenant en compte un certain nombre de critères et de données disponibles sur les individus. Ces informations peuvent être détenues par des acteurs publics (institutions) comme privés (entreprises, banques). Soutenu par le gouvernement central, ce système se développe pour le moment à l'initiative de municipalités et d'entreprises, de manière non unifiée et très fragmentaire. Il existe ainsi des dizaines de systèmes de notation en Chine, et différents systèmes peuvent exister au même endroit.

Par un jeu de récompenses et de sanctions, le crédit social se veut un instrument de contrôle et de surveillance des individus. Il incite les citoyens à s'autodiscipliner et à adopter des comportements que l'État-parti juge vertueux. Les systèmes de notation prennent en compte et évaluent de nombreux critères, comme le respect de la loi, le rapport au crédit et à la consommation, la quantité de dons à des associations de charité ou encore la « qualité » du réseau social numérique des individus. Le respect de la loi ne représente donc pas le principal critère d'évaluation du crédit social ; il faut avoir un comportement que les algorithmes considèrent comme vertueux. Selon certains algorithmes, jouer trop longtemps en ligne peut faire baisser la note ; à l'inverse, acheter des jouets ou des vêtements pour enfant peut la faire monter. Le contrôle des individus se fait aussi à l'aide d'un important dispositif de surveillance, incluant des systèmes de caméra, de reconnaissance faciale et de surveillance numérique.

Tant les entreprises privées que les acteurs publics peuvent exploiter le crédit social. L'État, principalement les municipalités, peut favoriser ou limiter l'accès à un certain nombre de services publics, comme le logement ou l'éducation universitaire, tout en publiant une liste noire des citoyens les moins bien notés. Les entreprises, quant à elles, se servent du système de notation pour donner des avantages à leurs clients ou pour leur interdire l'accès à certains services, comme le crédit bancaire ou hypothécaire.

De tels dispositifs de pouvoir et de surveillance, qui tendent à se généraliser dans le monde, montrent comment les coalitions d'acteurs publics et privés tirent parti du contrôle des comportements individuels et collectifs à des fins politiques et économiques à l'ère du numérique. Ils montrent par ailleurs que les nouvelles technologies constituent désormais un pouvoir disciplinaire de premier plan, surveillant et conditionnant notre rapport à l'espace.

informationnels est devenu un enjeu géopolitique et de souveraineté majeur. Les États, tout comme les entreprises, sont de plus en plus exposés aux fuites de données générées par des pirates informatiques, des lanceurs d'alerte, des journalistes ou encore d'autres États. Ce que l'on cantonnait hier à la « géopolitique cachée » des nations et des entreprises peut être aujourd'hui rendu accessible au grand public. Le site Wikileaks en représente un exemple édifiant. De même, certaines fuites de grande ampleur, comme celle des Panama Papers ou des Luxleaks, exposent au grand jour une géographie de la mondialisation opaque où les entreprises privées et les élites économiques échappent, bien souvent légalement, aux régulations étatiques. D'un côté, les États cherchent à combattre ces initiatives citoyennes au nom de leur sécurité et de celle de leurs entreprises. De l'autre, ils doivent dorénavant répondre aux attentes citoyennes réclamant plus de transparence et de régulation. Cette guerre informationnelle vient donc alimenter les luttes sociales et participe du renouvellement des espaces politiques en général.

* * *

Au cours des prochaines décennies, l'État fera face à de nombreux défis, comme la crise climatique, la montée en puissance des mouvements sécessionnistes ou encore la croissance des flux de population. L'État saura-t-il répondre à ces enjeux globaux ? La question reste entière. Cependant, la pandémie de COVID-19 à partir de janvier 2020 peut fournir quelques éléments de réflexion utiles. Tout d'abord, elle a révélé la fragilité de la gouvernance globale. L'absence d'une réponse coordonnée à l'échelle internationale, la remise en cause de l'Organisation mondiale de la santé, la montée des tensions entre la Chine et les États-Unis ainsi que l'importante capacité de désinformation des NTIC ont révélé une certaine désorganisation de l'ordre mondial. Ensuite, les multiples mesures prises par les États, comme celles de confinement, de fermeture des frontières et de contrôle de la population à grande échelle, ont montré toute la puissance de cette entité politique qui, loin d'être obsolète, a été au centre des initiatives de lutte contre la pandémie, pour le meilleur comme pour le pire. Enfin, la pandémie aura pour résultat une aggravation des inégalités socioéconomiques et de la pauvreté, qui alimenteront les contestations sociales et la remise en cause de la capacité des États à prévoir et à gérer efficacement les crises. Une telle situation contribuera certainement à faire bouger, une fois encore, les lignes de la puissance et de la souveraineté étatique.

CHAPITRE 8

Géographies autochtones et dynamiques décoloniales

Nicole Gombay et Mathieu Boivin

Jusqu'en 1975, lorsque la Convention de la Baie-James et du Nord québécois (CBJNQ) a été signée, la province de Québec existait sur les terres non cédées de diverses nations autochtones qui y vivaient depuis des temps immémoriaux[1]. C'est encore le cas aujourd'hui pour toutes les terres situées au sud du territoire couvert par la CBJNQ, bien que plusieurs d'entre nous ignorent ce fait. Mais cette ignorance est de moins en moins soutenable. Les peuples autochtones se sont battus sur plusieurs fronts pour faire entendre leur voix, que ce soit au Québec, au Canada ou sur d'autres territoires soumis à l'occupation coloniale, obligeant les allochtones à les écouter et, parfois, avec plus ou moins de sincérité, à leur répondre.

Qu'ils s'expriment au début d'une allocution ou à la fin d'un courriel, de plus en plus de gens, au Canada et ailleurs, reconnaissent qu'ils sont sur les territoires des peuples autochtones (encadré 8). La question est de savoir ce que cela signifie. S'agit-il d'un véritable effort pour reconnaître les réalités de l'occupation coloniale et chercher à construire des relations décoloniales ? Ou s'agit-il d'une simple formalité reflétant un comportement « politiquement correct » pour éviter de nécessaires actes concrets de restitution ? Quoi qu'il en soit, cette expression de l'importance de la terre et de la relation que l'on entretient avec elle n'échappe pas à l'attention des

1. L'autrice souhaite reconnaître le travail de Thora Martina Herrmann et remercier celle-ci, sans laquelle ce chapitre n'aurait pas vu le jour.

géographes. Elle rappelle certains segments souvent ignorés ou contradictoires de l'histoire de l'occupation du territoire par des populations autochtones et de la violence de l'entreprise coloniale.

Définir les peuples autochtones : identités, territoires, politiques

Mis à part dans l'Antarctique, on trouve des populations autochtones sur tous les continents. Selon les Nations Unies, on compte plus de 370 millions d'autochtones répartis dans 70 pays. Ils constituent une mosaïque de peuples qui ont chacun leur histoire, leur culture, leur langue, leurs croyances et leurs pratiques. Soulignons ici que le titre du présent chapitre utilise le mot « géographies » au pluriel, car il y a autant de conceptions du territoire et de relations avec ce dernier qu'il y a de groupes autochtones. Loin d'être un tout monolithique, tous ces groupes autochtones ne partagent pas les mêmes croyances, la même expérience ni la même compréhension du monde.

L'appellation « peuples autochtones » englobe un ensemble complexe de réalités. Pour diverses raisons, il n'existe pas de définition universellement acceptée de cette expression, car l'étiquette apposée aux peuples autochtones tend à les figer dans le temps et à les réduire, tant dans l'imaginaire populaire qu'aux yeux de l'État, à des notions primordiales utilisées pour définir leur légitimité en tant que peuples. Selon ces termes, leur identité à titre d'autochtones repose entièrement sur leur conformité à des stéréotypes portant sur ce qui est « authentique » ou « traditionnel ». L'État peut ainsi remettre en cause, voire révoquer leur statut, si, par exemple, ils vivent en ville ou ne correspondent pas aux critères établis par les forces coloniales pour définir leur désignation assignée d'autochtone[2].

Au Canada, on a invoqué le concept de réconciliation pour lancer un processus national visant à reconnaître et à traiter les effets néfastes de la colonisation, dont le génocide culturel des pensionnats, sur les peuples autochtones. Son objectif était d'établir des relations plus saines entre les peuples autochtones et les allochtones. Pourtant, certains soutiennent que la réconciliation telle qu'elle est formulée n'est pas suffisante. Elle ignore les questions centrales qui doivent être abordées et le travail indispensable qui doit être fait. Par-delà les mots, les peuples autochtones doivent égale-

2. https://www.concordia.ca/indigenous/resources/reconnaissance-territoriale

Encadré 8
La reconnaissance des territoires autochtones selon deux universités montréalaises

« L'Université de Montréal est située là où, bien avant l'établissement des Français, différents peuples autochtones ont interagi les uns avec les autres. Nous souhaitons rendre hommage à ces peuples autochtones, à leurs descendants ainsi qu'à l'esprit de fraternité qui a présidé à la signature en 1701 de la Grande Paix de Montréal, traité de paix fondateur de rapports pacifiques durables entre la France, ses alliés autochtones et la Confédération haudenosauni *(sic)*. L'esprit de fraternité à l'origine de ce traité est un modèle pour notre communauté universitaire. » (https://www.umontreal.ca/premierspeuples/reconnaissance/)

Quant à elle, l'Université Concordia reconnaît être « située en territoire autochtone, lequel n'a jamais été cédé » : « Nous reconnaissons la nation Kanien'kehá:ka comme gardienne des terres et des eaux sur lesquelles nous nous réunissons aujourd'hui. Tiohtià:ke / Montréal est historiquement connu comme un lieu de rassemblement pour de nombreuses Premières Nations, et aujourd'hui, une population autochtone diversifiée, ainsi que d'autres peuples, y résident. C'est dans le respect des liens avec le passé, le présent et l'avenir que nous reconnaissons les relations continues entre les Peuples Autochtones *(sic)* et autres personnes de la communauté montréalaise. » (https://www.concordia.ca/indigenous/resources/reconnaissance-territoriale)

La différence entre ces deux universités en ce qui concerne les formes et les degrés de reconnaissance des relations existant dans la région avant et après la colonisation et de ce qu'elles impliquent nous amène à nous interroger sur la portée de ces textes et les obligations implicites contenues dans chacune de ces affirmations.

ment recevoir une compensation pour ce qu'ils ont perdu sur le plan non seulement matériel, mais aussi culturel, notamment leurs langues. Certains affirment qu'avant de pouvoir établir des relations solides et saines avec les allochtones, les Autochtones doivent s'engager dans leur propre processus de résurgence culturelle et politique, tant au sein de leur nation qu'avec les autres nations autochtones. De la même manière, ils affirment que la décolonisation doit avoir lieu. Pour ce faire, les peuples autochtones et les allochtones doivent, individuellement et collectivement, s'attaquer à des modes de pensée et de comportement profondément enracinés et institutionnalisés qui, simultanément, oppriment les Autochtones, tout en légitimant et en maintenant le pouvoir des populations issues des colonies de peuplement européennes. Ce n'est qu'une fois ces divers efforts déployés que des relations saines et égales pourront s'établir entre les Autochtones et les allochtones. Ces relations doivent se fonder sur le respect, la responsabilité et la réciprocité.

La dénomination d'autochtonie est un résultat relationnel de la colonisation. L'une des difficultés à identifier les peuples autochtones découle de leur relation avec les nouveaux occupants de leurs territoires. Il faut ici faire une distinction importante entre le « colonialisme de métropole », soit la colonisation effectuée par une métropole dans le but d'exploiter les ressources naturelles et humaines du territoire, et le « colonialisme de peuplement », soit un processus d'occupation et d'appropriation du territoire par des colons (voir chapitre 1). Le premier cas implique une force extérieure, généralement impériale, qui impose son autorité et vise ensuite à soumettre à des structures coloniales les occupants autochtones du territoire. Le second mécanisme de colonisation implique l'arrivée d'une société extérieure qui vise à repousser puis à remplacer les populations autochtones et qui, avec le temps, établit sa souveraineté et bâtit une identité et un appareillage administratif distincts de ceux de la métropole coloniale d'origine.

Étant donné l'importance du colonialisme de peuplement dans les Amériques, en Australie et en Nouvelle-Zélande, le concept de peuples autochtones y est largement reconnu. Il n'est cependant pas accepté ailleurs, où les gouvernements nationaux ont adopté la « théorie de l'eau salée » selon laquelle la colonisation implique une occupation par une puissance coloniale outre-mer (d'où l'expression d'« eau salée »), ce qui, par conséquent, module le concept de populations autochtones. Les États-nations qui adhèrent à cette théorie, comme l'Inde, le Cambodge et le Kenya, font une distinction entre les habitants autochtones qui occupaient le territoire avant et après la colonisation européenne d'une part, et leurs propres populations dites tribales d'autre part. Il n'est guère surprenant que de nombreux groupes identifiés comme tribaux s'opposent à cette distinction et affirment avoir subi eux aussi les mêmes mécanismes de colonisation.

Étant donné la diversité des histoires coloniales et des contextes, les peuples autochtones sont contre l'idée d'une définition officielle de leur statut à l'échelle internationale, une posture qu'appuient les Nations Unies. En effet, la Déclaration des Nations Unies sur les droits des peuples autochtones (adoptée en 2007) reconnaît le droit de chaque peuple à se définir lui-même selon ses circonstances propres. À défaut d'une définition légale internationale, les Nations Unies mobilisent certaines caractéristiques qui permettent de circonscrire le fait autochtone. Selon elle, le sentiment d'appartenance ethnique est le plus important. À celui-ci s'ajoutent d'autres critères recensés dans l'importante étude « Martinez Cobo » (Nations Unies, 2013, p. 3). On y trouve, entre autres, les critères suivants:

- « La situation de continuité historique avec les sociétés précoloniales ou antérieures aux invasions sur leur territoire ;
- La différence avec le reste de la population ;
- L'absence de domination [c'est-à-dire la marginalisation/la position minoritaire au sein d'une société] ;
- La détermination à préserver, développer et transmettre aux générations futures leur identité et leurs territoires ancestraux, dans le respect de leurs propres cultures, institutions sociales et système de justice ; […]
- Un fort lien avec les territoires et les ressources naturelles qui les entourent ;
- Des systèmes sociaux, économiques et politiques propres ; et
- Une langue, une culture et des croyances propres. »

Dans tous les cas, la façon de se définir soi-même constitue un aspect clé afin de déterminer le statut autochtone ou tribal. Cette définition se rattache aussi intimement à la question de la citoyenneté. Dans de nombreux cas comme au Brésil, au Canada et en Malaisie, les autorités étatiques ont longtemps jugé les peuples autochtones « trop peu évolués » pour mériter le droit de citoyenneté. On les a dès lors traités comme des pupilles de l'État, donnant ainsi à ce dernier le droit et l'obligation de gérer de nombreux aspects de la vie des Autochtones, en déterminant les droits politiques et les droits d'accès aux ressources attachés à leur statut. Plusieurs États ont également légiféré sur le statut autochtone de manière à restreindre leur reconnaissance juridique. Par exemple, les « petits peuples indigènes du Nord, de Sibérie et d'Extrême-Orient de la Fédération de Russie » ne comprennent que les nations comptant moins de 50 000 individus. Il va sans dire que les répercussions pour les peuples autochtones ont été profondes et qu'elles se font encore sentir aujourd'hui. C'est pour cette raison qu'ils insistent pour pouvoir se définir eux-mêmes.

En examinant attentivement les critères énumérés ci-dessus, on remarque que l'attachement territorial est un élément essentiel dans la définition des peuples autochtones. Les conflits au sujet des terres et des ressources sont au cœur de l'expérience coloniale de tous ces peuples. Non seulement ils reflètent des conceptions divergentes sur la signification de la terre, mais ils ont aussi entraîné de profondes transformations dans la façon dont les peuples autochtones et les peuples colonisateurs occupent et conçoivent la terre.

Toute société possède sa propre explication de la genèse du territoire et de ses habitants. Enracinés dans des traditions culturelles et une conception du monde, ces récits façonnent la vie quotidienne et le rapport au territoire. Les colonisateurs ont régulièrement qualifié ces explications du monde de « primitives », « sauvages » ou « païennes ». Mais les rapports moraux et sociaux au territoire et au monde vivant enchâssés dans ces récits sur les origines sont fondamentaux pour comprendre la façon dont les gens vivent. Ils contiennent des indices cruciaux sur les relations spirituelles, sociales et politiques qu'entretiennent les Autochtones avec le monde qu'ils habitent.

De façon générale, la spiritualité autochtone est ancrée dans le sol, la mer, le ciel ainsi que tous les éléments qui s'y trouvent. Par exemple, pour les Haudenosaunee, dont le territoire traditionnel se situe autour de ce qu'on appelle aujourd'hui le lac Érié à l'ouest et des basses terres du Saint-Laurent à l'est, le monde se divise en deux sphères, celle de l'eau et celle du ciel. Chaque sphère a ses propres occupants. Un jour, une femme du ciel tomba du firmament dans le monde de l'eau. La chute de Femme du Ciel fut amoindrie par Canard et Oie, de sorte qu'elle ne fut pas blessée. En même temps, la Grande Tortue monta à la surface des eaux afin de lui fournir un endroit où se reposer. Les créatures de l'eau, inquiètes pour sa survie, s'accordèrent à dire qu'elle avait besoin de Terre. Après de vaines tentatives par divers animaux, Loutre parvint à amener de la terre du fond marin et à la placer sur le dos de Tortue. De l'île de la Tortue naquirent ensuite tous les habitants et toutes les formations terrestres : les collines et les rivières, les plantes et les animaux, lesquels cherchèrent à vivre en harmonie les uns avec les autres.

Cette histoire reflète une conception métaphysique du monde, voire une cosmologie que l'on retrouve chez de nombreux peuples autochtones. Selon celle-ci, l'existence est gouvernée par des relations fondées sur des visions élargies de l'individu. Conséquemment, de nombreux éléments du monde sont des êtres pensants et conscients doués de volonté et d'une capacité d'agir. Pour de nombreux peuples autochtones, le territoire et tout ce qui s'y trouve sont vivants et appellent le respect. Plusieurs des récits liés au territoire rappellent au peuple la puissance créatrice de ce dernier et évoquent les rapports des humains avec ses multiples habitants doués, eux aussi, de volonté. L'humain doit donc agir avec respect envers l'animal afin d'en assurer le retour au fil du temps. Les géographes mobilisent de plus en plus le concept de personnes « plus qu'humaines » (« *more-than-human* ») ou « autres qu'humaines » (« *other-than-human* ») pour décrire les perspections de nombreux peuples autochtones à l'égard des autres habitants du monde.

Partout sur la planète, les peuples autochtones attribuent la création du monde à diverses entités. Outre la genèse du monde, de nombreux peuples autochtones occupent un « monde narratif » (*storyscape*) qui donne forme au territoire et lie l'être humain à certains lieux. Ces récits constituent une explication métaphysique du monde et se fondent sur des conceptions de l'univers qui sont très différentes de celles des colonisateurs. Cruikshank (2005) compare la vision des Tlingits et des Athapascans avec celle des explorateurs européens à propos des glaciers qui se trouvent dans le sud-ouest de ce qu'on appelle aujourd'hui le Yukon et l'Alaska. Tandis que les récits des Tlingits et des Athapascans décrivent les glaciers comme des êtres animés et pensants capables d'écouter et de réagir au comportement des humains, les Européens les voient comme des ressources inanimées et des objets de conquête. Comme beaucoup de peuples autochtones, les Tlingits et les Athapascans estiment que ce que la culture occidentale appelle la « nature » partage de nombreuses caractéristiques avec l'être humain. En comparaison, la pensée occidentale considère généralement la nature et la société (ou la culture) comme deux catégories ontologiques distinctes. Les divers éléments de la « nature » ne peuvent pas posséder de caractéristiques humaines telles que l'intentionnalité et la sentience, qui inclut la capacité à percevoir de façon subjective son environnement et ses expériences. La nature est donc traitée comme une « ressource » utilisable à volonté (voir chapitre 10).

En tant que géographes, nous devons porter attention aux mondes narratifs autochtones. Bien qu'ils soient souvent intégrés aux noms de lieux, ces récits et toponymes autochtones ont largement été remplacés par ceux des colonisateurs. C'est pourquoi les Autochtones ont souvent tenté d'intervenir dans la cartographie de leur territoire afin de refléter son occupation avant la colonisation. Par exemple, les Ngāi Tahu (ou Kāi Tahu), un *iwi* (tribu) maori de Aotearoa/Nouvelle-Zélande, ont utilisé le processus de revendication territoriale des terres afin de rebaptiser la plus haute montagne du pays, qui se trouve sur leur territoire. Une raison importante motivait cet acte. Dénommée Cook par les colonisateurs britanniques, la montagne porte aujourd'hui le nom de Aoraki/mont Cook. Cette montagne est l'incarnation d'un ancêtre sacré, Aoraki, qui est le créateur et le gardien de leurs terres. Lorsque les Maoris se présentent à quelqu'un, ils nomment leur territoire d'origine en commençant par les montagnes auxquelles leur *iwi* s'apparente. En reprenant possession de leur territoire, les Ngāi Tahu insistaient sur l'importance non seulement de leur ancêtre fondateur mais aussi de leur identité. Comme l'un des principaux négociateurs des revendications territoriales l'exprimait aux jeunes de son *iwi* : « Lorsque vous levez les yeux vers cette montagne, vous voyez votre propre visage » (Ngāi Tahu, 2017, traduction libre).

Pour diverses nations autochtones d'Amérique du Sud, notamment les Aymaras et les Quechuas, la Pachamama (la Terre mère) occupe une place centrale dans leur cosmovision et leur identité. Le respect de la Pachamama ne s'exprime pas seulement dans la vie quotidienne des individus, mais s'étend au domaine du droit où elle participe de l'identité nationale des gens. Ainsi, Aoraki et Pachamama sont des exemples des liens fondamentaux entre le territoire et l'identité autochtone, tant sur le plan personnel que collectif. Ils illustrent aussi certaines des raisons pour lesquelles les peuples autochtones, face à l'appropriation coloniale, se sont battus pour retenir ou reprendre le contrôle de leur territoire, dont l'usurpation a signifié la perte de leur mode de vie et de leur identité (photo 8.1).

Les répercussions de la colonisation sur les territoires et les identités autochtones

Les conflits entourant le territoire, l'accès aux ressources et les droits de propriété sont des éléments marquants de l'expérience autochtone de la colonisation. En plus des questions identitaires et spirituelles en relation avec le territoire, toute analyse doit tenir compte d'importantes dynamiques politiques et économiques. Se nourrir, se vêtir, s'abriter : accéder à ce qui est

PHOTO 8.1

Graffiti *Free Greenland* dans le centre-ville de Nuuk au Groenland

Photo : Nicole Gombay, 2007.

nécessaire à la survie est au cœur de la notion de propriété. Sans droits de propriété, quel accès peut-on avoir à ces nécessités ? C'est pourquoi toute société cherche à établir et à maintenir un système de gestion des droits de propriété. Mais les fondements mêmes de ce concept, ainsi que son application concrète, varient considérablement d'une époque et d'une société à l'autre. Pour mieux comprendre ces différences de perspective, les géographes distinguent le territoire, en tant que réalité physique, de la propriété, vue comme l'ensemble des croyances et des institutions qui gouvernent l'accès au premier (ainsi qu'à toutes autres formes de possession). Tout examen réel de la notion de propriété ne peut se limiter à la définition physique du territoire : la question englobe davantage que la propriété du sol. En plus des dynamiques liées aux questions de propriété, il faut aussi tenir compte de leur interaction avec les dynamiques de pouvoir.

Les croyances et les comportements entourant la notion de propriété sont aussi diversifiés que les peuples autochtones eux-mêmes. Au Canada, les coutumes et les droits liés à la propriété des diverses nations autochtones reposent le plus souvent sur une base communale. Si les détails de ces systèmes varient selon les nations, en règle générale, à l'intérieur d'un territoire commun à la nation, on trouve des familles avec des affiliations et des responsabilités spécifiques à certaines parties du territoire. Cette relation privilégiée n'exclut pas l'utilisation des ressources par d'autres personnes, pourvu que soient respectées les limites inhérentes au territoire et les règles établies par la nation quant à l'accès à ces ressources. Ce système repose sur une communication efficace entre les diverses nations occupant le territoire dans son ensemble (Vincent, 2016). Aujourd'hui comme hier, ces principes orientent les comportements individuels et collectifs, enchâssés qu'ils sont dans les traités négociés par les peuples autochtones. Par exemple, le plat à une cuillère, un traité négocié il y a des siècles entre les Anishinaabeg et les Haudenosaunee, couvre un territoire entourant ce que nous appelons aujourd'hui les Grands Lacs ainsi qu'une part importante de l'Ontario, certaines parties du Québec et les États de New York, de l'Ohio, du Michigan et du Wisconsin. Il constitue un engagement à protéger et à partager le territoire dans un esprit de paix, d'amitié et de respect. Son nom s'inspire de l'idée que chacun mange du même plat avec une seule cuillère, c'est-à-dire que tous gagnent leur subsistance du même territoire. Tous partagent la responsabilité de s'assurer que le plat ne sera jamais vide en prenant soin de la terre, et chacun s'engage à ne tirer que ce qui est nécessaire à ses propres besoins, dans le respect des besoins des autres et en assurant sa viabilité. L'absence de couteaux à la table symbolise aussi la responsabilité de chacun de maintenir la paix. Le traité ne s'adresse pas qu'aux humains, mais aussi aux plantes, aux animaux, aux eaux et aux puissances génératrices du monde. Tous les traités sont des documents vivants impliquant des obligations permanentes et un engagement actif de la part des participants, y compris les colonisateurs.

Historiquement, les peuples autochtones qui négociaient ces traités avec les nouveaux arrivants présumaient que ces derniers partageaient les croyances et les traditions entourant leur relation avec le territoire. À cause de leur position de faiblesse relative, les métropoles impériales respectèrent initialement les dispositions de ces traités. Mais avec le temps, en affermissant leur contrôle du territoire, les États coloniaux en vinrent à utiliser leurs propres lois pour rationaliser et renforcer leur ascendance sur les populations autochtones. Dans certains pays comme l'Australie, le concept de *terra nullius*, une expression latine qui signifie « terre sans propriétaire », servit de justification légale à l'appropriation de territoires occupés, dans les faits, par des peuples autochtones. D'abord déclarées propriété de la couronne, ces terres furent ensuite découpées en lots privés. De la même manière aux États-Unis, les colons ont parlé de *vacuum domicilium* (« domicile vide ») pour justifier l'invasion et l'expropriation des terres des peuples autochtones ainsi que leur violence. Cette prise des terres autochtones est le moteur principal de l'expansion globale du capitalisme (voir chapitre 2).

Le colonialisme européen est fondamentalement lié aux structures du pouvoir orientées vers les intérêts de la métropole. Il a donné naissance à des relations destructrices et les a perpétuées dans et entre les peuples ainsi qu'« avec les autres nations des arbres, des animaux, des poissons, des insectes, des eaux et des vents » (Alfred, 2016, traduction libre). Tout en imposant des limites aux peuples autochtones, la colonisation a engendré les conditions qui forcent ces derniers à participer à ses mécanismes d'assujettissement. Il résulte de tout cela que l'espace habité par les peuples autochtones a été profondément perturbé par cette perte territoriale. L'application des politiques associées au colonialisme de peuplement, telles que la sédentarisation forcée, l'éducation des enfants dans les pensionnats autochtones et l'abattage des chiens de traîneau dans les années 1950 et 1960, illustre la volonté étatique d'assimilation et de génocide culturel des peuples autochtones. En 2021, la « découverte » de fosses communes dans divers pensionnats du Canada a porté à l'attention du public ce que les Autochtones savaient depuis des siècles : ils ont payé de leur vie même l'occupation coloniale.

Pour les peuples autochtones, la colonisation a causé une césure au sens propre comme au sens figuré entre les peuples eux-mêmes, mais aussi entre ces derniers et leurs territoires. Que ce soit dans les Amériques, en Océanie, en Asie du Sud-Est ou ailleurs, l'État n'a alloué aux Autochtones que de petites parcelles de terre qu'on appelle habituellement des « réserves », où ils sont censés vivre, mais qui n'offrent pas les ressources nécessaires pour le faire. Conséquemment, de nombreux autochtones ont dû opter pour la ville. Mais leur urbanisation entraîne un ensemble complexe de répercussions induites par le caractère fondamental de leurs liens avec le territoire évoqué plus tôt. La mobilité vers ou à partir des régions urbaines ainsi que la place et la présence des Autochtones dans les villes modifient les rapports à l'espace et au temps, et invitent à repenser les concepts de territorialité et d'identité ou encore celui d'attachement au lieu.

La relation entre les Autochtones et l'urbanité n'est pas nouvelle. On remarque que de nombreuses villes sont construites sur le site d'anciens lieux prisés par les peuples autochtones pour des rassemblements, ou sur le site de métropoles ancestrales (voir chapitre 3). Ainsi, la ville de Québec était un site que les Innus utilisaient et occupaient de façon continue. À l'arrivée des colons français, les Innus les ont accueillis sur leur territoire. Le défrichement des terres et l'érection de bâtiments prenaient plus d'ampleur que ce qu'avaient envisagé les Innus. Ils acceptèrent alors de partager l'espace et le commerce de manière à profiter pleinement des expertises de chacun : la chasse et la trappe dans l'arrière-pays pour les Innus, et l'agriculture au bord du fleuve pour les Français. Néanmoins, les colons avaient pleinement conscience du mécontentement légitime des Innus face à la duperie des Français. Dans ses écrits, Samuel de Champlain exprime même ses craintes d'une vengeance et d'une reprise du territoire par les Innus. En Amérique centrale, Mexico était déjà la capitale de l'Empire aztèque à l'arrivée des conquistadors. Tenochtitlan fut érigée sur l'îlot du lac Texcoco au début du 14e siècle par les Mexicas, là où ils trouvèrent un aigle posé sur le figuier de Barbarie qui poussait sur un rocher immergé dans un lac, tel que le dieu Huitzilopochtli le leur avait indiqué. Cette légende est d'ailleurs représentée sur l'emblème et le drapeau du pays.

Parmi les stratégies d'évangélisation, les Jésuites et les Franciscains établirent des « réductions » en Nouvelle-Espagne et en Nouvelle-France. Ces villages réservés aux autochtones de nations diverses ont été fondés près des peuplements espagnols ou français. Ils avaient la double vocation d'accueillir les Autochtones ouverts à la chrétienté et au mode de vie européen, et d'offrir à ceux-ci un refuge les protégeant des raids des colons et de l'esclavage. Concrètement, les réductions ont aussi servi à exclure les autochtones des villages des colons qui se méfiaient de la cohabitation, à l'instar de Samuel de Champlain. De plus, les autorités coloniales mirent en place des mécanismes servant à diviser les communautés autochtones. Comme l'a montré la *Loi sur les Indiens* au Canada, les États qui reconnaissaient un « statut » autochtone établissaient aussi les critères pour le révoquer. Dans la Province du Canada, et au Canada par la suite, les femmes autochtones épousant un homme allochtone ou un homme autochtone renonçant à son statut perdaient leur statut, tout comme leurs enfants. Ces femmes perdaient alors le droit de résider au sein de la communauté et devaient vivre dans les villes ou les villages avec les eurodescendants. De même, celui qui vivait plus de cinq ans à l'extérieur de sa communauté, qui s'enrôlait dans l'armée ou qui entamait des études supérieures perdait également son statut. À ces différents facteurs se sont ajoutées diverses réalités modernes encourageant l'urbanisation dans les pays industrialisés. On remarque au Canada que la majorité des Autochtones vivent en milieu urbain depuis au moins les années 1980. En vertu du recensement national de 2016, 59,7 % de la population autochtone vit dans des régions métropolitaines comptant au moins 30 000 habitants.

Comme le soulignent les chercheuses Caroline Desbiens, Carole Lévesque et Ioana Comat, les réalités autochtones en milieu urbain dépassent la question d'une perte d'identité par rapport à une présumée culture originelle (2016). Il s'agit en fait de reconnaître la légitimité de la présence autochtone et de renverser les mécanismes d'invisibilisation et de ségrégation. Les milieux urbains sont aussi des espaces autochtones traditionnels, voire des espaces cosmopolites ancestraux. Les festivals, les lieux de rencontre et les services communautaires adaptés contribuent aujourd'hui à la valorisation de la présence autochtone urbaine. Dans les villes comme dans les communautés en Amérique du Nord, le renouveau récent des pow-wow illustre bien l'esprit communal des rassemblements internations. Pendant des décennies, on a réprimé ces pratiques cérémoniales. Aujourd'hui, c'est en croisant les éléments de culture traditionnelle et populaire que les pow-wow ont repris forme pour célébrer la rencontre des peuples. Les Autochtones et les allochtones de partout sont bienvenus à ces fêtes qui durent plusieurs jours.

L'adoption ou la restitution de toponymes autochtones, l'intégration à l'espace public d'œuvres créées par des artistes autochtones et la réaffectation de lieux en hommage à un personnage, à un événement historique ou à des pratiques culturelles ancestrales sont des exemples de gestes posés internationalement pour rendre visibles les Autochtones dans l'espace urbain. L'architecture et l'urbanisme servent également à affirmer la présence autochtone. Les premiers peuples luttent aujourd'hui pour leur reconnaissance et leur bien-être dans tous les lieux de la société.

La résurgence autochtone

Les différentes pratiques de restitution, de reconnaissance ou de valorisation de l'autochtonie s'inscrivent dans un courant de décolonisation et d'autochtonisation d'envergure mondiale. Elles sont l'effet de luttes et de résistances continues dans l'histoire. La décolonisation exige un travail individuel et collectif de déconstruction des mécanismes de répression des Autochtones. Elle passe beaucoup par l'éducation, mais elle implique aussi la remise en question profonde de la place que l'on accorde à l'autre dans nos relations et perceptions. Cette décolonisation de l'esprit se traduit dans le geste, permettant notamment la rencontre et la collaboration entre les peuples. En ce sens, elle s'accompagne souvent de l'autochtonisation, qui est plus concrète. Celle-ci consiste à faire place directement aux personnes autochtones et à intégrer leur culture, leur art, leur langue ou leurs savoirs dans la société. En ce sens, l'autochtonisation est strictement institutionnelle ou organisationnelle, contrairement à la décolonisation, qui peut aussi être personnelle.

Ces concepts, encore jeunes dans le discours public, prennent pourtant racine au tout début de l'entreprise coloniale. D'une part, le projet colonial n'a jamais fait l'unanimité parmi les allochtones. D'autre part, les Autochtones n'ont jamais été passifs face aux événements et ils ont intégré les nouveaux arrivants à leur économie et à leurs traités. Lorsque ceux-ci n'étaient pas respectés, ils convoquaient les autorités impériales sur le continent ou outre-mer. Parmi les événements précurseurs de la résurgence contemporaine, notons les luttes du chef cayuga Deskaheh auprès de la Société des Nations au début des années 1920. Représentant la Confédération haudenosaunee, il passa 18 mois en Suisse pour présenter de nombreuses conférences, raconter l'histoire de sa nation et décrier la violation du traité du wampum à deux rangs que les rois de France et du Royaume-Uni s'étaient engagés à respecter.

Si l'on parle aujourd'hui de résurgence, c'est que les luttes prennent de nouvelles formes. Alors que les soulèvements contre le colonialisme de métropole étaient les plus visibles au cours des derniers siècles, tels les mouvements pour l'abolition de l'esclavage et la souveraineté nationale, la résistance face au colonialisme de peuplement est désormais à l'avant-scène. En Amérique et en Océanie, les minorités autochtones sont opprimées par des systèmes façonnés pour laisser place au peuplement allochtone et à leur domination. Il devient alors nécessaire pour les premiers peuples de prendre la parole auprès des autorités en place, gouvernementales ou autres. En 1973, Jeannette Lovell, une Ojibwa mariée à un allochtone, conteste la perte de son statut, sans succès, la Cour suprême ayant déclaré que la *Loi sur les Indiens* n'était pas discriminatoire envers les femmes, qu'elle était respectueuse des coutumes autochtones et de la Déclaration canadienne des droits. Il faudra attendre que Sandra Lovelace, une femme wolastoq, porte sa propre cause devant le Comité des droits de l'homme de l'ONU en 1981 pour que l'on reconnaisse que le Canada violait le Pacte international relatif aux droits civils et politiques. Le Canada adopte alors la *Charte canadienne des droits et libertés* en 1982 et apporte des modifications importantes à la *Loi sur les Indiens* en 1985, conformément au jugement du Comité, notamment pour abolir cet article sexiste (Altamirano-Jaménez, 2013).

Les génocides et les violences systémiques perdurent, en même temps que les luttes et les progrès avancent. Les États sont de plus en plus nombreux à mettre en place des commissions d'enquête nationale pour faire la lumière sur les effets génocidaires des politiques établies par le passé. Ces commissions ont le mandat de recommander des mesures afin de permettre aux premiers peuples de guérir des séquelles des politiques coloniales, de rebâtir la confiance entre les peuples et de renverser la tendance discriminatoire dans la société. C'est dans cette optique que la Commission de vérité et réconciliation (CVR) d'Afrique du Sud étudie le régime d'apartheid de 1996 à 2003. Suivant ce modèle, la CVR canadienne travaille de 2008 à 2015 à dévoiler l'expérience des Autochtones dans les pensionnats. À l'été 2020, le gouvernement suédois annonce qu'il va financer le Parlement sami pour la mise sur pied d'une CVR. Son mandat reste pour l'instant à définir. Les relocalisations forcées et le système d'éducation arrachant les enfants à leurs parents et interdisant l'usage de la langue samie font partie des réflexions. Le Conseil transnational des Samis facilite les travaux en assurant la communication entre les pays. Or, les divers parlements samis nationaux en Finlande, en Norvège et en Suède, pourtant créés par les parlements de leur État respectif, sont dénués de pouvoir législatif réel, n'ayant qu'un poids symbolique dans les débats politiques. En ce sens, ils se comparent à l'Assemblée des Premières Nations du Canada dont le rôle est de représenter les Nations et de faciliter le dialogue avec l'État colonial en présentant, notamment, son analyse juridique et politique des enjeux débattus au Parlement fédéral. Quant à la Russie, elle ne reconnaît toujours pas de parlement autochtone, bien que des représentants samis siègent au Conseil transnational.

L'entraide entre les peuples dont le territoire traverse les frontières étatiques est un phénomène qui a pris de l'ampleur dans les dernières décennies (chapitre 5). La loi relative aux revendications des Autochtones de l'Alaska (*Alaska Native Claims Settlement Act*) de 1971 inspire la Convention de la Baie-James et du Nord québécois de 1975, qui est le premier traité « moderne » au Canada. C'est l'un des instigateurs de la loi concernant l'Alaska, Eben Hopson, qui convoque ensuite la première Conférence circumpolaire inuite (CCI) chez lui à Barrow en 1977 (Lynge, 1993), réunissant les représentants inuits du Groenland, du Canada et des États-Unis. Les Tchouktches et les Yupiks de Russie rejoindront la conférence au début des années 1980. La CCI permet aux différentes communautés d'apprendre de leurs expériences mutuelles et de faire front commun dans certaines revendications. Aujourd'hui renommé Conseil circumpolaire inuit, le CCI a un statut de consultant auprès de diverses instances de l'ONU au sujet, entre autres, des droits de la personne et des changements climatiques.

La montée des organisations autochtones nationales et transnationales a poussé les gouvernements à l'action. Dès les années 1980 débutent les travaux qui conduiront à l'adoption de la Déclaration des Nations Unies sur les droits des peuples autochtones en 2007. Si ce texte n'a pas force de loi, même pour les pays qui ont déclaré vouloir s'y conformer, il amorce néanmoins un changement réel. Pour les peuples autochtones, la Déclaration marque un tournant, et les principes énoncés doivent être mis en pratique sans équivoque. Les récents mouvements nord-américains l'évoquent fréquemment, qu'on pense aux contestations contre le projet de pipeline Dakota Access à Standing Rock ou celui de Coastal GasLink sur les territoires de la nation Wet'suwet'en, et au mouvement pancanadien Idle No More. Les communautés font savoir que les gouvernements ne respectent pas leur devoir de consultation et de coopération ou qu'ils n'honorent pas les traités, bafouant ainsi leurs engagements internationaux.

La reconnaissance des peuples autochtones amène des changements dans les sociétés, tantôt symboliques, tantôt profonds. On revoit les cadres législatifs. Les relations sociales évoluent. Certains pays arrivent à entériner l'héritage des premiers peuples dans leurs textes fondamentaux.

C'est le cas de l'Afrique du Sud, qui reconnaît onze langues officielles, la plupart autochtones. Au Canada, les Territoires du Nord-Ouest reconnaissent eux aussi onze langues officielles, soit les deux langues nationales et les neuf langues autochtones locales. C'est aussi le cas de la Bolivie et de l'Équateur, qui ont enchâssé les droits de la Terre mère (Pachamama) dans leur constitution, concédant à la nature un statut d'être vivant, conformément aux croyances autochtones locales. Émergeant à l'échelle communautaire, ces enjeux se font tranquillement une place primordiale à l'échelle nationale et internationale.

* * *

Les géographies autochtones sont aujourd'hui à un carrefour. L'expérience des derniers siècles a entraîné une méfiance souvent palpable au sein des communautés envers les chercheurs et les professionnels allochtones. Pour bien préparer l'avenir, nous devons établir des relations saines et respectueuses. Nous devons évidemment décoloniser et « autochtoniser » les universités. Dans cette optique, l'Assemblée des Premières Nations du Québec et du Labrador a élaboré ses propres protocoles que les chercheurs doivent suivre pour travailler *avec* les communautés. Suivant les principes énoncés, on ne tolère plus les recherches *sur* les Autochtones ou sur leur territoire sans que ceux-ci y prennent activement part (Basile, Gros-Louis et Gentelet, 2021).

Le partenariat avec les communautés dans la recherche est largement profitable à l'avancement des savoirs. La redécouverte et la valorisation des connaissances ancestrales amènent une compréhension des mutations de l'environnement que les scientifiques sont rarement parvenus à suivre de près et permettent de considérer des paramètres autrement négligés. Plus encore, ces savoirs révèlent l'interrelation et l'interdépendance qui relient l'humain au milieu qu'il habite. Les langues autochtones sont ainsi un outil précieux et témoignent du rapport identitaire à l'environnement, de la fonction de chaque élément de l'espace en rendant compte de la culture et des croyances en lien avec le territoire.

Enfin, la géographie, comme toute science, doit prendre en compte la dignité humaine et la justice pour tous les peuples. Les Autochtones portent les cicatrices du passé, de même que des plaies encore ouvertes dans les sociétés où les systèmes entretiennent la discrimination et le racisme (voir chapitre 9). Dans ce contexte, la guérison est nécessaire. Ces enjeux engagent l'humilité, la sensibilité et le dévouement de chacun. Les communautés demandent régulièrement l'assistance de géographes, qu'il s'agisse de documenter l'utilisation du territoire en vue d'une revendication territoriale ou d'élaborer des politiques pour rendre visible leur présence dans le tissu urbain. Cela implique toutefois de ne pas prendre la parole au nom des Autochtones, mais de la leur céder ou de parler avec eux. La dynamique peut être difficile, mais il est important de renverser les rapports de pouvoir pour transformer le milieu universitaire. Comme le disait le penseur cri Shawn Wilson : « Si la recherche ne vous change pas en tant que personne, c'est que vous ne l'avez pas bien faite » (2008, p. 135, traduction libre).

CHAPITRE 9

Géographies de « race » et de genre : de l'oppression à l'émancipation

Patricia Martin et Beverley Mullings

> [N]ous sommes activement engagées dans la lutte contre l'oppression raciste, sexuelle, hétérosexuelle et de classe et nous nous donnons pour tâche particulière de développer une analyse et une pratique intégrées, basées sur le fait que les principaux systèmes d'oppression sont imbriqués. La synthèse de ces oppressions crée les conditions dans lesquelles nous vivons (Combahee River Collective, 2006, p. 53).

Le soir du 26 février 2012, le jeune Africain-Américain de 17 ans Trayvon Martin est abattu par George Zimmerman, membre d'un programme local de surveillance de quartier[1]. Selon les journaux, Martin marchait de l'épicerie du coin vers la maison où il logeait à Sanford, en Floride. En voyant Martin dans le quartier, Zimmerman a immédiatement contacté la police, puis a commencé à le suivre. Une bagarre a éclaté et Trayvon Martin est mort abattu par balle. Protégé par une loi locale, *Stand your ground*, qui permet à un individu d'utiliser la force mortelle s'il se sent gravement menacé, Zimmerman a plus tard été acquitté de toutes les accusations portées contre lui. Très vite, le mot-clic et le mouvement Black Lives Matter ont vu le jour. Les meurtres ultérieurs d'autres personnes

1. Nous remercions Anne-Marie D'Amours pour la traduction de ce texte de l'anglais.

noires aux États-Unis (Michael Brown, Eric Garner, Philando Castile, Sandra Bland, Breonna Taylor, parmi d'innombrables autres) ont continué à animer ce mouvement, y compris à l'été 2020 lorsque des manifestations spontanées ont éclaté dans le monde entier en réaction au meurtre brutal de George Floyd, à Minneapolis dans le Minnesota. Soupçonné d'avoir écoulé de la fausse monnaie dans une épicerie, Floyd a été arrêté par la police puis immobilisé au sol. Pendant l'intervention, l'un des agents de police s'est agenouillé sur son cou pendant près de huit minutes, l'étouffant à mort. Ces décès et l'effusion d'indignation et de colère qui a suivi attirent l'attention sur la façon dont le racisme anti-Noirs criminalise les corps racisés, tout en les exposant à une mort prématurée, comme l'indique la géographe Ruth Wilson Gilmore (2002).

En 2015, la militante autochtone Berta Cáceres a reçu le prix Goldman pour l'environnement en guise de reconnaissance pour son engagement dans la lutte contre la construction d'un barrage en territoire lenca dans l'ouest du Honduras. Financé en partie par la société d'État chinoise Sinohydro, ce projet incarnait la politique favorable aux entreprises du gouvernement ayant accédé au pouvoir en 2009 à la suite d'un coup d'État militaire appuyé par les États-Unis. Après des mois de harcèlement et de menaces, un tueur à gages a abattu Berta Cáceres à son domicile le 2 mars 2016, moins d'un an après que la militante eut reçu le prix Goldman. Sa mort, symbole des luttes autochtones pour la justice environnementale, a montré les schémas de violence contre les femmes autochtones et militantes écologistes d'Amérique latine. Cette violence a d'ailleurs trouvé un écho deux ans plus tard dans l'assassinat de Marielle Franco, une militante féministe noire lesbienne ayant grandi dans les favelas de Rio de Janeiro. Franco a lutté contre la violence sociale et sexiste sur de nombreux fronts, y compris celui de la brutalité policière à Rio. La militante a été atteinte de trois balles à la tête et une au cou alors qu'elle s'éloignait du lieu où elle venait de prononcer un discours (son chauffeur est également décédé). Dans les pays régis par un ensemble de rationalités autoritaires, patriarcales et néolibérales, comme au Honduras et au Brésil, les femmes qui défendent les droits de la personne le font au risque de leur vie.

Les histoires que nous venons d'évoquer aident à mettre en évidence les relations étroites entre l'espace, les identités sociales et le pouvoir. Tout d'abord, elles révèlent que la simple présence dans l'espace de membres de groupes marginalisés peut perturber les conceptions dominantes de l'ordre, de l'appartenance et du droit. Ensuite, des actes à première vue innocents de membres de tels groupes qui occupent l'espace géographique de nouvelles façons ou qui contestent son ordre symbolique et pratiqué peuvent avoir des conséquences mortelles. En ce sens, les formes et épisodes de violence décrits plus haut sont la manifestation de luttes pour la détermination de « qui » a le droit d'être « où » et sous quelles conditions.

La définition du sexisme et du racisme

Les trajectoires des personnes à travers différents milieux – économique, politique, social – varient en fonction des identités qui s'entrecroisent, notamment le genre, la sexualité, la « race[2] » et la classe sociale. Par ailleurs, ces différences se traduisent par de grandes inégalités touchant à la richesse, à la position sociopolitique et à la valeur culturelle. Dans les études critiques sur la différence, le genre et la race sont deux focales incontournables.

Les idéologies sexistes dominantes cantonnent l'identité féminine aux notions de domesticité, de maternité et de sexualité. De plus, on continue de définir essentiellement les femmes par leur corps et leurs émotions. Ces idéologies se traduisent par une série d'exclusions ou d'inclusions d'ordre économique, politique et culturel, établies selon un pouvoir hiérarchique. Dans ce contexte, le féminisme constitue à la fois un mouvement politique et une posture intellectuelle qui se préoccupent principalement des inégalités qui découlent des différences entre les genres. Champ d'investigation en pleine expansion, la pensée féministe a puisé dans diverses catégories analytiques afin d'expliquer les différences entre les hommes et les femmes, pour ensuite soumettre ces différences à un examen critique. L'une de ces catégories, le sexe, reflète l'idée que la place « différente » des femmes dans la société tient à des traits biologiques tels que les organes sexuels, les hormones et le système de reproduction. Le concept de genre, en revanche, remet en cause cette notion en stipulant que la différence homme-femme n'est pas naturelle, mais socialement construite par des structures politiques, économiques et culturelles.

2. L'utilisation des guillemets pour le terme « race », ici et dans le titre du chapitre, vise à souligner la nature socialement construite de cette catégorie et à déstabiliser toute connotation biologique que le mot peut porter. L'utilisation de ce terme dans le reste du chapitre et ailleurs dans ce livre devra être compris dans le même sens.

Les théories féministes récentes déconstruisent la partition binaire entre sexe et genre. En effet, la compréhension de la signification du corps est aujourd'hui centrale dans la recherche féministe. La variabilité biologique des corps, mais également le fait que les croyances sociales et culturelles influencent profondément les conceptions scientifiques du corps et de la sexualité montrent que les processus à la fois culturels et biologiques s'imbriquent constamment dans la production des corps. Loin d'être naturels, ceux-ci sont des lieux d'inscription et de production culturelle. Ces constatations déstabilisent toute distinction claire entre sexe et genre et entre nature et culture. Ainsi, la théorie féministe contemporaine mobilise ces termes de façon concomitante. Le genre aborde la manière dont la différence entre les femmes et les hommes est produite, représentée et vécue, tandis que la sexualité s'intéresse aux identités et aux pratiques sexuelles, y compris celles qui remettent en question les représentations et les pratiques hétéronormatives et binaires.

En plus de se pencher sur la complexité des binaires hommes/femmes, la recherche féministe développe une approche intersectionnelle selon laquelle l'expérience des femmes est façonnée par d'autres catégories sociales, dont la race, l'ethnicité, la nationalité, la classe, la sexualité et la religion. Les féministes de couleur du Nord et du Sud global ont longtemps critiqué le féminisme blanc des pays du Nord pour son universalisme présumé qui occulte les différences et les rapports de pouvoir entre les femmes. Les femmes du Sud global contestent, en outre, l'hypothèse selon laquelle elles constituent un groupe homogène et universellement opprimé, dépourvu d'agentivité et en attente d'être secouru par les femmes blanches (Mohanty *et al.*, 1991). Au lieu d'une communauté globale de femmes (*sisterhood*), les intellectuelles de couleur soulignent la nécessité de reconnaître les formes complexes et imbriquées d'oppression qui marquent la vie des femmes de manière différenciée. Cette transformation du projet féministe s'exprime clairement dans la déclaration du Combahee River Collective citée en exergue. Le travail de ce collectif souligne entre autres l'importance de prendre en compte les manifestations persistantes du colonialisme et de la dépossession capitaliste dans les luttes des femmes du Sud comme du Nord. Il affirme aussi que, sans solidarité transfrontalière dans ces luttes, le féminisme occidental ne saurait constituer un réel projet d'émancipation.

Les concepts de race et de racisme partagent certaines similitudes avec les rapports de genre et le sexisme. En effet, ces catégories sociales sont distinctes mais aussi inextricablement liées. Alors que les « sciences de la race » du 19e siècle présentaient celle-ci comme une catégorie biologique, aujourd'hui les scientifiques sont catégoriques sur l'absence de tout fondement biologique relatif à la race. Si elle n'existe pas en tant que catégorie biologique, la race existe toutefois en tant que construction sociale. Celle-ci structure des discours et des pratiques essentialistes qui organisent et définissent les individus et groupes racisés comme biologiquement ou culturellement différents et inférieurs. En ce sens, le racisme est moins une question de préjugés individuels qu'un projet de domination sociale et économique reposant sur un agencement de discours, de pratiques et d'institutions.

Un nombre croissant de spécialistes s'accordent à dire que les catégories raciales contemporaines ont émergé avec la naissance du système-monde moderne (voir chapitre 1). Alors que les puissances européennes entraient en contact avec des territoires et des peuples du monde entier, elles apportaient avec elles des antagonismes et des pratiques de catégorisation raciale préexistants. D'une grande complexité géographique et historique et en constante mutation, la pensée raciale a soutenu – et interagi avec – d'autres grandes catégories organisationnelles comme la religion, la civilisation, le développement et la science. Par exemple, dans les premières phases de consolidation de l'Empire espagnol, un important débat théologique s'est tenu pour savoir si les peuples autochtones des Amériques avaient une âme, autrement dit, s'ils étaient ou non des êtres humains à part entière. Ce débat mettait alors en jeu le droit de réduire les peuples autochtones à l'esclavage. Au 19e siècle, la notion de différences raciales s'insère dans le débat scientifique, conduisant à l'émergence du racisme biologique et, plus tard, à la pratique de l'eugénisme. Ces catégorisations raciales prétendument scientifiques ont servi à justifier la colonisation et l'impérialisme (voir chapitre 1).

La sphère intellectuelle a établi une série de concepts analytiques clés pour répertorier, interpréter et contester les contours du racisme en tant que projet politique systématique. Par exemple, la théorie de la « formation raciale » (*racial formation*) qu'ont élaborée aux États-Unis Michael Omi et Howard Winant (1986) met en évidence les façons dont l'État en particulier produit des régimes politiques racisés au moyen de certaines catégories d'identité, structures juridiques de citoyenneté et pratiques policières. Dans le même ordre d'idées, les théories critiques de la race

Encadré 9
Les programmes de travailleurs agricoles saisonniers comme forme de capitalisme racial et genré

Chaque année, des milliers de travailleurs temporaires, principalement du Mexique, du Guatemala et des Caraïbes, migrent vers le Canada pour travailler dans le secteur agricole. Cette forme de migration de la main-d'œuvre s'associe à des transformations du système de production agricole transnational. La mondialisation des aliments bon marché a poussé les paysans à quitter leurs terres dans le Sud, produisant un surplus de main-d'œuvre et intensifiant la production agro-industrielle, tant au Nord qu'au Sud (voir chapitre 12). En effet, nombre de producteurs agricoles canadiens affirment que l'accès à une main-d'œuvre étrangère bon marché est la seule façon de survivre sur le plan économique. Entretenant un schéma migratoire cyclique (voir chapitre 6), de nombreux travailleurs passent la plus grande partie de leur vie adulte à travailler au Canada, établissant une relation intime avec la terre et produisant des aliments pour la consommation nationale et internationale. Les travailleurs agricoles sont toutefois soumis à un régime juridique et migratoire particulier non libre. Ils occupent une position de vulnérabilité et de subordination, tant à l'échelle locale qu'internationale. Par exemple, leurs contrats de travail les lient à un employeur en particulier, lequel a le pouvoir de les renvoyer chez eux s'il juge leur travail insatisfaisant. De plus, quel que soit le nombre d'années passées à travailler dans des fermes canadiennes, les travailleurs agricoles n'ont pas le droit de faire la demande de résidence permanente. Ainsi, ils sont indéfiniment restreints à un statut temporaire. Enfin, en raison du contexte rural des exploitations agricoles, ces travailleurs se retrouvent généralement contraints de vivre sur place. Cette condition limite leur accès à certains droits fondamentaux (rassemblement, vie privée), tout en augmentant le contrôle que les employeurs peuvent exercer sur leur corps dans leur travail comme dans leur mobilité et leur comportement en général. Cette migration est profondément racisée et genrée. Jugés capables d'effectuer un travail physique exigeant et pénible, les travailleurs du Sud passent également pour chanceux du fait qu'ils ont accès à ces emplois.

Des discours particuliers sur la masculinité encadrent cette migration ainsi que l'extraction de la force de travail. La grande majorité des migrants sont des chefs de famille qui acceptent des conditions de travail extrêmement difficiles dans le but de pourvoir aux besoins de leurs proches. C'est donc la combinaison de leur statut de migrant et de leur identité de classe, de race et de genre qui permet l'accès à un tel travail. Cet examen critique du cas des travailleurs migrants nous permet de renverser la causalité : c'est effectivement l'accès à une main-d'œuvre internationale racisée et jetable qui a contribué au passage de l'agriculture à l'agro-industrie, incarnant ainsi une forme de capitalisme racial.

soutiennent que la loi et ses applications ne sont ni neutres ni objectives, mais jouent plutôt un rôle central dans la production de formes racisées de privilège et de domination, comme le montrent les phénomènes de violence policière à l'encontre des personnes noires. De même, le concept de capitalisme racial, théorisé par Oliver Cox (1959) puis approfondi par Cedric Robinson (1983), stipule que le racisme constitue la base du développement capitaliste, et non l'inverse. Ainsi, le colonialisme, l'impérialisme et les structures du capitalisme global cherchent à maintenir la suprématie blanche à de multiples échelles, tout en créant les conditions permettant à une classe particulière d'accumuler des richesses économiques (encadré 9). Ces travaux de recherche montrent que la blanchité n'est pas un trait biologique, mais une dense production culturelle qui repose à la fois sur la dévaluation historique continue des personnes noires, autochtones et de couleur, et sur l'appropriation (violente) de leurs ressources culturelles et matérielles, notamment leurs terres, leur force de travail et leur droit à une humanité commune.

Andrea Smith (2012) nous rappelle que la suprématie blanche s'ancre dans une vaste matrice de catégories et de hiérarchies sociales, tant à l'échelle locale que globale. Selon elle, la suprématie blanche fonctionne en relation avec le racisme anti-Noirs qui se manifeste dans l'esclavage et d'autres formes de racisme institutionnalisé. Celle-ci se rattache également au colonialisme de peuplement et au génocide des peuples autochtones. Enfin, Smith soutient que l'orientalisme répresente une autre facette du projet politique de la suprématie blanche. D'abord théorisé par Edward Said (2005), l'orientalisme renvoie à la production, dans l'imaginaire euro-américain, d'un ensemble de discours et de représentations d'un « Orient » destiné à servir d'Autre dans la construction de l'idée de civilisation occidentale. Comme le racisme anti-Noirs et le colonialisme de peuplement, l'orientalisme alimente des formes spécifiques de violence telles que les guerres ou l'occupation territoriale. Les arguments de Smith sont pertinents, car ils offrent un moyen de mettre à nu les multiples manifestations de la formation raciale qui sont au cœur de la modernité coloniale.

L'émergence de la géographie en tant que discipline au courant du 19e siècle s'articulait étroitement aux pratiques et aux visions du monde propres à l'impérialisme, au masculinisme et au racisme scientifique. Par exemple, la pensée géopolitique classique a contribué à la justification de l'expansion coloniale, tandis que les sociétés de géographie nationales ont pris part à l'exploration, à la cartographie et à la revendication de terres au nom des régimes coloniaux. Par ailleurs, la discipline a adopté sans réserve « la science des races » comme fondement pour comprendre la relation entre les environnements physiques et le caractère ou les qualités des sociétés humaines, y compris les degrés de « civilisation ». Aussi connues sous le nom de déterminisme environnemental, ces théories simplistes offraient à la géographie une aura d'autorité scientifique. Les travaux d'Ellsworth Huntington, géographe à l'Université Yale, fournissent un exemple notable de ce type de réflexion. Il a écrit, par exemple, qu'« un type particulier de climat prévaut partout où une grande civilisation a vu le jour », tout en maintenant qu'« un climat favorable ne permettra pas pour autant l'élévation d'une race stupide et dégénérée » (1915, p. 9, traduction libre). Si l'on a totalement discrédité depuis le déterminisme environnemental, la géographie reste une discipline façonnée par son passé colonial, raciste et masculiniste.

En géographie, l'étude du racisme et du sexisme est apparue au courant des années 1960 et 1970, parallèlement aux mouvements sociaux pour les droits civils et l'égalité des sexes. Ces courants participaient à l'émergence de la géographie radicale, laquelle remet en question l'idée que la science est neutre et objective. Les perspectives théoriques radicales reconnaissent la relation qui existe entre savoir et pouvoir et la manière dont celle-ci implique la marginalisation ou l'exclusion de certaines visions ou expériences du monde. En ce sens, la recherche ne consiste pas seulement à « étudier » le monde, mais aussi à offrir de nouvelles perspectives faisant en sorte que d'autres mondes soient rendus visibles et possibles. L'étude du racisme et du sexisme reste toutefois en marge du champ de la recherche en géographie et demeure par conséquent profondément politique.

Les exclusions sociospatiales et les géographies de la violence

Au lieu d'être une réalité physique fixe ou une simple surface sur laquelle nous sommes situés, les géographes contemporains soulignent que l'espace est à la fois le produit des relations sociales et le support par lequel ces relations se produisent. En conséquence, les idéologies et formations racisées et genrées sont des « projets spatiaux » ; elles organisent l'espace, donnent un sens aux lieux et façonnent la manière dont les corps se déplacent dans le monde matériel. Du symbolisme raciste et sexiste ancré dans les espaces aux diverses formes d'exclusion spatiale et à la surveillance de l'espace public, la remise en question d'un ordre spatial immuable constitue un élément essentiel dans les luttes pour contrer le racisme et le sexisme. Reprenant les exemples de racisme anti-Noirs et de violence de genre présentés dans l'introduction, nous soutenons que de telles expressions de violence mettent en évidence diverses formes de vulnérabilité et d'exclusion vécues par les femmes et les personnes de couleur dans différents lieux et espaces.

Le mouvement Black Lives Matter attire l'attention sur la nature multidimensionnelle et systémique du racisme anti-Noirs et montre comment le racisme et l'espace sont simultanément produits. Par exemple, les médias de masse et les débats politiques dominants présentent Minneapolis, la ville où George Floyd a été tué, comme un centre du multiculturalisme et du progressisme politique. Cette image de surface cache cependant des logiques historiques du racisme systémique ancrées dans le paysage urbain. Par exemple, le Mapping Prejudice Project (2022) a montré que, tout au long de la première moitié du 20e siècle, l'utilisation de « clauses raciales » (*racial convenants*) dans les transactions immobilières, qui interdisaient aux personnes de couleur d'acquérir des propriétés ou de résider dans de nombreuses parties de la ville, ont activement contribué à la production d'une ville spatialement ségréguée. Cette ségrégation spatiale a alimenté et renforcé d'autres inégalités, que ce soit l'accès à l'éducation, aux espaces verts, aux soins de santé, à l'emploi et à l'accumulation de richesses. Le livre *Fitzgerald* (2011) du géographe radical William Bunge montre que Minneapolis ne constitue pas un cas isolé. Écrit au sein de – et en solidarité avec – la communauté à prédominance noire de Fitzgerald à Detroit, le livre met en lumière les formes pernicieuses de ségrégation « invisible » dans le nord des États-Unis, lesquelles ont accompagné les autres formes plus flagrantes de ségrégation qui se manifestaient davantage dans le sud du pays.

L'histoire de la ségrégation urbaine offre une mise en contexte essentielle aux circonstances entourant la mort de George Floyd. Son meurtre a toutefois attiré l'attention sur les pratiques étatiques de brutalité policière, de profilage racial et d'incarcération. Ces pratiques étatiques constituent l'un des aspects de la géographie carcérale, un concept développé par la militante universitaire Ruth Wilson Gilmore (2007). Expressions spatiales du capitalisme racial, les prisons et l'incarcération fournissent une « solution » aux problèmes de l'abandon urbain, de l'itinérance et du chômage. Par conséquent, la criminalisation et le contrôle des corps de couleur soutiennent la croissance explosive du système carcéral aux États-Unis, lequel entrepose de manière disproportionnée les corps noirs, bruns et immigrés dans des cages, comme le décrit Gilmore.

Au Canada, les recherches montrent que la géographie carcérale et le racisme structurel organisent aussi le paysage. Un rapport de la Commission ontarienne des droits de la personne (2018) note qu'entre 2013 et 2017, les Torontois noirs couraient vingt fois plus de risques d'être abattus par la police que les résidents blancs. De plus, un rapport récent du Bureau de l'enquêteur correctionnel du Canada (2020) met en évidence une « autochtonisation » des prisons canadiennes. Constituant 5 % de la population canadienne, les membres des communautés autochtones représentaient 30 % de la population carcérale des prisons fédérales en 2020. Cette proportion grimpe à 42 % pour les femmes autochtones. Ces géographies carcérales interagissent et renforcent le racisme structurel vécu de manière quotidienne par les personnes racisées au Canada, que ce soit dans les services publics (éducation, santé, services sociaux), sur le marché du travail ou dans l'espace public. Comme le souligne Katherine McKittrick (2006), la vie d'une personne noire et racisée est « non géographique » : sa seule constante est de ne jamais être à sa place.

Le mouvement Black Lives Matter montre également comment le racisme contre les Noirs et les Autochtones s'ancre dans les représentations symboliques de l'espace. Dans les villes du monde entier, on vandalise ou on déboulonne des monuments ou autres supports commémoratifs rendant hommage à des figures historiques ayant contribué à la traite esclavagiste des populations africaines ou au génocide des peuples autochtones. Ces actes mettent en évidence la manière dont les paysages culturels nationaux peuvent produire et maintenir la suprématie blanche. Au Canada, les nombreuses statues de sir John A. Macdonald, ancien premier ministre canadien et architecte du système des pensionnats autochtones, demeurent une importante cible des militants au nom de la justice raciale. Par exemple, à Montréal, des militants ont renversé la statue à son effigie située sur la place du Canada au cours de l'été 2020. De tels actes visent non seulement à retirer ces représentations matérielles du paysage urbain, mais aussi à contester l'imaginaire colonial canadien, son récit des « pères fondateurs » et sa vision particulière du progrès et de la modernité. Les nombreuses fresques murales ayant vu le jour dans les rues de Washington, de New York, de Toronto et de Montréal pendant la rébellion de 2020, ou encore la création d'espaces éphémères et sans police comme la Capitol Hill Autonomous Zone à Seattle, témoignent de la manière dont les gens s'approprient l'espace public pour contester le racisme systémique par la création de différents récits et de pratiques.

Tout comme la mort de George Floyd a montré à nouveau les multiples géographies du racisme, la violence fondée sur le genre – dont sa forme la plus extrême est le féminicide – rend également compte des multiples formes de vulnérabilité, d'exclusion et de dévalorisation des femmes. Le néologisme « féminicide » désigne un schéma de violence commise à l'encontre des femmes en insistant sur la responsabilité de l'État qui crée une culture d'impunité permettant à cette violence d'exister. D'abord forgé en réaction aux multiples décès de femmes dans la ville de Ciudad Juárez et ses environs, à la frontière entre les États-Unis et le Mexique, le concept s'est par la suite étendu à d'autres contextes tels que l'Amérique latine et le Canada. Il a notamment pris la forme de campagnes visant à enquêter sur le cas des femmes autochtones disparues ou assassinées. Puisque ses victimes sont généralement tuées dans des circonstances terriblement dégradantes, le féminicide met l'accent sur la manière dont le corps de certaines femmes est dévalorisé et considéré comme « jetable ». Comme dans le cas de la violence racisée, le féminicide présente des géographies particulières qui favorisent ce processus de déshumanisation et de dévalorisation.

Les idéologies sexistes dominantes lient la féminité et l'identité féminine aux espaces et aux activités domestiques. Pourtant, comme le montrent les décès de Berta Cáceres et Marielle Franco, le phénomène du féminicide recoupe les espaces publics et privés en brouillant les conceptions simplistes du foyer comme espace de sécurité et de refuge ou comme le domaine du féminin. Puisqu'il constitue un espace privé, le foyer échappe *de facto* à la vue du public et à la protection juridique. Les géographes féministes ont néanmoins montré que les espaces domestiques sont produits en étroite relation avec des processus culturels, politiques et économiques plus larges, lesquels traversent cette frontière imaginée entre les sphères du public et du privé. Ces analyses soutiennent par exemple que le travail non rémunéré à la maison (cuisine, nettoyage, soins à autrui) est indispensable à la reproduction sociale des travailleurs sur lesquels s'appuie le système capitaliste, bien que l'idéologie sexiste de la domesticité dévalorise constamment ce travail. D'autre part, la géopolitique féministe examine la circulation du pouvoir – notamment étatique – qui opère à une multitude d'échelles et de sites incluant ceux du corps, de la famille et du quotidien. En ce sens, la violence intime qui se manifeste au sein de l'espace domestique peut s'articuler à des processus se déployant à des échelles plus larges, comme la militarisation, le nationalisme, certaines idéologies politiques ou religieuses, ou les dépossessions coloniale et territoriale.

Si les espaces privés du foyer constituent des espaces de tension pour certaines femmes, il en va de même pour les espaces publics, notamment ceux du travail, de la sociabilité et du politique. Des hiérarchies patriarcales, racisées et de classe favorisent ou entravent l'accès aux espaces et leur pleine appropriation. La géographie économique féministe soutient, par exemple, que la dévaluation du travail des femmes ne se limite pas au travail reproductif qu'elles effectuent à la maison, mais s'exprime aussi dans la rémunération et l'accès à l'emploi. Au lieu de trouver sur le marché du travail une voie directe vers l'égalité des sexes, les travailleuses se retrouvent souvent cantonnées à des emplois faiblement rémunérés, à temps partiel et bas de gamme, reflétant le travail non rémunéré effectué au foyer. Cela ne concerne pas seulement les formes de travail salarié traditionnellement liées au genre, mais également des formes non traditionnelles, comme en témoigne le nombre important de femmes travaillant dans les maquiladoras le long de la frontière entre les États-Unis et le Mexique. Des significations culturelles liées à certains attributs physiques, notamment la taille, la morphologie ou certains héritages génétiques visibles, influencent la valeur attribuée au travail que les femmes accomplissent dans ces usines. En effet, ces idéologies sexistes et racistes voient dans les femmes mexicaines une main-d'œuvre non qualifiée et particulièrement apte au travail répétitif, légitimant ainsi le contrôle et l'exploitation du corps des femmes par des salaires bas et des emplois sans perspectives d'avenir (Wright, 2006).

Dans une logique similaire, la simple présence des femmes dans l'espace public est sexualisée, particulièrement celle des femmes racisées et issues de la classe ouvrière. Certaines personnes peuvent alors percevoir ces femmes qui entrent ou transitent dans les espaces publics en tant que travailleuses, consommatrices ou êtres sociaux comme « cherchant des ennuis». Ainsi dévalorisées, les femmes deviennent vulnérables à la violence sexuelle des citoyens (masculins) et de la police. Dans certains contextes, les femmes comme Berta Cáceres ou Marielle Franco qui prennent part à la politique et aux activités militantes et qui, de ce fait, contestent ouvertement les formes masculines de pouvoir créent une déstabilisation, voire une perturbation qui peut générer de la violence à l'encontre des femmes. Ces observations indiquent que la dévaluation du corps des femmes n'est pas un processus confiné à l'espace domestique, mais qu'elle relie le foyer aux espaces de l'usine, de la rue et de l'État. Comme l'affirme Wright (2006), le phénomène du féminicide à la frontière entre les États-Unis et le Mexique reflète et renforce la nature «jetable» des corps féminins.

Si les formes exactes de discours, de représentations et d'espaces peuvent comporter certaines différences, les identités genrées et racisées organisent l'accès à l'espace, aux ressources et à la mobilité de manière à conférer une valeur à certains corps (masculins, blancs) au détriment d'autres (féminisés, racisés). Le racisme et le sexisme sont des phénomènes inégaux, difficiles à anticiper, mais ayant toujours le potentiel de se manifester dans une multitude d'endroits. Les comportements sexistes et racistes peuvent entraîner des «microagressions» autant que des actes fortement violents. Leur omniprésence souligne la difficulté fondamentale de mettre en place des espaces de sécurité, de développement ou d'autonomie pour les personnes rendues vulnérables par ces phénomènes. Pourtant, comme le soulignent les spécialistes de la décolonisation, misant sur un soutien collectif, une aide mutuelle et une action directe, les personnes situées à l'intersection de systèmes d'oppression fondés sur le genre et la race continuent de produire de nouveaux espaces, d'établir des solidarités et de résister à l'effacement. Ainsi ces personnes parviennent-elles à perturber les manifestations hégémoniques de la violence raciste, sexiste et de genre.

Vers des géographies émancipatrices

Nous avons maintenu une certaine distinction analytique dans nos discussions sur la race et le genre. Toutefois, ces deux catégories sont en réalité inextricablement liées. La présence de Trayvon Martin dans l'espace public a été perçue comme une menace parce qu'il était un homme noir. Marielle Franco a été tuée parce qu'elle était une militante noire et lesbienne. Les géographes se tournent de plus en plus vers le concept d'intersectionnalité pour saisir la façon dont les multiples formes de différence s'inscrivent et se manifestent dans la vie des gens. L'intersectionnalité met en évidence la façon dont les catégories sociales se chevauchent et s'influencent les unes les autres, plutôt que de simplement s'additionner. En conséquence, les causes de la marginalisation et de la violence sociale sont multiples, animées de manière simultanée, tant par des catégories sociales particulières que par les mouvements et les espaces interstitiels entre ces catégories. Étant donné que l'analyse intersectionnelle cherche à comprendre la manière dont les corps, les personnes et les communautés vivent le pouvoir dans des contextes particuliers, Mollett et Faria (2018) soutiennent que cette analyse est intrinsèquement géographique.

Les concepts de décolonialité et de décolonisation alimentent également la recherche féministe et antiraciste. Ces concepts découlent de l'idée que les formes d'exploitation politique et économique qui se sont développées sous le colonialisme européen persistent encore aujourd'hui. Le concept de colonialité attire l'attention sur la longue histoire des pratiques de gouvernance menées au nom de la modernité et sur le rôle fondamental que jouent le racisme et l'hétéropatriarcat dans la justification des formes de pouvoir exercées sur des populations imaginées comme moins modernes, moins capables et, ultimement, moins humaines. Les spécialistes du courant décolonial recensent quatre domaines de contrôle qui contribuent à une matrice coloniale du pouvoir : 1) le capitalisme ; 2) le racisme, le genre et la sexualité ; 3) l'autorité ; 4) le savoir et la subjectivité. En se concentrant sur l'expérience des peuples et des lieux marginalisés par le colonialisme, en particulier dans le Sud et parmi les peuples autochtones du Nord, la décolonisation cherche à montrer la manière dont se maintient la substance des relations coloniales (pouvoir économique, politique et culturel, privilège, identité). La recension de ces formes de pouvoir attire l'attention sur la face « cachée » des accomplissements de la civilisation occidentale.

Ces différents outils théoriques et conceptuels exposent l'agir du pouvoir dans l'espace et mettent en lumière les modèles multiscalaires de marginalisation systémique mais différenciée des femmes et des hommes sexués et racisés. Ces approches cherchent également à reconnaître la présence de personnes et d'espaces souvent ignorés, invisibilisés ou réduits au silence, et ce, tant dans le milieu universitaire que dans les représentations médiatiques dominantes. Si cet ensemble d'outils théoriques contribue à mettre en évidence des écarts de pouvoir profonds et parfois mortels, il serait erroné de considérer ces perspectives comme totalisantes ou purement négatives. En effet, ces approches théoriques exposent de multiples formes de résistance, de résilience et de transformation par lesquelles les communautés de couleur, les peuples autochtones, les minorités sexuelles et les femmes s'engagent pour endiguer la marginalisation, malgré des expériences sociales ou individuelles écrasantes. Ces formes de résistance et de transformation sont multiples. Elles se manifestent dans le discours et les représentations, transformant des symboles et des significations non seulement dans les mots écrits et parlés, mais aussi en tant que partie du paysage matériel. D'autres formes organisées de résistance visent une redistribution matérielle des biens et des richesses au sein de la société afin de garantir les moyens de subsistance et la dignité personnelle, tout en revalorisant le travail accompli par des corps dévalués. D'autres encore agissent dans le domaine des droits et des représentations politiques, cherchant à doter certains groupes marginalisés d'un plus grand contrôle sur les processus de prise de décision, tout en s'efforçant d'accroître leur pouvoir et leur autonomie politique.

Les géographies ancrées dans les traditions anticoloniales/décoloniales, radicales et féministes mettent en évidence la manière dont les identités sociales s'inscrivent dans une politique de résistance : *affirmer* l'autonomie et la dignité des groupes racisés et genrés, tout en abordant l'intersection complexe des identités, des intérêts et des besoins différenciés. Le cheminement vers une politique d'autonomie et de connexion se concentre sur des espaces et des lieux que les analyses politiques ignorent souvent, notamment les communautés marginalisées, la maison et les espaces du quotidien. Les géographies de la résistance peuvent s'appuyer sur des idiomes alternatifs de la société, créant des espaces sacrés et de « *care* » au sein desquels le dialogue et l'écoute sont des pratiques centrales (image 9.1).

Sur ces terrains de pouvoir et de résistance, on mobilisera les notions de positionnalité et de subjectivité pour comprendre la relation entre la position d'une personne ou d'un groupe (son identité sociale) et la vision du monde que cette personne ou ce groupe se construit. Une telle approche ouvre certaines perspectives épistémologiques : les idées ne sont pas

IMAGE 9.1

Des femmes accomplissent un rituel de purification à Oaxaca au Mexique

Photo : Patricia Martin, 2006.

neutres, mais liées aux relations de pouvoir ; la compréhension des mécanismes et des effets du pouvoir nécessite un engagement auprès d'individus et de groupes positionnés différemment au sein des hiérarchies de pouvoir ; les universitaires devraient examiner comment leur propre position influence leur recherche par un processus appelé réflexivité ; parler « au nom » d'autres personnes est très complexe et c'est un objectif qui ne peut être que partiellement réalisable ; la production démocratisée des connaissances implique la création de conditions permettant aux groupes marginalisés de parler et d'agir de manière autonome.

* * *

Les géographies décoloniales/anticoloniales, radicales, noires et féministes sont au cœur de la création d'un monde plus humain où tous les individus et groupes peuvent vivre dans la dignité, l'autonomie et la reconnaissance de leurs droits. Les espaces et les relations sociales qui incarnent ces idées et ces pratiques ne sont pas qu'une simple utopie ; ils existent autant dans la vie quotidienne des individus qui résistent à l'oppression que dans les luttes pour l'émancipation des groupes marginalisés. En ce sens, le pouvoir n'est pas seulement une relation « négative » ; il peut aussi constituer une relation positive qui se traduit par la capacité d'agir. Ces espaces parallèles ouvrent la voie à d'autres façons d'être dans le monde faisant appel à des relations de soin (*care*), de reconnaissance et de solidarité.

CHAPITRE 10

La nature, les ressources naturelles et l'écologie politique

Kathryn Furlong et Martine Verdy

Selon le Groupe d'experts intergouvernemental sur l'évolution du climat (GIEC), la température ambiante moyenne a augmenté de 0,87 °C entre les années 1850 et 2015. Ce réchauffement global a provoqué plusieurs transformations à la surface de la Terre, telles l'expansion des zones arides, la fonte des glaciers et l'augmentation en fréquence et en sévérité des inondations. Ces transformations climatiques combinées à l'exploitation des ressources naturelles par diverses activités humaines ont des conséquences importantes sur les habitats naturels. Par exemple, selon le World Wildlife Fund, dans les années 1990 seulement, 2,4 % de la superficie mondiale des forêts ont disparu au profit de l'agriculture. La destruction de nombreux habitats naturels représente une importante perte de biodiversité et une diminution des services écosystémiques. Selon la Convention sur la diversité biologique, près de 40 % des 3000 espèces étudiées auraient disparu entre 1970 et 2000.

Ces chiffres accablants traduisent des relations socioéconomiques et politiques complexes et multiscalaires qui engendrent non seulement des problèmes environnementaux, mais aussi des inégalités face à ceux-ci. L'effondrement des stocks de morue de l'Atlantique Nord sur les côtes de la province de Terre-Neuve-et-Labrador en fournit un excellent exemple. Pendant des siècles, ces stocks sont demeurés abondants. Les morues mesuraient jusqu'à 1,5 mètre de long et on les pêchait quasiment sans effort. En 1993, pourtant, la pêcherie la plus riche que le monde ait jamais connue a fermé ses portes pour de bon, engendrant la pire vague de mises à pied de l'histoire du Canada. Avec sa gestion « scientifique » (Bavington, 2010) et en quelques décennies seulement, le gouvernement canadien avait éradiqué la morue de l'Atlantique. L'industrie de la pêche à la morue ne s'en est jamais remise. Cet épisode demeure parmi les pires désastres environnementaux connus. Comment est-il possible de vider ainsi un océan ? Une analyse ancrée dans l'écologie politique révèle que ce bouleversement majeur des ressources halieutiques est le résultat de multiples facteurs sociétaux tels que la territorialisation du pouvoir étatique, un fédéralisme inégal entre les provinces canadiennes, la politisation de la connaissance scientifique ainsi que les biais mêmes de la recherche. S'ajoutent aussi l'usage non contrôlé des technologies, s'incarnant par exemple dans les chalutiers industriels, la géopolitique de l'exploitation des ressources naturelles et le mépris des avertissements lancés par les pêcheurs côtiers, eux-mêmes souvent jugés trop nombreux et employant des techniques peu sophistiquées. Cette chute des stocks de poisson a provoqué une restructuration de la pêche au profit des crustacés (crabes et crevettes), qui transforme inégalement le mode de vie des Terre-Neuviens. Pourtant, la chasse jusqu'au dernier poisson n'a pas ralenti. Partout au monde, les espèces disparaissent, les méduses se multiplient, et les conditions de travail empirent.

Cet exemple illustre le point de croisement entre l'écologie politique, qui permet de mieux comprendre les relations humain-nature, la production et l'utilisation des ressources naturelles, les nouvelles façons de penser la nature ainsi que les débats émergents qui l'entourent, notamment sur la production du savoir dans les sciences de l'environnement.

La naissance de l'écologie politique

Dans ses formes initiales, l'écologie politique permet l'étude des relations entre l'écologie et l'économie politique afin d'analyser les relations changeantes entre la société et les environnements. L'écologie politique s'intéresse en particulier au rôle des relations de classe ainsi qu'à celui de l'État dans le maintien des relations de pouvoir en lien avec la transformation de la nature et de l'espace.

Dans les années 1960, les mouvements environnementaux viennent révéler les grandes injustices que subissent en silence certaines populations, notamment en lien avec la pollution industrielle et chimique. Dans son livre *Printemps silencieux* (1963), Rachel Carson sonne l'alarme sur les conséquences qu'auraient l'industrie chimique et l'industrie nucléaire du 20e siècle sur l'environnement, y compris la vie faunique et humaine. Avec l'appui des gouvernements, ces industries s'enrichissent, alors que les populations et les environnements meurent, silencieusement. L'idée d'une dégradation écologique alimente également les interventions de la communauté internationale pour « sauver l'environnement » du tiers-monde, favorisant des analyses simplistes influencées à la fois par une vision colonialiste et la théorie malthusienne de la population datant de la fin du 18e siècle.

Selon cette théorie, il existe une loi « naturelle » posant un lien direct et causal entre la population (peu importe ses activités ou son organisation sociale) et une pression excessive et incontrôlée sur les ressources. La perspective malthusienne soutient qu'une croissance non régulée de la population causerait une dégradation de l'environnement ainsi qu'un déclin qualitatif et quantitatif des ressources alimentaires, provoquant par ricochet une chute démographique importante. Selon cette vision, la population excédait dès le 18e siècle la capacité terrestre permettant d'assurer sa subsistance. On considérait alors les famines comme naturelles, liées à la démographie et nécessaires afin d'assurer la subsistance de tous. La question de la distribution des ressources alimentaires ne se posait pas, et l'on omettait le fait que les grandes famines frappaient les classes vulnérables, alors que les membres des classes aisées et dirigeantes mangeaient à leur faim, et même s'enrichissaient.

En 1972, le Club de Rome publie un rapport nommé *Les limites à la croissance (dans un monde fini)*, qui inscrit cette vision au cœur des débats environnementaux. La théorie néomalthusienne, désormais axée sur les ressources naturelles de façon générale, s'impose pour expliquer la crise environnementale à l'échelle mondiale. La surpopulation serait à la base de la surexploitation des ressources naturelles, expliquant la dégradation environnementale et l'épuisement des ressources. Ce règne du chacun pour soi augmenterait en conséquence la vulnérabilité des populations. En réponse à ce rapport alarmiste, les programmes internationaux de développement et de conservation dirigeront leur attention sur le contrôle des populations – leur nombre et leurs pratiques – pour alléger la pression sur les ressources. Ils chercheront à encadrer et à « améliorer » les pratiques des populations locales – surtout dans des pays en voie de développement – pour diminuer leur empreinte environnementale et sauver les communautés d'elles-mêmes. C'est un cercle vicieux. La théorie est simple, mais ses conséquences sont pernicieuses.

Mobilisant une analyse marxiste pour remettre en question cette prétendue relation causale entre la croissance de la population et la dégradation des ressources, les premiers travaux en écologie politique attaquent de front l'approche néomalthusienne. Une première étude, menée par Piers Blaikie en 1985, porte sur la dégradation des sols dans plusieurs pays africains. Tandis que les agences de développement international voyaient un lien direct entre une « surpopulation » locale et la surexploitation des terres dégradées et peu productives, Blaikie souligne qu'à l'époque coloniale, les populations locales ont été déplacées de manière violente vers de mauvaises terres, tandis que la population aisée, moins nombreuse, a eu accès aux meilleures terres. Il montre ainsi que la violence coloniale a nourri la perception d'une mauvaise gestion des terres agricoles.

Les agences de développement critiquent les paysans non seulement pour leurs « mauvaises » pratiques agricoles, mais aussi pour le manque d'intégration à l'économie internationale avec la production de produits plus rentables. Blaikie poursuit sa critique en montrant que cette même intégration économique mène à l'endettement des petits producteurs. L'intégration au marché international encourage les petits producteurs à convertir leurs lots pour une production vouée à l'exportation. Cependant, l'instabilité des prix les rend vulnérables et fait croître leur endettement, provoquant la nécessité de « surexploiter » leurs terres déjà dégradées. En même temps, le transfert des meilleures terres agricoles vers l'agro-industrie internationale génère de l'emploi pour les petits producteurs. Mais ce travail, insuffisamment rémunéré, contraint les populations à se tourner vers l'exploitation des terres dégradées auxquelles ils ont accès, pour l'agriculture de subsistance. Finalement, tandis que les agences de développement international jugent problématique le haut taux de natalité des populations démunies, Blaikie souligne que la natalité, loin de refléter un choix mal éclairé, doit s'analyser à l'aune des stratégies de survie et du manque d'accès aux systèmes d'éducation et de santé qui viendraient diminuer le taux de mortalité infantile.

En écologie politique, la dégradation de la qualité des terres dans les pays du Sud global est le résultat de processus historiques et contemporains qui produisent des inégalités économiques et sociales concomitantes. Ainsi, la grande leçon de l'écologie politique est que la dégradation environnementale se rattache de manière inextricable à cette production d'inégalités sociales. De ce point de vue, l'environnement est un espace politique qui n'est jamais neutre. On ne peut donc pas espérer résoudre des problèmes environnementaux avec des solutions axées uniquement sur la gestion environnementale. Il faut agir aussi sur le plan de l'économie politique et s'attaquer aux inégalités sociales. En ce sens, l'écologie politique braque les projecteurs sur les décisions qui influencent la gestion des ressources : qui les prend, comment cette gestion est faite, quels projets intellectuels ou scientifiques les appuient, quels changements sociaux, écologiques et réglementaires en découlent dans l'espace et dans le temps, et qui bénéficie et perd de ces arrangements. Les grands propriétaires, les États, les institutions internationales et les entreprises prennent des décisions qui influencent la gestion des environnements et dès lors les possibilités de vie à l'échelle locale. Pour comprendre la dégradation des ressources, il faut donc considérer les relations multiscalaires qui sont impliquées. L'approche à l'échelle uniquement locale est une autre erreur majeure des programmes environnementaux créés à la suite du rapport du Club de Rome.

Selon l'écologie politique, fondée à l'origine sur une analyse marxiste, la relation entre la population et les ressources n'est pas « naturelle » mais intrinsèque au système capitaliste. Un surplus de population est nécessaire à l'accroissement de la main-d'œuvre disponible et à l'accumulation de richesses par les propriétaires. L'exploitation des ressources ne trouve pas son origine dans une population démunie trop nombreuse et marquée par une croissance non contrôlée, mais dans les relations de classe qui concentrent les bénéfices de cette exploitation de façon inégale. La dégradation des ressources se produit dans des rapports complexes et inégaux de production et d'extraction qui visent le surplus, rapports qui s'imbriquent eux-mêmes dans les relations de nature coloniale, postcoloniale et capitaliste.

La nature à repenser

Les problèmes environnementaux ne sont jamais purement biophysiques : ils sont aussi sociopolitiques et économiques, et l'on ne peut plus penser la nature dans sa seule dimension « naturelle » (voir chapitre 11). En fait, l'écologie politique montre la relation complexe entre la nature et la société et de ce fait ouvre la porte à l'approfondissement de notre compréhension de la nature. Qu'est-ce que la nature ? Souvent perçue comme externe à la société, la nature évolue en lien avec les relations sociales. Dans une relation dialectique, elle influence et elle est influencée par la société et ses relations de pouvoir. C'est pour cela qu'en écologie politique, on évoque plutôt la socionature. Cette notion inclut tout ce qui touche à l'activité et à l'imaginaire humains, que ce soient les mines, les paysages agricoles, les coupes à blanc ou les mondes urbains, tous inséparables de la nature de laquelle ils dépendent. La nature ne correspond pas qu'aux grandes forêts « vierges » ni à la nature dite originale ou sauvage. Dans le même ordre d'idées, on ne peut réduire les ressources naturelles aux seuls matériaux extraits de la nature. Le matériau devient « ressource » en interaction avec les intérêts et les imaginaires construits dans la société, l'action humaine et l'application des techniques : la forêt, les minerais et les paysages deviennent des ressources soumises à une volonté d'exploitation, ancrées dans des relations économiques et politiques inégales qu'elles viennent renforcer (Raffestin, 2019). Comment expliquer la valeur d'un diamant ou d'une once d'or sans recourir aux dynamiques de la société ?

Par conséquent, la nature ou plutôt la socionature se fonde sur les visions et les idéologies qu'on y projette et se réalise dans les transformations physiques de l'environnement. En premier lieu, la construction sociale de la nature signifie la façon dont nous percevons la nature et ce que nous considérons comme naturel. Diverses idéologies encadrent la définition de la nature, parfois de manière conflictuelle. Les êtres humains perçoivent le monde non humain et y projettent leurs valeurs pour répondre à des objectifs divers et changeants (voir chapitre 8). L'idéologie de ce que l'on conçoit comme la nature ou de ce que l'on estime naturel n'existe pas à l'extérieur d'un contexte historique, géographique et social. À partir de cette vision, l'être humain produit différents paysages socionaturels. Par exemple, en ne désignant comme nature que ce qui est censément non touché par l'être humain, comme les forêts vierges, de vastes étendues de terre dont dépendent des milliards de personnes subissent les contrecoups d'une insuffisante protection environnementale. Une telle conception est restrictive : la nature est aussi présente dans les espaces urbains. L'être humain peut aussi déclarer contraire à la nature tout ce qu'il souhaite contrôler ou opprimer, y compris certains modes de vie. Depuis les années 1960, plusieurs groupes ont dû lutter contre ce genre de discours où la « nature » justifiait l'oppression. Ainsi, les femmes défendant leurs droits économiques et le contrôle de leur corps se voient répondre que « la place naturelle de la femme est au foyer » ; la sexualité des populations homosexuelles ou transgenres est vue comme « non naturelle » ; et jusqu'à récemment, pour les populations racisées, la ségrégation dans les villes ou dans des réserves autochtones était dite « naturelle » (Bakker et Bridge, 2006) (voir chapitre 9).

Comprendre la nature comme une réalité qui existe à l'extérieur de la société a des implications politiques. Cette idéologie masque l'importance des inégalités sociales dans la production de la vulnérabilité face aux problèmes environnementaux. La remise en question de la nature « vierge » sert à défaire le mythe d'une *terra nullius* dans les territoires colonisés, notamment des Amériques et de l'Australie (voir chapitre 1). En effet, les peuples autochtones pratiquaient une gestion territoriale complexe avant l'arrivée des colons européens. Malgré ce fait, cette vision sert encore aujourd'hui à justifier l'accaparement des terres et l'expulsion violente des peuples autochtones (voir chapitre 8). La nature dite sauvage est elle aussi une fiction humaine. L'humain produit cette nature en clôturant des terrains « purs » conformément à son idéologie de ce que devrait être la nature, suivant un courant environnementaliste et romantique où la nature sauvage (conçue auparavant comme stérile ou gaspillée) devient sacrée et réservée à la contemplation et à la récréation. Toutefois, des communautés entières sont dépossédées de ces zones afin de créer de tels paysages. Les partisans de cette idéologie prônant une nature pure contribuent à spolier les peuples autochtones de leurs territoires pour créer des aires protégées et des parcs nationaux dans les pays du Sud. Dans un objectif souvent qualifié d'« impérialisme vert », les citoyens et les organisations non gouvernementales (ONG) des pays du Nord, adoptant une logique néocoloniale, interviennent sous la bannière du développement et de la protection environnementale pour limiter l'accès au territoire qui sera ensuite réservé principalement aux touristes étrangers.

La production sociale de la nature est un concept géographique qui met l'économie politique au cœur de la transformation de la nature et des paysages. Comme les processus d'accumulation de capital dépendent de l'exploitation des ressources naturelles, ils sont essentiels à la modification de la nature et donc à la production de « nouvelles natures ». Selon cette perspective, une mine à ciel ouvert et ses bassins de résidus seraient tout aussi naturels que le parc national de Yosemite ou un filet rempli de tonnes de poissons. Tous sont produits par l'action humaine selon les modèles économiques dominants qui ne sont ni accessibles ni bénéfiques de manière équitable dans la société et l'espace. Les transformations de la nature ont des répercussions différentes en fonction des échelles de pouvoir, des divers espaces géographiques et des classes sociales.

Selon Neil Smith (1984), la production sociale de la nature par son exploitation et les inégalités générées sont essentielles au fonctionnement du système capitaliste et à sa croissance. Il qualifie ce processus de « développement inégal ». Le concept de développement inégal pousse la réflexion marxiste plus loin sur le plan géographique et environnemental pour mieux comprendre le développement et le sous-développement. Selon Smith, le capitalisme génère une différenciation sociospatiale. Ces espaces et ces inégalités permettent l'extension et la survie du capitalisme par l'investissement et l'accumulation des capitaux dans de nouveaux espaces. Une telle relation est dialectique, tout comme celle qu'implique la socionature, dans la mesure où il y existe une transformation mutuelle et constante entre le capital, la société et l'espace géographique. Cette proposition vient complexifier la théorie marxiste en y ajoutant une perspective géographique. Le système capitaliste produit des effets spatiaux et de nouvelles natures, qui influencent aussi l'accumulation du capital et le capitalisme de façon plus large. Ainsi, la théorie du développement inégal aide à comprendre en quoi la configuration géographique permet la survie du capitalisme. L'extraction des ressources naturelles en Amérique latine illustre bien cette situation (encadré 10).

Le concept de production sociale de la nature va de pair avec celui de construction sociale de la nature. Certaines constructions sociales promeuvent la production de nouvelles natures, avec des répercussions sur leur gestion et finalement leur contrôle. En revanche, ces productions vont à leur tour influencer les discours et les idéologies rattachés à la nature. En repensant la nature comme une entité construite et produite par ses relations sociales, il est possible de repenser la ville comme un espace naturel dont la construction s'articule aux transformations de la nature dans la campagne, traditionnellement perçue comme le milieu naturel opposé à l'urbain (voir chapitre 3). Pourtant, on ne peut pas penser sépa-

Encadré 10
L'extraction des ressources naturelles en Amérique latine

L'extraction des ressources naturelles du sous-sol témoigne de l'importance des ressources et de la nature pour la survie du système capitaliste. Toutefois, ce type d'extraction témoigne aussi des limites du système même. En effet, au fur et à mesure que le capitalisme s'efforce de produire de plus en plus de marchandises, de nouveaux enjeux politiques, sociaux et environnementaux font surface. Les années 1990 ont apporté certaines transformations économiques et politiques qui ont eu des retombées à l'échelle globale aussi bien que régionale, dont l'accroissement de l'investissement étranger et la réorganisation spatiale des échanges mondiaux, déclenchant de nouvelles perspectives commerciales. En Amérique latine, les projets d'industrialisation menés par les différents États entraînent un processus important de privatisation des activités extractives, favorisant leur croissance et provoquant d'importantes transformations sociales et biophysiques. En plus, les nouvelles technologies rendent l'extraction possible dans de nouveaux espaces, notamment les mines à grande échelle. Ces nouvelles géographies de l'extraction génèrent de nouveaux flux matériels et financiers ainsi qu'une restructuration des cadres réglementaires et une réorganisation de l'espace et des paysages de l'Amérique latine.

Une grande partie de ces nouveaux flux monétaires – rendus possibles par des réformes néolibérales – s'est dirigée vers le Chili pour le développement de ses mines de cuivre. La plupart des mines sont depuis exploitées et administrées par des entreprises privées étrangères, comme la mine d'Escondida exploitée par BHP-Billiton (Australie) et Rio Tinto (Royaume-Uni). Malgré des retombées positives pour l'économie du pays, le développement de l'extraction minière au Chili provoque également des changements biophysiques, en particulier l'excavation d'importantes quantités de terre (plus de 6,1 milliards de tonnes entre 1994 et 2011). La privatisation des activités minières génère par ailleurs une professionnalisation du travail et un changement des emplois miniers en favorisant une main-d'œuvre hautement qualifiée, au détriment des travailleurs peu qualifiés qui occupent désormais des postes temporaires.

rément ces espaces « urbains » et « ruraux ». Ils se produisent et se transforment mutuellement. Cette réflexion mène à la naissance d'un nouveau courant de l'écologie politique : l'écologie politique urbaine. Ici, la nature et ses matières premières contribuent au façonnement des villes et produisent une nature urbaine. La nature prend plusieurs formes et rôles. En ce sens, l'eau qui circule à travers la ville est tout autant « naturelle » que l'eau qui coule dans la rivière d'une aire protégée. En effet, l'eau a normalement ses origines dans la campagne où elle est captée et transférée vers la ville, transformant l'environnement et les possibilités de vie en ville et dans les milieux ruraux.

Cette relation « métabolique » où les ressources sont transformées – métabolisées – par leurs interactions avec le milieu urbain (d'eau en eau traitée, d'eau traitée en eau usée) n'est pas une simple relation biophysique. Comme toute relation environnementale, elle s'entremêle avec les relations de pouvoir : dans nombre de villes contemporaines, le flux de l'eau interagit ainsi avec celui du capital afin d'assurer le développement des systèmes d'approvisionnement en eau. Ces systèmes reproduisent et renforcent les inégalités existantes entre la ville et son arrière-pays comme au sein de la ville même. Par exemple, le développement de l'aqueduc Croton au 19e siècle pour alimenter New York en eau dépendait de l'exploitation croissante du paysage au nord de la ville. Le harnachement du cycle hydrologique de la région était essentiel pour assurer l'acheminement de l'eau à la ville et est devenu indispensable au développement de New York, puis au maintien de son statut de ville d'importance mondiale. En même temps, aujourd'hui au sein de cette ville mondiale, un grand nombre de citadins pauvres, immigrants et racisés n'ont pas accès à un service adéquat et sain parce que les infrastructures à leur disposition sont désuètes (Gandy, 2002). L'importance des technologies dans cette production urbaine dissimule la présence du capital dans la transformation inégale de l'espace et de la nature. La production des villes modernes dans lesquelles s'imbrique la nature contribue à modifier les relations entre nature et société. Ces relations sont à la fois matérielles et symboliques et participent de l'urbanisation de la nature.

Les enjeux contemporains

Sous l'influence du concept de développement durable qui naît avec le rapport Brundtland, *Notre avenir à tous* (1987), la formulation selon laquelle la conservation environnementale, la justice sociale et la croissance économique vont de pair devient monnaie courante. On peut tout avoir sans rien sacrifier. Parallèlement, le néolibéralisme comme idéologie (voir chapitre 2) fait son entrée dans la gouvernance environnementale. Ainsi, suivant le rapport Brundtland, la Conférence internationale sur l'eau et l'environnement définit en 1992 les « quatre principes de Dublin » qui vont dominer la gestion de l'eau jusqu'aux années 2000. Le quatrième principe affirme que « [l]'eau a une valeur économique dans toutes ses utilisations concurrentes et doit être reconnue comme un bien économique ». Selon une vision néolibérale, la reconnaissance de l'eau comme bien économique assurerait la meilleure gestion possible de cette ressource. En réponse à ce virage idéologique, les « natures néolibérales » viennent occuper une place prépondérante dans les débats sur la géographie des ressources et l'écologie politique. Ces débats mettent l'accent sur les transformations de la nature et la production de nouvelles inégalités liées à la néolibéralisation de l'économie. Ces transformations incluent une déréglementation de la protection, tant de l'environnement que des travailleurs, et une « reréglementation » favorisant l'ouverture de nouveaux secteurs de l'environnement au marché, ainsi que la commercialisation, la marchandisation et même la privatisation des ressources ou de leur gestion.

Pour justifier une telle privatisation de la nature, les mêmes critiques de la gestion publique qui sont à la base de la néolibéralisation, qu'on parle de la gestion de l'éducation ou de l'approvisionnement en biens et services, ont ciblé la gestion de l'environnement et des ressources naturelles. On parle constamment de « l'échec de l'État », mais jamais de « l'échec du marché ». Pour assurer une gestion efficace de l'environnement et des ressources naturelles, il faudrait laisser leur gouvernance au marché. Au moyen d'une gestion marchande, les ressources se verraient attribuer leur juste prix, ce qui assurerait leur usage optimal (rentable) et leur conservation, en décourageant le gaspillage. En plus, seules les entreprises privées pourraient assurer une gestion et une répartition efficaces de la ressource : leur besoin d'en tirer un profit exige d'« en faire plus avec moins ». Ces politiques ont eu des effets importants sur plusieurs types de paysages, écosystèmes, ressources et espèces, notamment par la privatisation des services de l'eau et des hausses de prix notables, brimant l'accès équitable à ceux-ci. En Angleterre, ces transformations ont produit des pénuries en eau potable.

Aujourd'hui, la conservation, toujours ancrée dans une vision de développement durable, s'organise de plus en plus autour d'une logique d'échange des services écosystémiques – les services que les écosystèmes et la nature fournissent aux êtres humains. Par exemple, les abeilles fournissent la pollinisation, et les milieux humides favorisent l'atténuation des crues, un traitement naturel de l'eau et de l'habitat pour la flore et la faune. Selon la logique d'échange des services écosystémiques, on peut protéger ces services en permettant leur échange sur les marchés de la biodiversité ou du carbone. Les problèmes économiques, écologiques et sociaux peuvent ainsi se résoudre simultanément. Il y a plusieurs façons d'organiser ces marchés de compensation. Pour le CO_2, par exemple, les entreprises peuvent gagner des droits d'émission par la réglementation ou les accumuler en investissant dans des projets de séquestration. Ces crédits peuvent être utilisés (pour émettre du CO_2) ou vendus sur le marché du carbone à des entreprises émettrices. Selon cette logique, il est possible de compenser le CO_2 produit dans les sables bitumineux au Canada en plantant des « forêts » en Amazonie. Pour la biodiversité, ce même type de logique permettrait la destruction d'un milieu humide si l'on achète des crédits qui compensent cette « perte » par la création de ce même « service » ailleurs. On assurerait l'équilibre des services écosystémiques sur la planète par l'action parfaite de la main invisible du capitalisme.

Toutefois, plusieurs problèmes demeurent dans cette stratégie, qui n'est rien d'autre qu'un tour de passe-passe. En premier lieu, un milieu humide – ou n'importe quel autre écosystème – n'est jamais équivalent à un autre. Cela complique énormément la création d'indicateurs adéquats pour ensuite faciliter les échanges. Pour les populations locales ainsi que la flore et la faune d'une région, est-ce qu'un milieu humide à quelques milliers de kilomètres de distance contribue à leur subsistance ou à leur bien-être ? En deuxième lieu, les « compensations » peuvent avoir des effets néfastes sur la biodiversité et les communautés locales. Souvent, le reboisement pour compenser le CO_2 est une monoculture qui est elle-même sacrifiée quelques décennies plus tard pour l'exploitation du bois. Dans d'autres cas, on a déplacé des communautés pour construire des barrages hydroélectriques dans une optique d'« énergie verte » qui compenserait le CO_2 ailleurs. En troisième lieu, l'expérience de la commercialisation de la restauration des rivières aux États-Unis a eu l'effet d'évacuer la complexité des rivières en les rendant toutes identiques les unes aux autres (Lave, 2012). Pour échanger des « biens », il faut les rendre équivalents, même si ces « biens » sont des rivières. Ainsi, le fait d'y accoler une valeur économique et de faciliter l'échange entre services écosystémiques à maintes reprises a mené à la transformation fondamentale des ressources en question. Finalement, l'intérêt des capitalistes pour les marchés de la biodiversité est minime. Malgré les efforts entrepris en ce sens à l'échelle mondiale depuis plus d'une vingtaine d'années, très peu de services écosystémiques sont valorisés et échangés de cette manière. Cet échec s'explique par les réelles distorsions d'une telle vision « utopique » qui ignore les choix difficiles à faire entre conservation, croissance économique et justice sociale (Dempsey, 2016).

Les études qui critiquent la notion de services écosystémiques s'intéressent de plus en plus à la relation entre la science et le capital comme source de pouvoir dans la production des inégalités environnementales. C'est le cas en sociologie de la technologie et de la science (STS). Les chercheurs de la STS ne perçoivent pas la science – physique ou sociale – comme objective, et soulignent plutôt sa subjectivité (voir chapitre 11). En effet, la science est le fait des êtres humains et dès lors elle exprime des valeurs et des objectifs qu'il faut comprendre dans leur contexte historique et géographique. Parce que c'est souvent la science qui guide les interventions humaines, elle a une incidence incontournable sur les mondes humains et non humains, produisant de nouvelles natures en permanence. Cela ne veut pas dire que la science est erronée ou invalide, mais qu'elle est politique, construisant et produisant des socionatures. Dans son étude sur la restauration des rivières, Lave (2012) montre comment la néolibéralisation de la science, qui valorise des approches de gestion moins coûteuses et plus productives, a donné raison à l'approche Rosgen aux États-Unis. La simplicité de cette approche permet de la vendre et de la diffuser par des formations courtes de quelques jours. On a restauré de nombreux cours d'eau aux États-Unis en utilisant cette méthode prétendument universelle, qui en réalité fait fi de leur réelle complexité géographique et écologique. Les scientifiques universitaires ont toutefois perdu leur place dans ces débats, justement parce qu'ils mettent l'accent sur le caractère unique et complexe de chaque cours d'eau ; les techniques de restauration qu'ils proposent sont le fruit de longs travaux et ne peuvent être vendues et reproduites en quelques jours seulement.

Cela dit, l'influence de la science dans la construction et la production de la nature n'est pas nouvelle. Souvent, les « orthodoxies environnementales » ont mené à des politiques simplistes en établissant un lien causal entre les idées reçues sur les populations et les transformations environnementales, un peu comme la théorie néomalthusienne. Un exemple est l'exclusion des eaux stockées dans les plantes dans l'établissement de bilans hydriques. Pourtant, dans les milieux secs, l'eau retenue par les plantes est une source principale de cette même ressource. Ainsi, résultat d'une mauvaise compréhension des environnements arides, les sciences environnementales ont un parti pris pour l'« eau bleue » (l'eau de surface) au détriment de l'« eau verte » (l'eau retenue dans les plantes). Cette mauvaise compréhension amène différents programmes internationaux de développement et de conservation à « corriger » la nature avec le développement de barrages et de transferts d'eau interbassins qui implique une grande transformation des paysages naturels.

Pour comprendre pleinement les enjeux autour des ressources et de la nature, il faut bien saisir les différentes constructions sociales qui s'y rattachent ainsi que les productions de la nature et du territoire qui en découlent. L'exemple de l'hydroélectricité au Québec illustre bien le propos, car si l'eau est un élément biophysique et une ressource naturelle, elle est aussi un outil de pouvoir et de transformation économique et territoriale. Son contrôle, sa gestion et les imaginaires géographiques qui s'y rattachent sont mobilisés dans la construction d'une identité nationale. Dans le cas du développement hydroélectrique au Québec, la transformation de la nature sert à produire la modernisation technologique, le développement industriel ainsi que l'identité des citoyens rattachés à un certain nationalisme québécois. De cette manière, elle est essentielle à la production de la nation.

Le développement hydroélectrique au Québec correspond à une prise de contrôle sur le territoire et au développement d'un sentiment de fierté associé à l'identité québécoise. L'hydroélectricité rassemble donc le Québec dans son désir de se détacher du reste du Canada, de devenir indépendant et de forger son identité nationaliste (Desbiens, 2014). Malgré le fait que les projets hydroélectriques tendent à séparer le Québec entre un Sud francophone « développé » qui exploite un Nord autochtone « sous-développé », ils représentent également une tentative de rassembler tous les Québécois sur le territoire. Les multiples lignes électriques qui le parcourent symbolisent en quelque sorte cette volonté de lier les différentes régions du Québec au moyen de cet élément commun qu'est l'hydroélectricité – moteur de développement et indicateur de la modernisation technique (voir carte 10). La mobilisation d'un sentiment d'identité et de fierté nationales se retrouve notamment dans un slogan tel que

CARTE 10

Les réseaux des lignes de haute tension et les barrages d'Hydro-Québec

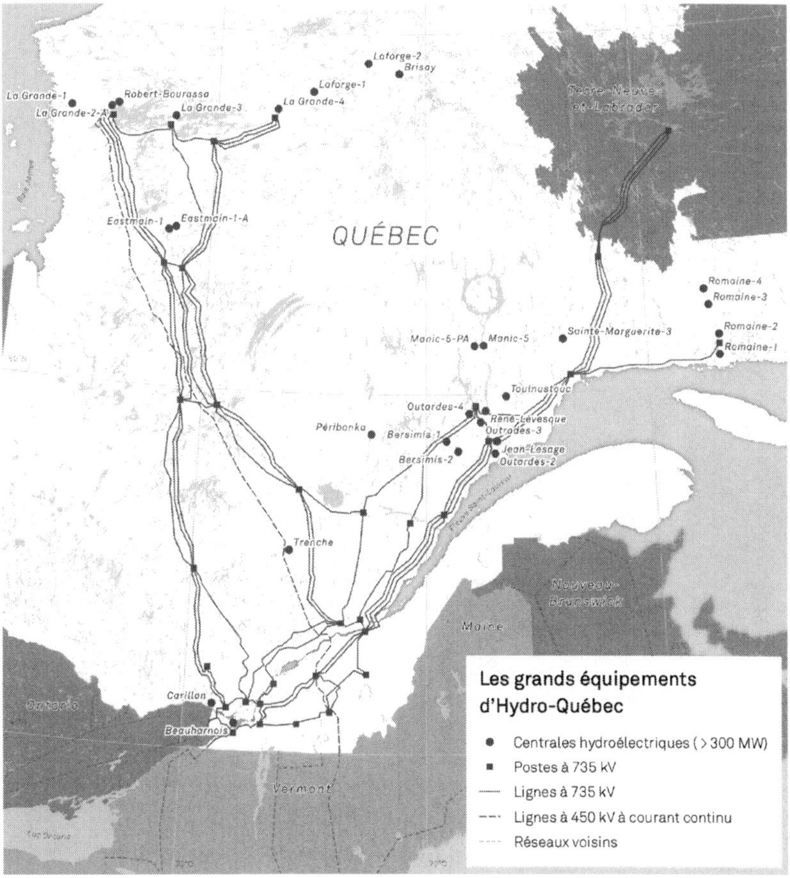

Crédits : Données Natural Earth (fond de plan) & Hydro-Québec (réseaux). Projection Lambert conique conforme. Rodolphe Gonzalès.

« Nous sommes Hydro-Québécois » pendant la construction du projet hydroélectrique de La Grande dans les années 1970 (Desbiens, 2014). Il faut donc penser au-delà de l'examen des relations strictement capitalistes pour inclure les relations entre la production du savoir, le pouvoir et les éléments biophysiques de la nature.

* * *

L'écologie politique aide à mieux comprendre comment les êtres humains traitent la nature et configurent les ressources et la société. Elle fournit non seulement un cadre théorique de ces relations complexes, mais aussi un cadre d'analyse dynamique et multidisciplinaire pour interpréter les relations inégales qui influencent la distribution sociale et spatiale des ressources et des problèmes environnementaux. Cette compréhension est primordiale pour réinterpréter la genèse des diverses crises environnementales actuelles et leurs répercussions sur des populations aux conditions socioéconomiques et culturelles différentes.

Une grande diversité de champs d'analyse vient en outre se greffer à l'écologie politique – une discipline en pleine effervescence et en constante évolution – avec, notamment, des approches féministes, historiques, cartographiques et éthiques. De nos jours, l'écologie politique et la géographie de ressources naturelles continuent à s'intéresser aux relations entre la production capitaliste, les transformations environnementales et les inégalités, mais elles se tournent également vers d'autres rapports de pouvoir tels que le savoir scientifique, les relations postcoloniales et les inégalités de genre et de race dans la production des injustices environnementales. L'écologie politique est une discipline en pleine effervescence et en constante évolution dans un monde présentant des défis complexes et changeants.

CHAPITRE 11

Le risque à l'ère des changements globaux

Sébastien Nobert et Julien Rebotier

Le débat sur le réchauffement planétaire n'est plus de mise. À la lumière du rapport du Groupe d'experts intergouvernemental sur l'évolution du climat (GIEC) de mars 2014, la plupart des détracteurs des changements climatiques admettent maintenant que notre planète se réchauffe et que la stabilité saisonnière cède sa place à l'imprévisibilité et à l'irréversibilité des épisodes météorologiques violents. De sérieux dommages sont causés aux infrastructures et à des pans entiers de l'environnement physique (comme les espaces côtiers). Plus fondamental encore, on assiste à la disparition de modes de vie qui semblaient autrefois pérennes, voire inébranlables. Au vu de ce lourd bilan, le rapport spécial du GIEC d'octobre 2018 souligne l'importance de limiter radicalement le réchauffement planétaire à 1,5 °C et de mieux comprendre les risques sociaux et biophysiques liés aux changements climatiques. Cette demande exige de mieux saisir non seulement le rapport au risque que nous entretenons en ce début de décennie 2020, mais aussi le déploiement de l'arsenal politique qui permet d'agir sur la gestion des risques.

C'est à ce titre que le concept de risque intéresse la géographie humaine : il traduit des rapports sociaux, mais aussi les relations qu'entretiennent les sociétés avec leur environnement. Si l'on peut aujourd'hui considérer le risque comme une notion classique en géographie, la pluralité des approches en vigueur expose à la fois une certaine instabilité conceptuelle et les différents principes sous-jacents qu'elles véhiculent. La façon qu'on a d'aborder un problème conditionne largement le type de réponse ou d'interprétation qu'on propose.

Le risque dit naturel, notion classique et disputée en géographie

De façon classique, on définit le risque comme une combinaison d'aléas d'une part, et d'enjeux vulnérables, c'est-à-dire susceptibles de subir des dommages, d'autre part. Mais cette formule et la définition des termes clés appellent une forme de critique, faisant du risque une notion disputée (Dauphiné et Provitolo, 2013).

Des concepts élémentaires toujours contestés

L'aléa est la probabilité d'occurrence d'un événement d'une certaine intensité, dans un périmètre et un laps de temps donnés. Il peut s'agir d'un événement naturel (pluie, séisme, onde de tempête) dans la mesure où il est potentiellement déclencheur de dommages. Les crues éclairs provoquées par des précipitations torrentielles peu fréquentes mais très intenses qui ravivent ponctuellement les oueds du Sahara ne constituent pas un aléa s'il n'y a rien à endommager. Il ne s'agit alors que de simples événements naturels. La possibilité d'un calcul de probabilité associant aléa et dommage potentiel permet l'établissement d'un risque, comme pour une inondation. On parle alors de période de retour centennale, ou décennale pour une crue qui devient risque d'inondation lorsqu'elle « menace des enjeux » (humains ou matériels). La période de retour permet de calibrer des ouvrages de protection ou encore de calculer des primes d'assurance. Sans probabilité de retour, pas de probabilité de dommage. Rigoureusement, on se trouve plus en présence d'incertitude que de risque.

Les enjeux sont quant à eux la notion pivot d'une géographie humaine des risques. Bien plus que l'aléa, ce qui fait risque pour une société, c'est ce qui fait enjeu. Un enjeu correspond à n'importe quel élément d'intérêt pour le monde social. Sans enjeux, pas de risques ! Les enjeux ne sont pas seulement matériels. La seule valeur symbolique d'un paysage suffit à poser comme un risque la perte possible de ce paysage (du fait d'un incendie de forêt, par exemple). Les enjeux correspondent à ce qu'il est jugé important de protéger, ou à ce qu'il est problématique de perdre. Ils ne sont pas homogènes ni ne font l'unanimité dans une société. En fonction des institutions, du statut et de la classe sociale des individus, ou encore des échelles considérées, la définition des enjeux varie.

Concernant la vulnérabilité enfin, plusieurs lectures coexistent. La première que nous retiendrons est dite structurelle. Elle correspond à la quantité de dommages probables provoqués sur un enjeu (un bâtiment) dont on connaît les caractéristiques physiques. Dans le cas du risque sismique, une partie du travail consiste à modéliser le comportement des bâtiments face à une onde sismique (l'aléa) qu'on s'emploie à connaître toujours mieux. On estime alors les dommages probables (la vulnérabilité) d'un parc immobilier. Un autre type de vulnérabilité est dit social. Il offre une porte d'entrée à la notion de risque par le monde social, son organisation et ses caractéristiques. On l'associe souvent aux notions de capacité, d'apprentissage, voire de capital humain et de réseaux de solidarité. Les travaux sur la vulnérabilité sociale permettent de décliner les situations de risque en fonction du profil et du statut social des populations à l'étude (femmes, enfants, migrants). Cette conception de la vulnérabilité peut concerner des individus, le fonctionnement institutionnel ou encore la régulation de l'urbanisation. Moins connue enfin, la vulnérabilité territoriale est également à retenir. Elle renverse le paradigme du risque centré sur l'aléa. Il s'agit de partir du territoire et d'en cerner les enjeux majeurs, les éléments essentiels à son fonctionnement. Le diagnostic territorial stratégique (accessibilité, démographie, réseaux d'eau et d'énergie, lieux de pouvoir), propre à une échelle et à un point de vue, constitue une première étape cruciale de l'étude des risques. Qu'est-ce qui fait enjeu, de quelle façon et pour qui ? Ces interrogations sont primordiales.

Malgré la pluralité des lectures, on peut dégager que la vulnérabilité correspond aux caractéristiques et aux mécanismes qui rendent les individus ou les collectifs, les territoires, les institutions ou les activités susceptibles de subir des dommages. Cette définition a plus de valeur analytique que pédagogique ou opérationnelle, mais elle permet de considérer l'aléa comme l'un des mécanismes, parmi d'autres, qui entraînent potentiellement des dommages. Or, les liens entre ces différents mots clés (aléa, enjeu, vulnérabilité), constitutifs de la notion de risque, fluctuent au fil du temps et des approches.

Un voyage conceptuel dans la discipline

Longtemps, les études de risque se sont employées à comprendre les mécanismes des événements naturels (ou aléas), dans la mesure où ces derniers constituent les causes les plus évidentes des catastrophes, de prime abord. Le champ que la géographie anglophone nomme *risk research* se traduit par l'étude des aléas naturels dans le domaine de la géographie physique et des géosciences. Sont alors déterminants les mécanismes physiques du milieu, le périmètre de la zone d'impact ou l'inventaire des dommages possibles, conséquences des caractéristiques de l'aléa. Ainsi, les zones à risque d'inondation sont établies sur la base de l'hydraulique et de la topographie. Mais cette perspective est très réductrice. Les séismes de 2010 en Haïti et au Chili ont causé la mort de dans de 220 000 personnes sur l'île des Caraïbes, et de plus de 500 personnes dans le pays d'Amérique du Sud. Pourtant, le séisme en Haïti (l'aléa) présentait une magnitude comprise entre 7 et 7,3 Mw, alors que celui du Chili oscillait entre 8,3 et 8,8 Mw. Or, un point d'écart de magnitude correspond à la libération de 30 fois plus d'énergie et à une longueur d'onde d'une amplitude 10 fois supérieure. Il est donc impossible de relier l'intensité de l'aléa à l'intensité des dommages.

C'est ce que Gilbert White formalise en 1945 dans un ouvrage pionnier de la *hazard research* de l'École de Chicago, un courant qui vise à analyser les mécanismes sociaux qui conduisent à l'occurrence de dommages. Le géographe observe un paradoxe important dans les États-Unis des années 1930 et 1940. Durant le New Deal, le gouvernement fédéral a soutenu de grands travaux d'aménagement et de protection dans des secteurs exposés aux inondations, notamment dans la vallée du Tennessee. Malgré plusieurs années de travaux et des milliards de dollars investis pour réduire le risque d'inondation (efforts concentrés sur l'aléa), la vulnérabilité a augmenté. Les personnes et les biens exposés (les enjeux), donc les dommages potentiels, se sont avérés bien plus nombreux. L'impression de sécurité véhiculée par ces grands travaux a débridé l'occupation du territoire. Or, le risque zéro est une chimère, un ouvrage de protection ne nous mettant jamais totalement à l'abri. Pour comprendre ce paradoxe, Gilbert White et ses collègues vont élaborer des principes d'interaction entre les sociétés (mais aussi les individus) et leur environnement autour des notions d'adaptation et d'ajustement (Burton, Kates et White, 1978). Ces auteurs se concentrent sur les choix d'occupation du territoire et les logiques d'action des individus, des facteurs de risque propres au monde social.

En réaction, d'autres auteurs dénoncent une approche trop comportementaliste qui coupe les logiques d'action et de choix de l'univers de contraintes dans lequel évoluent les individus comme les collectifs. Les radicaux s'emploient à faire émerger des déterminants plus collectifs, politiques ou institutionnels des risques. Ils recensent les étapes d'une «progression de la vulnérabilité» (Blaikie *et al.*, 1994). Les ressorts du risque résident pour eux dans des causes profondes et structurelles (le marché, l'asymétrie de genre, le colonialisme), dans des contraintes dynamiques (l'organisation des institutions, les trajectoires démographiques) et dans des conditions conjoncturelles (l'heure d'occurrence d'un aléa, la situation passagère d'un ménage socialement précaire). Ce positionnement permet aux radicaux de montrer les limites théoriques déployées par la *hazard research* alors que les sciences sociales sont en pleine ébullition marxiste (1970-1980). De manière plus précise, ils remettent en question les origines fonctionnalistes et cybernétiques de la *hazard research*, plus particulièrement sa capacité à bien comprendre les conditionnements sociaux et politiques au cœur de la production des risques. Cette charge critique a permis de souligner l'importance de l'économie politique dans la production de la marginalisation et de remettre en question les relations de production impliquées dans la fabrique de la vulnérabilité (Watts, 1983). Une telle critique s'est révélée non seulement centrale dans le développement de la géographie des risques, mais elle a aussi largement stimulé l'essor de l'écologie politique en géographie humaine (voir chapitre 10).

Face à la *risk research* émerge donc le caractère socialement endogène des multiples causalités du risque. En ce sens, on peut évoquer les travaux du groupe La Red depuis l'Amérique latine ou encore l'ouvrage charnière en France sur la société vulnérable (Fabiani et Theys, 1987). Mais ce voyage conceptuel est sommaire, et plusieurs approches des risques coexistent. Il est donc important d'apprendre à les distinguer.

Trois grandes approches pour se repérer

L'approche naturaliste est la plus évidente de prime abord. L'aléa naturel semble définir les contours du risque, le périmètre d'impact et les dommages attendus. Il permet d'établir la zone d'action et inscrit la recherche comme la gestion dans la perspective de la protection, voire de l'intervention sur l'aléa. Après le séisme de Tōhoku en 2011, le Japon finalise la construction d'une véritable muraille sur 400 kilomètres le long de son littoral pacifique. Le mur atteint 14 mètres, pour un coût estimé à 10 milliards de dollars américains (photo 11.1). Or, comme tout ouvrage de protection, la digue

PHOTO 11.1

Des murs de protection antitsunami au Japon

Photo : Rémi Scoccimarro, bourg de Tôni à Kamaishi, département d'Iwate, Japon, 19 juin 2019.

fonctionne pour un certain type d'aléa et nécessite un entretien. Elle peut aussi aggraver le risque, causant des dommages additionnels : c'est la rupture, et la débâcle. Le travers de l'approche naturaliste réside dans son exclusivité. Le risque d'inondation ne tient pas seulement à la hauteur de l'eau (conduisant à toujours surélever les digues). C'est aussi un problème d'occupation du territoire, d'alerte et de secours. Malgré les limites des réponses calibrées par l'approche centrée sur l'aléa, il convient de ne pas la rejeter en bloc. Que serait un monde sans travaux de protection ? Les limites sont ici plus une condition de l'action qu'un obstacle.

La compréhension des choix et des comportements des individus, notamment durant la crise, est centrale dans l'approche culturaliste. La connaissance et l'ignorance, ou encore la communication des situations de risque, sont souvent mises en avant. Il n'est pas inutile de mener des campagnes de sensibilisation, de préparation ou d'éducation aux risques. Mais il est illusoire de penser que les comportements jugés inadaptés (souvent qualifiés de mauvais comportements) sont le seul fait de l'ignorance, de l'incompréhension, voire de la bêtise humaine. Nombre d'individus n'ignorent pas les risques ni les dangers immédiats auxquels ils s'exposent. Au lieu de parler d'irrationalité, on gagne à approcher les comportements par le prisme de rationalités parallèles, en évitant de culpabiliser des individus (ou des collectifs) qui n'auraient pas pris la bonne décision. Outre les savoir-faire ou les savoir-agir, l'approche culturaliste se décline aussi dans les arrangements collectifs, relationnels ou symboliques. En accord avec une anthropologie des risques, cette acception aide à distinguer des types de société au regard de la place qu'y occupe le risque, valorisé ou craint, recherché ou nié.

L'approche constructiviste, enfin, plus complexe, restitue l'intrication de causalités multiples dans la fabrique des risques. Elle considère les risques comme une construction sociale, le produit de dynamiques territoriales, de rapports sociaux et de leur évolution, ainsi que des façons dont les sociétés interagissent avec leur environnement dans l'espace et dans le temps. Ainsi, le risque est à la fois un construit historique et situé, et une expérience singulière qui se décline en fonction des points d'observation. On parle souvent des risques au moyen d'une typologie des aléas (risques d'inondation, risque sismique, risque volcanique), mais la segmentation se décline à l'infini ou presque (risque technologique, risque sanitaire, couplage de différents types de risque), alors qu'un type de risque ne se présente jamais seul, ce qui complexifie d'autant l'analyse et les réponses à apporter. En outre, l'approche constructiviste introduit des boucles de rétroaction entre le milieu naturel et le monde social. Les travaux d'intervention (de protection, de contention) modifient l'aléa (une digue modifie l'hydraulique de la rivière, qui affouille les piles d'un pont en aval; un remblai modifie la structure du sol, qui accentue l'amplitude d'une onde sismique), obligeant à penser les interactions entre aléas, enjeux exposés et politiques de prévention.

Quelle que soit l'approche privilégiée, il y a toujours une dimension politique aux mots utilisés et aux définitions retenues. La sensibilité des notions aux contextes et aux points de vue est une dimension irréductible des risques. On n'échappe pas au monde social dans lequel on évolue. Et la science comme la recherche sont des pratiques sociales. En revanche, il convient de poser ces cadrages de la réflexion pour ne pas les naturaliser et faire comme s'ils allaient de soi. Or, la naturalisation des risques tend à appauvrir considérablement le sens critique et les possibilités de transformation.

Les troubles dans le risque à l'ère de l'anthropocène et des changements globaux

Durant la décennie 1980, de grands accidents industriels ébranlent la confiance occidentale dans le développement et érodent la foi dans le progrès comme téléologie universelle, horizon commun de l'humanité. L'accident nucléaire de Three Mile Island aux États-Unis en 1979, l'explosion de l'usine chimique de Bhopal en Inde en 1984 ou encore la catastrophe nucléaire de Tchernobyl en Europe orientale en 1986 sont quelques-uns des événements qui fondent la critique de la modernité que formule Ulrich Beck dans *La société du risque* (1986).

Le virage ambigu de la société du risque

La thèse de l'ouvrage ne postule pas la sortie de la modernité, mais plutôt la fin d'une modernité classique, marquée par sa foi dans le contrôle technique de la nature, qui promettait une société du contrôle où les aléas naturels seraient gérés, maîtrisés, paramétrés. L'entrée dans une ère de modernité réflexive ébranle alors la confiance dans les institutions et les grands récits fondateurs (l'optimisme technologique peut en être une des formes), voit émerger le sujet conscient (de soi et du monde) en tant que force agissante (et non plus conduit par les forces de l'Histoire), met en cause la maîtrise et le récit démiurgique de la science et de la technique. Ce sont notamment les grands « retours de boomerang » de la modernité classique, les grands accidents industriels mentionnés plus haut, qui précipitent ce basculement. Pour Beck, ce trait commun de l'humanité est le propre de la société du risque. La généralisation des risques, voire de l'incertitude, l'impossibilité de la sécurité (promise par la modernité classique), la remise en question permanente, mais aussi l'irruption du politique dans la science et la technique compteraient parmi les traits caractéristiques de cette nouvelle société, entrée dans une modernité réflexive. Le risque est un nouvel étalon à l'aune duquel le monde social se positionne. Le fardeau des risques qui se globalisent (pollution, réchauffement climatique, insécurité, dépendance à la technologie) et des dommages potentiels qu'ils entraînent s'impose à tous et précipite un nouveau devenir commun.

Mais si la thèse de la société du risque capte avec pertinence les recompositions d'une modernité classique, elle rend moins bien le caractère diffus de risques généralisés qui s'imposeraient à tous. Dans le domaine des risques, difficile de parler du « nous » d'une humanité commune dès lors que l'on entre dans la notion par le monde social (et toute sa diversité) et non par le type d'aléa (dont certains se globalisent, effectivement – comme les changements environnementaux ou la « menace terroriste »). Nous ne sommes pas tous également exposés, vulnérables, et nous ne disposons pas tous des mêmes ressources pour rebondir après la catastrophe. Par ailleurs, même dans le cas d'un aléa globalisé comme le réchauffement climatique, la manifestation physique est éminemment différenciée à la surface de la planète. Exposant particulièrement les petites îles et les atolls océaniques, la hausse du niveau marin moyen n'est pas la même partout à la surface de la planète. Outre les mécanismes physiques du climat et de l'océan, il faut tenir compte de la dynamique écologique des terres émergées, mais aussi de leur mode d'occupation et, le cas échéant, des mesures dont le rapport à l'environnement fait l'objet localement. Enfin, il serait hasardeux de dater l'émergence d'un sujet humain critique et réflexif au tournant des années 1970-1980. La conscience environnementale est bien antérieure. Les historiens ont montré que durant la révolution industrielle, par exemple, canonique entre toutes dans l'imaginaire moderne classique, des critiques existaient et disaient déjà toute leur défiance. Reste que ce moment de l'Histoire les rendait inaudibles.

L'avènement problématique de l'anthropocène

Le recul nécessaire à la lecture de la « société du risque » doit aussi s'appliquer à la compréhension de l'anthropocène, arrivé plus tard dans le paysage international des notions qui qualifient nos rapports à l'environnement. C'est le prix Nobel de chimie Paul Crutzen, associé à Eugene Stoermer, qui popularise en 2000 l'anthropocène comme une nouvelle ère géologique dans laquelle l'activité humaine devient une force prépondérante. Mais si les forçages environnementaux liés à l'occupation du territoire et au fonctionnement de nos sociétés (entraînant par exemple un réchauffement climatique) ne font pas de doute, il est plus délicat de repérer effectivement le début de la période dénommée anthropocène. On parle de « clou d'or », un repère tangible et mesurable qui permet de dater et de repérer le passage d'une ère géologique à une autre.

Dans le cas de l'anthropocène, les avis divergent sur son commencement (et donc ses causes). Comme souvent, les points de vue dénotent un parti pris, une chaîne de causalités et de responsabilités différentes au regard du monde social. Sans reprendre toutes les hypothèses possibles, on peut signaler néanmoins, pour l'exemple, que faire remonter l'origine de l'anthropocène au néolithique (à la sédentarisation des sociétés et au début de l'agriculture) va dans le sens d'un « nous-commun-de-l'Humanité », qui présente une responsabilité humaine, socialement indifférenciée dans les changements environnementaux globaux. À l'inverse, prendre l'indicateur de l'augmentation de la concentration de CO_2 dans l'atmosphère permet de situer le moment de l'Histoire qui correspond à la révolution industrielle en Europe occidentale, et fait du changement de système productif propre au capitalisme industriel l'élément déclencheur des perturbations environnementales. Certains parlent alors de capitalocène. Ce suffixe met en lumière les ressorts qui appuient l'évolution des rapports entre sociétés et milieux. Mais quelles dimensions de l'« anthropos » comprend-on dans l'anthropocène ? C'est tout l'enjeu des appellations auxquelles les approches en sciences sociales attachent de l'intérêt. Pour ces dernières, l'anthropocène désigne une ère géologique, mais aussi simultanément une façon de voir le rapport aux milieux dits naturels (des grands paradigmes) ainsi qu'un argument de positionnement politique ou de mobilisation (une raison d'agir ou de formater l'action publique). Au-delà d'un diagnostic hypothétiquement objectif sur les caractéristiques de l'anthropocène, ce sont des positionnements sociaux, souvent concurrents, qui sont mis en scène (Rebotier, 2021).

L'analyse des historiens est d'un grand secours pour contextualiser et remettre dans le temps long ces lectures de l'histoire environnementale (et sociale) qui ne sont pas anodines. Si l'anthropocène peut véhiculer l'idée d'une urgence environnementale, les populations parmi les plus touchées sont rarement celles qui y ont le plus contribué. Ce sont ces décalages qui font le miel de la géographie et l'intérêt d'une géographie humaine (sociale et politique) des risques.

Les risques et les changements climatiques à géométrie variable

Enchâssés à la réflexion sur l'anthropocène, les changements climatiques, comme composante des changements environnementaux globaux, s'articulent de plus en plus à l'étude des risques (du moins des risques de type hydrométéorologique, les plus sensibles aux variations du climat). Depuis l'émergence de la problématique du changement climatique dans la sphère scientifique et politique internationale à la fin des années 1980, la connaissance du climat et sa modélisation ont gagné en précision, en résolution, et ont réduit les marges d'incertitude. En tant que tel, le changement climatique est un sujet connexe aux risques. Les démarches d'anticipation du futur (modélisation et scénarisation) posent des problèmes tant techniques et scientifiques que philosophiques, éthiques ou juridiques.

Progressivement, l'échelon global s'est équipé avec le GIEC d'une expertise sur l'état de la connaissance scientifique. Les échelons nationaux puis régionaux se dotent, à leur tour, d'expertises régionalisées, plus en phase avec leurs besoins et leurs caractéristiques territoriales. C'est le cas pour le *Rapport sur le climat changeant du Canada* publié en 2019 ou, à une autre échelle, pour l'initiative AcclimaTerra de la région Nouvelle-Aquitaine en France. Mais pour ce qui est des liens avec l'étude des risques, la maille, ou l'échelle de lecture du climat futur, s'avère souvent peu appropriée là où les désastres se rattachent nécessairement aux caractéristiques spécifiques de phénomènes qui se déclinent localement. Par ailleurs, le débat scientifique sur le climat futur couvre largement des tendances, des moyennes, reléguant hors de la prospective climatique les événements exceptionnels du fait de la complexité qu'ils introduisent. Or, les événements extrêmes, rares mais porteurs de forts dommages potentiels, intéressent beaucoup la recherche sur les risques. Par définition, ils sont plus difficiles à capter par les traitements statistiques et la modélisation. Ponctuellement, il est difficile de relier de tels événements hydrométéorologiques majeurs au changement climatique, même s'ils se répètent plus fréquemment que prévu par les périodes de retour censément centennales. C'est notamment le cas des inondations qui ont frappé la région montréalaise en 2017, puis à nouveau en 2019. Toutefois, si l'on ne peut établir de lien formel avec le changement climatique, il est tout à fait fondé de postuler que ce genre d'épisodes catastrophiques est conforme aux tendances que l'on peut attendre dans les décennies à venir. En matière de gestion de crise, la répétition de ces inondations met en avant les manquements dans la coordination des urgences et des protocoles d'évacuation qui continuent de faire défaut au Québec. Ces retours d'expérience montrent toute la difficulté à tirer les leçons du passé et à réformer les modalités d'occupation de l'espace, dans une perspective de prévention, tant pour les aménagements actuels qu'à venir (encadré 11).

Cela étant, et pour illustrer la complexité de l'étude des risques et de leurs liens avec les changements environnementaux globaux, les études présentent les « petits désastres » comme des situations qui passent souvent inaperçues au regard des standards des grandes catastrophes (étendue des dommages, nombre de morts et de personnes touchées). Pour autant, les petits désastres qui affectent des communautés ou des territoires précaires, déjà fort vulnérables ou disposant de peu de ressources pour se relever, peuvent s'avérer extrêmement dommageables. On revient ici à l'impossibilité d'envisager les situations de risque de façon absolue, ou sur la possibilité de relier des aléas de faible intensité et de forte fréquence à de fortes intensités de dommages, ce qui, de prime abord, peut paraître contre-intuitif. En ce sens, les changements environnementaux globaux peuvent jouer de manière notable sur les événements naturels à forte fréquence et de faible intensité, pesant d'autant sur les petits désastres.

Pour une approche complexe et interdisciplinaire des risques

On connaît les limites de la fragmentation disciplinaire de l'analyse des risques. Pour rompre avec une démarche en silo et favoriser l'intégration, plusieurs ont déjà proposé des solutions, notamment en géographie. Le « géosystème », introduit par Georges Bertrand et ses collègues (Rougerie et Beroutchachvili, 1991), en est un exemple. Le concept articule les dynamiques écologiques (humains compris) aux dynamiques du milieu non vivant à des échelles différentes de celles que mobilise couramment l'écologie. Cela dit, la dimension géographique de systèmes sociaux et territoriaux plus larges invite à considérer un plus grand nombre de ressorts sociaux (institutionnels, culturels, politiques) qui dépassent le seul géosystème.

La complexité et les interactions

Le géosystème compte parmi les démarches importantes d'intégration de la connaissance pour des problématiques environnementales et de risque. Il découle d'une lecture systémique, plus sensible aux interactions et à la complexité des systèmes (qu'il s'agisse d'écosystèmes ou de systèmes sociaux). Un système est un ensemble d'éléments en interaction. Un système complexe compte de nombreux éléments en relation et présente en

Encadré 11
Le Québec face aux risques d'inondation

En juin 2012, le gouvernement du Québec a mis en place son Plan d'action 2013-2020 sur les changements climatiques (PACC), qui prévoit d'investir 4,8 milliards de dollars dans des mesures d'atténuation et d'adaptation aux changements climatiques. Malgré ces bonnes intentions, le PACC n'a pas permis de répondre efficacement aux inondations d'avril et de mai 2017, dont on a évalué le coût des dégâts à plus de 360 millions de dollars pour le gouvernement québécois. Ces crues ont inondé plus de 5000 résidences principales (dont 400 déclarées perte totale), endommagé 500 routes par glissement de terrain et forcé l'évacuation de 4000 personnes réparties dans 261 municipalités de la province. Ce lourd bilan met en lumière la logique d'action du gouvernement du Québec en matière de gestion des risques d'inondation. L'action-réaction postévénementielle prévaut sur l'anticipation et la préparation (*preparedness*), deux logiques pourtant centrales pour l'adaptation aux changements climatiques d'après le GIEC. Alors que le rapport du ministère de la Sécurité publique du Québec sur les crues printanières de 2017 cherche à définir une culture de la préparation pour la province, les mesures proposées s'ancrent manifestement plus dans l'approche naturaliste et accentuent le recours aux solutions techniques, par exemple par des cartes d'inondation destinées à améliorer la communication et la visualisation des risques. Si elles ne sont bien sûr pas inutiles, les mesures techniques ne traitent pas les problèmes liés à l'organisation et à l'institutionnalisation de la communication des risques – un enjeu de taille en partie responsable des inondations printanières de 2019, à ce jour les plus coûteuses et dommageables de l'histoire du Québec.

Les crues de 2017 et de 2019 révèlent les faiblesses de la gouvernance des risques au Québec. Elles ont de surcroît soulevé les limites d'une approche naturaliste peu sensible aux enjeux politiques et institutionnels qui sous-tendent la gestion des risques. Dans les deux cas (2017 et 2019), on remarque le manque de coordination à l'échelle provinciale et les lacunes importantes dans l'organisation et la communication entre les différentes institutions impliquées directement et indirectement dans la gestion des risques (sapeurs-pompiers locaux, Environnement Canada, municipalités et Direction de l'expertise hydrique). Ces tensions institutionnelles révèlent les défis importants à surmonter pour parvenir à une logique de préparation ainsi qu'à la formation d'une culture de l'anticipation, et atteindre dès lors les objectifs du PACC. Le manque de coordination entre l'échelon municipal, provincial et fédéral dans la communication des risques et la prise de décision nous amène à être particulièrement attentifs au contexte politique dans lequel se déploient les situations de risque. Or, l'approche naturaliste adoptée par le gouvernement du Québec ne permet pas d'aborder les dimensions politiques des inondations de manière adéquate. Elles sont pourtant déterminantes.

outre des interactions différentes, asymétriques et changeantes. Penser la complexité invite à considérer des incertitudes, des indéterminations et des phénomènes aléatoires.

C'est là le propre des situations multirisques, qui rompent avec la prise en compte d'un seul type d'aléa auquel on apporte des solutions sectorielles. Les risques se présentent plutôt comme un système au sein duquel se positionnent les sociétés. La recherche est alors plus délicate, car elle implique de restituer la complexité des situations de risque, l'univers de contraintes dans lequel évoluent les acteurs ou encore les rapports asymétriques qui les lient. Et pourtant, pour dire le monde, il faut bien le séparer, le discrétiser, le classer. On retrouve un dilemme profond en philosophie de la connaissance, une tension permanente entre la compréhension, fine et nuancée d'un côté, et les nécessités de l'action, qui demandent souvent de trancher, de choisir et de classer. Les choix dans l'étude des risques sont donc éminemment contingentés. Ils ne peuvent se faire qu'au regard de la question de recherche et de ses objectifs.

La démarche interdisciplinaire

Si l'on s'attarde à mieux prendre en compte la complexité, la pratique de l'interdisciplinarité est requise dans l'étude des risques, car les compétences nécessaires à la production de connaissances sur un tel objet se partagent entre plusieurs disciplines. L'interdisciplinarité est toujours plus affichée, mais sa pratique recouvre des réalités très différentes en fonction des recherches développées. Si chaque discipline produit de façon autonome des connaissances propres (un politologue a peu à dire en sismologie ou en géomorphologie), il existe au moins trois registres pour lesquels s'avère pertinent un dialogue entre grands champs scientifiques, avec les géosciences d'un côté et les sciences humaines et sociales de l'autre.

En sismologie, par exemple, les sciences sociales peuvent aider à acquérir des données sur les séismes de la période préinstrumentale. Sans appareillage, impossible de disposer d'information numérique ni de mesure fiable. Il faut alors reconstituer certains paramètres physiques des séismes à partir de témoignages indirects. Il peut s'agir d'indices géomorphologiques, de travaux en sédimentologie, mais aussi de témoignages de dommages retrouvés dans la presse ou encore dans les archives des relations diplomatiques, de l'état civil ou du clergé. Ce travail de contextualisation historique permet notamment d'alimenter les modèles des sismologues et la connaissance des conditions régionales de sismicité.

Toutefois, le travail de géographie sur le territoire d'étude apporte des renseignements importants pour valoriser les données retrouvées (les témoignages de dommages), pour comprendre leur distribution dans l'espace et dans le temps, ou encore pour saisir les raisons pour lesquelles la recherche en sismologie appréhende plus difficilement certaines régions que d'autres. Dans le cas de l'Équateur, la région littorale est particulièrement exposée à la sismicité liée à la marge active du Pacifique. On l'étudie pourtant notoirement moins que la région andine. Historiquement, l'occupation des Andes est bien plus ancienne que celle de la côte. On ne peut pas s'attendre au même archivage dans une région périphérique, négligée et à bien des égards méprisée par les pouvoirs centraux, que dans une région anciennement primordiale pour le pouvoir politique comme religieux. Dans un tel contexte, il est hasardeux de considérer l'absence de preuves de dommages sur la côte comme la preuve de l'absence de séismes à cet endroit. Cette absence est plutôt la marque d'un statut territorial qu'il est important de connaître.

Enfin, dans une démarche réflexive sur les pratiques de recherche, les sciences sociales peuvent interroger les conditions sociales de production de la connaissance sur les risques. C'est une démarche des *science and technology studies* (STS), attentives aux attentes sociales à l'égard de la production scientifique ainsi qu'à une forme de hiérarchie entre les disciplines et au sein du champ scientifique (Bourdieu, 2001). L'influence de l'approche naturaliste et la faible politisation de l'étude des aléas placent les contributions des géosciences à l'avant-scène des attentes sociales. Connaître l'aléa pour produire une réponse sectorielle, ponctuelle et visible guide souvent la commande des décideurs et des porteurs de l'action publique. Convoquer les sciences sociales en aval du travail des sciences physiques dans le but unique de produire des études de perception, de développer l'acceptabilité sociale ou de traduire les résultats pour la société civile afin de susciter de « bons comportements » vient réduire la portée des sciences sociales à celle de simple complément aux sciences physiques. Cette réduction vient anéantir la capacité des sciences sociales à ouvrir la réflexion sur les enjeux politiques et ceux impliqués dans la production des risques et des aléas. Une analyse réflexive des conditionnements de la recherche est nécessaire pour ne pas naturaliser des préjugés et pour repérer, sinon neutraliser, de tels partis pris.

Les défis de l'intégration

L'étude des risques semble buter davantage sur la fragmentation de la recherche et de l'action que sur la permanence des incertitudes ou sur le manque de connaissances (Pigeon et Rebotier, 2017). Dans le contexte français, la dimension territoriale est un ancrage possible aux efforts d'intégration. Dans le registre de l'action, la territorialisation des politiques de prévention des désastres correspond à l'évolution d'outils et de dispositifs plus attentifs aux échelles locales et aux contextes sociospatiaux. Dans le domaine de la connaissance, l'approche territoriale des risques permet de comprendre les problèmes que pose la plurifactorialité des risques, voire d'y répondre, par la diversité des acteurs et de leurs intérêts, mais aussi par les interférences entre les échelles spatiales et temporelles. Gérer et comprendre recouvrent des mandats différents toujours en tension. Le territoire peut constituer un point d'entrée fédérateur.

Dans une perspective plus large, toujours dans une optique d'intégration, certains présentent la notion de résilience comme un outil heuristique à même d'articuler les échelles et les intérêts divergents des acteurs. Si la discussion (très controversée) de la résilience dépasse le périmètre de ce chapitre, la notion peut intéresser la gestion des risques en offrant une plateforme de gouvernance à même de faire circuler les informations et de corriger sensiblement l'asymétrie entre les acteurs. Mais à l'épreuve des faits, une telle lecture de la résilience semble relever d'une forme d'idéalisme, voire de naïveté (Reghezza et Rufat, 2015).

Dans le registre de la connaissance, les *knowledge management systems* sont pensés comme des plateformes d'intégration de connaissances provenant de différentes sources et échelles. C'est le cas à l'Observatoire des risques naturels en France. Ces outils visent à articuler des informations et des données aux statuts différents pour éventuellement déboucher sur des connaissances d'une autre nature autour des risques. Mais les outils conçus pour l'intégration des connaissances n'échappent pas non plus aux asymétries du monde social. Les défis de l'intégration des connaissances pour comprendre (et agir sur) des risques éminemment complexes restent pour beaucoup entiers, constituant à la fois un véritable enjeu de recherche et une difficulté politique majeure.

* * *

Si l'étude des risques est courante en géographie, elle recouvre un objet d'étude plus délicat à cerner qu'il n'y paraît. La rationalité classique et rassurante de la séparation entre le naturel et le social (reprise dans de grands courants de la discipline) ne résiste pas à l'épreuve du terrain. L'expérience montre la complexité et l'intrication des liens qui constituent le continuum relationnel entre société et environnement. À cela s'ajoutent l'hétérogénéité du monde social et la diversité des interactions possibles. Si une telle diversité fait bien l'intérêt de la géographie, la discipline fait face à plusieurs défis. Elle a besoin de rigueur méthodologique pour poser correctement les problèmes (bien au-delà des seuls mécanismes de l'aléa), de réflexivité pour ne pas céder aux cadrages dominants des approches *a priori* les plus évidentes, d'ouverture pour dialoguer avec d'autres compétences disciplinaires nécessaires à la compréhension des risques (Pigeon, 2005).

Enfin, le risque comme objet de gestion ou de recherche se prête opportunément à un exercice scientifique responsable. Il invite à s'interroger sur la nature de la connaissance produite (à quoi sert-elle ? À qui ? Comment se traduit-elle dans le monde social ? Avec quels résultats ?) et à positionner la pratique de la géographie au cœur de certains enjeux de société contemporains.

CHAPITRE 12

Nourrir la planète

Sébastien Rioux et Rodolphe De Koninck

La géographie de l'alimentation s'articule autour d'un paradoxe tenace: malgré des surplus agricoles chroniques et une production alimentaire permettant de nourrir plus de 10 milliards de personnes, la malnutrition demeure un enjeu majeur. D'une part, l'Organisation des Nations Unies pour l'alimentation et l'agriculture (FAO) estime que 825 millions de personnes, soit environ 11 % des 7,6 milliards d'habitants qui composent la population mondiale, vivaient en état de famine chronique en 2017. En régression depuis le début du siècle, la proportion de terriens souffrant de la faim s'est remise à croître depuis 2010. On constate également une augmentation du nombre de personnes en situation d'insécurité alimentaire au sein des pays capitalistes avancés. D'autre part, l'Organisation mondiale de la santé (OMS) estime que plus de 1,9 milliard d'adultes étaient en surpoids en 2016, parmi lesquels on comptait 650 millions d'obèses. Si le nombre de personnes qui mangent trop ou mal est en forte croissance, celui des obèses a quant à lui triplé en proportion depuis 1975. À ces deux dimensions de la malnutrition, il faut en ajouter une troisième, la faim cachée, qui a trait aux carences en micronutriments (vitamines et minéraux) dont souffre une partie importante de la population mondiale. La coexistence de la dénutrition, du surpoids et des carences alimentaires constitue le triple fardeau de la malnutrition avec lequel de très nombreux pays doivent composer. La croissance de la production alimentaire ne se traduit donc pas automatiquement par un accès équitable aux aliments (De Koninck, 2015).

Comment expliquer une malnutrition aussi prononcée dans un contexte alimentaire qui se caractérise par l'abondance ? Répondre à cette question demande que nous prenions la mesure d'une réalité : le but de l'agriculture moderne n'est pas de nourrir la planète, mais de faire du profit, et ce, en dépit des coûts sociaux et environnementaux qui y sont associés. La marchandisation croissante de l'agriculture fonctionne suivant une logique d'intensification qui encourage le développement d'une agriculture industrielle et se déploie au moyen d'une capitalisation toujours plus grande des processus de production, de transformation et de distribution. On assiste également à un détournement progressif de la fonction nourricière de l'agriculture, notamment par la culture à grande échelle du maïs pour produire de l'éthanol ou celle du palmier à huile, dont est issue l'huile de palme, première source de biodiesel. De plus, l'expansion territoriale de l'agriculture se fait au détriment des forêts, alors qu'on gaspille environ un tiers de la production alimentaire mondiale. Pour mieux comprendre pourquoi et comment l'agriculture mondiale en est arrivée là, il est nécessaire de revenir sur les étapes qui ont mené à la situation actuelle.

L'état des lieux

Les océans recouvrent un peu plus de 71 % de la superficie de la planète. Quant aux quelque 29 % de la surface terrestre du globe, ils se répartissent essentiellement entre l'agriculture (~36 %), les déserts (~31 %) et les forêts (~30 %) (rapports annuels de la FAO et de la Banque mondiale). Le reste, soit environ 3 %, est occupé par les mers intérieures, lacs et fleuves d'une part, et par les villes et infrastructures extractives, industrielles et de transport d'autre part. Parmi les trois principales catégories d'utilisation du sol, l'agriculture est en croissance permanente, notamment aux dépens de la forêt. Quant aux déserts, en particulier les déserts chauds, il n'est pas rare que, réchauffement climatique oblige, ils soient en compétition avec l'agriculture, regagnant parfois du terrain jadis arraché de haute lutte par celle-ci. Enfin, cette agriculture subit elle-même la pression de l'expansion et de l'étalement urbains, lesquels se réalisent généralement aux dépens des meilleures terres (encadré 12).

Encadré 12
Étalement urbain et pression foncière : la terre agricole des Sœurs de la Charité

L'étalement urbain est un phénomène qui se caractérise par une croissance excessive des surfaces urbanisées en périphérie des villes. La banlieue et la maison unifamiliale constituent les formes spatiales les plus achevées de l'étalement urbain, qui marque une transformation profonde dans l'occupation du sol par la réduction progressive de l'espace rural. Cette vaste relocalisation des populations sur le territoire s'articule à une valeur inférieure des terrains en périphérie des villes d'une part, et au développement des infrastructures routières et à la diminution des coûts de la mobilité d'autre part. L'étalement urbain est un processus marqué par un faible taux de densité de population, une augmentation importante de la distance entre les milieux de vie et de travail, et la disparition de la discontinuité entre urbanité et ruralité. L'incorporation graduelle des terrains en périphérie a pour effet non seulement de favoriser l'augmentation de la valeur marchande des terres cultivées, mais aussi de transformer l'utilisation du sol, ce qui se traduit notamment par une pression foncière au sein du monde rural pour faire pousser des maisons plutôt que de la nourriture.

Le Québec n'échappe pas à cette tendance générale à la diminution des terres à vocation agricole. Bien qu'un maigre 2 % du territoire québécois soit propice à l'agriculture, les terres cultivables se situent majoritairement dans la vallée du Saint-Laurent où l'étalement urbain est de plus en plus prononcé. La compétition pour l'utilisation du sol est d'autant plus grande que les municipalités tirent la majeure partie de leurs revenus des taxes foncières. C'est dans ce contexte que la Ville de Québec cherche à dézoner un peu moins de 600 hectares de terres agricoles sur son territoire, dont celles des Sœurs de la Charité. Située à Beauport en plein cœur de la ville de Québec, cette parcelle de 211 hectares représente l'un des plus vieux lotissements agricoles en Amérique du Nord. En effet, la majeure partie de la terre des Sœurs de la Charité fut concédée en 1626 à des missionnaires jésuites, l'autre portion ayant appartenu à la seigneurie de Beauport concédée en 1634 à Robert Giffard par la Compagnie des Cent-Associés.

Le Groupe Dallaire, ayant acquis la terre agricole des Sœurs de la Charité en 2014 au coût de 39 millions de dollars, voulait y construire 6500 unités d'habitation pouvant accueillir quelque 20 000 personnes. Le projet était controversé. L'Union des producteurs agricoles, plusieurs groupes environnementaux et de nombreux citoyens s'opposaient au dézonage et demandaient le maintien de la vocation agricole du lieu. Pour eux, cette enclave agricole représente une belle occasion de promouvoir l'agriculture urbaine, de rapprocher producteurs et consommateurs par des circuits courts et de diminuer l'empreinte écologique du secteur alimentaire dans la capitale nationale. Surtout, elle montre les dérives d'un modèle suranné d'urbanisme incapable de mobiliser les ressources qui favorisent l'autonomie alimentaire.

Le gouvernement du Québec ayant refusé de changer la vocation agricole des terres, les Sœurs de la Charité en ont repris la pleine possession en 2020. L'année suivante, le gouvernement du Québec dévoilait son désir de se porter acquéreur des terres pour y aménager un agroparc ayant pour but de préserver l'héritage historique du lieu en combinant agriculture, enseignement et recherche.

Trois enjeux principaux caractérisent la production agricole mondiale. Premièrement, on consacre seulement 23 % des surfaces agricoles aux cultures directement destinées à l'alimentation humaine, alors qu'on en réserve 77 % à l'élevage, ce qui comprend les cultures pour l'alimentation des animaux : bovins, ovins, porcins et volailles (Ritchie et Moser, 2017). Déjà considérable, la part consacrée aux cultures destinées à l'alimentation animale est par ailleurs en augmentation constante alors que l'alimentation mondiale suit de plus en plus le modèle américano-européen, qui privilégie la consommation de protéines d'origine animale. Pour le dire autrement, l'humanité mange l'essentiel de ses céréales de façon indirecte par la consommation d'animaux qu'on nourrit, bien qu'ils soient ruminants, de céréales comme le maïs et le soja qui permettent un engraissement plus rapide. Bien que les paysanneries mondiales persistent, nous assistons à une homogénéisation des paysages agricoles qui se structurent de plus en plus autour des grands élevages, des grandes cultures céréalières et des grandes plantations.

Deuxièmement, la répartition de l'utilisation du sol agricole planétaire est très inégale, notamment entre les continents et les grandes régions du monde. Ainsi, alors qu'en 2000 à peine 8 % de la superficie de l'Afrique accueillait les seules cultures, cette proportion atteignait 14 % en Amérique du Nord, 15 % en Australasie, 22 % en Amérique du Sud et 31 % en Eurasie (Loveland *et al.*, 2000). Or, depuis le début du siècle, on assiste à un phénomène grandissant d'accaparement des terres, soit l'achat ou la location à long terme de grandes superficies par des investisseurs ou des gouvernements étrangers, souvent au détriment de la sécurité alimentaire des populations locales. On estime qu'environ 30 millions d'hectares auraient été acquis par des investisseurs étrangers depuis 2000 (Lay *et al.*, 2021). L'accaparement des terres contribue plus largement à augmenter la pression économique pour l'expansion de la superficie des terres cultivées. En effet, la crise alimentaire de 2007-2008 a poussé plusieurs institutions internationales telles que la Banque mondiale et la FAO à promouvoir l'intégration de nouveaux espaces de production agricole dans l'économie mondiale. Ces nouvelles frontières agricoles se déploient principalement en Afrique (Angola, Mozambique, République démocratique du Congo, Soudan), en Amérique du Sud (Argentine, Bolivie, Brésil, Colombie) ainsi qu'en Australie, en Indonésie et en Russie.

Troisièmement, les productions alimentaires, toutes catégories confondues, se répartissent très inégalement à l'échelle planétaire. Un petit nombre de pays enregistrent des surplus importants et dominent ainsi le marché des exportations alimentaires. En tête de liste, on trouve les États-Unis, de loin le premier agroexportateur mondial, le Canada (8ᵉ), six pays européens (Pays-Bas, Allemagne, France, Espagne, Belgique et Italie), le Brésil (4ᵉ) et la Chine (6ᵉ). La plupart de ces pays, en particulier les États-Unis, les pays européens et la Chine, sont aussi parmi les principaux importateurs de nourriture. Cela dit, tous bénéficient d'un bilan agricole export-import largement excédentaire, c'est-à-dire d'un haut taux d'autonomie et de sécurité alimentaires. L'autonomie alimentaire désigne la capacité d'une communauté ou d'un État à assurer sur son propre territoire la production agricole des aliments nécessaires à sa population, en quantité et en qualité adéquates. La sécurité alimentaire désigne quant à elle la capacité d'une communauté ou d'un État à assurer à sa population l'accès à une alimentation en quantité et en qualité adéquates. Un pays peut donc afficher un haut taux d'autonomie alimentaire alors que, concrètement, une proportion importante de sa population vit dans l'insécurité alimentaire. C'est d'ailleurs le cas au Canada pour environ deux millions de personnes. À l'inverse, un pays tel que la riche cité-État de Singapour, dont la production agricole est l'une des plus modestes du monde, se classe premier en matière de sécurité alimentaire devant d'importants producteurs agricoles tels les États-Unis. En 2015, 34 pays très déficitaires se trouvaient dans la situation inverse, dont 27 en Afrique et 7 en Asie. Devant le poids économique des grands pays exportateurs, nombreuses sont les agricultures nationales qui se tournent vers les cultures non comestibles comme le coton, les fleurs coupées ou l'hévéa. Si elles permettent généralement des marges de profit plus élevées, ces cultures ont tendance à renforcer la répartition inégale des productions alimentaires.

En plus de la production agricole, les océans et les mers jouent un rôle considérable dans l'alimentation mondiale. En effet, plus on sollicite les terres émergées pour produire la nourriture des habitants de la planète, moins elles suffisent à la tâche, devenue irréalisable étant donné la dérive alimentaire mondiale. En conséquence, la part des produits alimentaires provenant tant de la pêche que de l'aquaculture – que celle-ci soit pratiquée à même des espaces terrestres ou amphibies, telles les mangroves, ou en pleine mer dans des cages flottantes – croît plus rapidement que celle de l'agriculture proprement dite; cette croissance est avant tout attribuable à l'aquaculture. Sur ce plan, l'Asie, la Chine en particulier, apparaît largement en tête, tant sur le plan de la production que de la consommation (Rice, Padovani Ferreira et Rosenberg, 2017).

L'agriculture industrielle

Bien que ses racines remontent au 19e siècle, ce n'est qu'au sortir de la Deuxième Guerre mondiale que l'agriculture industrielle se consolide en Amérique du Nord et en Europe de l'Ouest en tant que modèle dominant. Stimulée par la concurrence entre producteurs sur les marchés agricoles nationaux et internationaux, l'agriculture industrielle a pour principe premier l'impératif d'intensification. Cette « révolution verte » met en jeu quatre volets principaux.

L'agriculture industrielle repose d'abord sur la mécanisation concurrentielle de la production. Cette valorisation généralisée de la technologie permet des économies d'échelle et tend à réduire la main-d'œuvre agricole : avec la puissance mécanique et la chimie moderne, la productivité brute du travail d'un producteur industriel est jusqu'à 2000 fois plus grande que celle d'un paysan utilisant des outils manuels (Mazoyer et Roudart, 2011). Si elle rehausse le rendement global des cultures, la mécanisation de l'agriculture a aussi pour effet de sonner le glas de nombreuses petites fermes qui n'ont pas les moyens d'investir suffisamment dans les nouvelles technologies et qui, par conséquent, ont du mal à concurrencer les grandes fermes qui bénéficient d'économies d'échelle et ont des liens privilégiés avec les marchés. En ce sens, la hausse des rendements et de la productivité du travail, qui contribue à réduire le prix des aliments et à créer un surplus croissant de travailleurs et de petits exploitants agricoles éjectés de l'agriculture, promeut l'urbanisation par la migration vers la ville des anciens travailleurs ruraux. Or, certains secteurs comme la production des fruits et légumes résistent davantage à la mécanisation. Là, on observe une discordance entre les rythmes saisonniers du travail agricole et la réticence des grandes sociétés agricoles à maintenir une main-d'œuvre permanente hors des périodes de pointe. La flexibilité du travail s'avère donc déterminante pour la rentabilité de l'agriculture industrielle dans ces secteurs, qui comptent de plus en plus sur une main-d'œuvre contractuelle à bas prix et, plus précisément, sur les travailleurs migrants temporaires.

La mécanisation encourage ensuite la concentration des terres. En augmentant la puissance des machines, les développements technologiques favorisent les grandes exploitations qui rentabilisent les investissements sur de vastes superficies. Par exemple, bien que le nombre d'hectares cultivés au Canada ait diminué de 70,3 millions en 1941 à 64,2 millions en 2016, le nombre de fermes a chuté de 732 858 à 193 500 durant la même période. Parallèlement, les grandes exploitations aux États-Unis, qui ne représentent que 5,6 % du nombre total de fermes dans le pays, cultivent plus de la moitié des terres agricoles. Le déclin généralisé des fermes familiales s'accompagne ainsi d'une polarisation considérable dans le secteur agricole. D'un côté, on trouve les grandes sociétés qui tirent parti des économies d'échelle pour produire des marchandises en vrac pour de vastes lignes d'approvisionnement dirigées principalement par les grandes chaînes de supermarchés et de commerce de détail. Les grands joueurs de la distribution alimentaire exigent de leurs fournisseurs toujours plus de volume à des prix unitaires de plus en plus faibles, contribuant au développement d'exploitations agricoles de plus en plus étendues et qui se caractérisent par l'externalisation de l'essentiel de leurs coûts environnementaux, ce qui comprend de multiples formes de gaspillage. À l'autre bout du spectre, on observe depuis peu, au sein des pays capitalistes avancés, une résurgence des microfermes qui, bien que très nombreuses, n'occupent qu'une infime partie de la superficie totale des terres cultivées. Ces fermes sont généralement axées sur des marchés de niche tels que le secteur des aliments biologiques, l'agriculture ne représentant souvent qu'une partie modeste ou saisonnière des revenus de ces familles pratiquant la polyactivité. En effet, nombre d'entre elles subsistent en combinant à la production agricole d'autres activités professionnelles telles que le tourisme à la ferme et le travail salarié.

La mécanisation et la concentration des terres favorisent à leur tour la monoculture et l'utilisation grandissante de la chimie. Comme son nom l'indique, la monoculture est une pratique qui consiste à cultiver un seul produit afin d'optimiser l'utilisation des machines. Combinée aux semences à haut rendement, l'utilisation d'engrais et de pesticides synthétiques sur de vastes superficies favorise un rendement supérieur. La monoculture repose sur l'intensification des méthodes de culture aux dépens de l'écologie. La monoculture systématique et l'usage généralisé des produits chimiques ont toutefois pour effet d'appauvrir considérablement la vie des sols et d'exacerber les problèmes causés par les ravageurs en éliminant les antiparasitaires naturels et la biodiversité, ce qui nécessite l'utilisation toujours plus grande de produits chimiques. Si le recours systématique aux produits chimiques tels que les pesticides, herbicides et fongicides renforce la monoculture, leur utilisation excessive constitue aujourd'hui un problème écologique majeur (Aubert, 2018). Longtemps célébré pour l'augmentation vertigineuse de la productivité agricole, le projet prométhéen de destruction de la biodiversité et de remplacement de la nature par la chimie est aujourd'hui au banc des accusés. C'est que la biodiversité désigne la diversité des espèces vivant en sympatrie, soit la relation symbiotique qui s'établit entre les espèces végétales et animales, tout particulièrement dans une forêt. L'importance de cette sympatrie est telle que la disparition d'une seule des composantes – par exemple une espèce d'arbre ou d'animal – peut mettre en péril l'ensemble de l'écosystème et donc la biodiversité d'un territoire.

Enfin, la révolution verte repose sur le recours à des variétés de semences à haut rendement produites par des scientifiques qui, par croisement entre des espèces végétales existantes, développent des hybrides plus résistants et plus productifs. De tout temps, les agriculteurs ont sélectionné les meilleures semences afin d'adapter leurs cultures à la spécificité du territoire. Dans la mesure où elles cherchent à promouvoir certains traits plutôt que d'autres, les semences à haut rendement n'ont rien d'exceptionnel. Or, l'utilisation grandissante des biotechnologies marque une rupture avec les pratiques passées d'au moins trois façons. Les organismes génétiquement modifiés (OGM) diffèrent d'abord d'un point de vue temporel en réduisant à quelques années un processus de sélection qui s'étend généralement sur plusieurs générations, voire plusieurs siècles. C'est d'ailleurs un élément essentiel des incertitudes entourant l'introduction de nouveaux organismes dans des environnements où ils n'ont jamais évolué auparavant. Les OGM se démarquent ensuite sur le plan spatial en concrétisant une approche universelle qui fait fi des contraintes propres au milieu. Des tomates génétiquement modifiées pour rester fermes plus longtemps aux saumons modifiés pour croître plus rapidement, la constitution d'un marché mondial en agroalimentaire a pour effet de promouvoir les seules variétés capables de répondre aux exigences logistiques d'un marché globalisé. Enfin, les OGM marquent une rupture dans la mesure où ils permettent l'appropriation, le contrôle et la marchandisation du vivant (carte 12). Par exemple, on modifie les semences à haut rendement vendues sur le marché soit pour les rendre stériles, soit pour offrir des rendements médiocres dès la deuxième génération, ce qui contraint les agriculteurs souhaitant demeurer compétitifs à une relation de dépendance envers les grands semenciers.

Par-delà l'apparence d'abondance, l'agriculture dite moderne s'appuie sur une formidable uniformisation du paysage alimentaire qui se caractérise non seulement par l'expansion des monocultures et l'utilisation accrue des produits chimiques, mais aussi par l'homogénéisation des goûts avec une offre de plus en plus limitée de produits répondant aux exigences des grands producteurs. L'agriculture industrielle soulève des problèmes de taille: 1) la contamination toxique par l'accumulation des produits phytosanitaires dans les sols, les eaux et la chaîne alimentaire; 2) le déclin de la biodiversité causé par l'uniformisation de la production et l'agrandissement des zones cultivées aux dépens des forêts et des milieux humides; 3) l'assèchement des nappes phréatiques par l'agriculture intensive; 4) l'érosion, qui gruge à un rythme insoutenable la couche arable du sol essentielle à la végétation; 5) les changements climatiques attribuables à l'assise pétrolière de l'agriculture moderne, responsable d'environ 10 % des émissions de gaz à effet de serre; 6) l'urbanisation incontrôlée en lien avec le déclin des populations rurales.

CARTE 12

Les principaux pays producteurs d'OGM en 2018

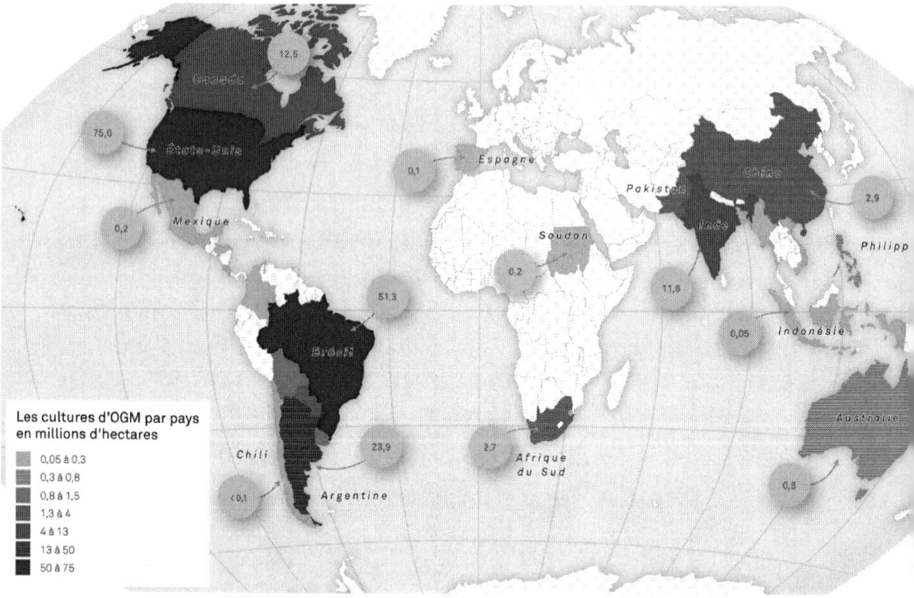

Crédits: Données Natural Earth (fond de plan) & CLIVES James, 2018 (données). Projection Winkel-Tripel. Rodc Gonzalès.

La diffusion de la « révolution verte »

Dès les années 1960, le gouvernement des États-Unis et les institutions de développement international comme la Banque mondiale et le Fonds monétaire international (FMI) cherchent à diffuser les technologies dites de la révolution verte dans l'ensemble des régions décolonisées. Pour les partisans de la modernisation agricole, cette élimination du travail manuel de l'agriculture ouvre la voie à la suppression des famines et à la prospérité. Selon eux, l'amélioration de la productivité agricole ne fait pas qu'enrichir l'approvisionnement alimentaire: elle stimule aussi d'autres secteurs de l'économie, suscitant une division du travail plus rationnelle qui profite à toute la population grâce à la baisse des prix et aux nouvelles perspectives d'emploi. En résumé, on considère la modernisation agricole comme un moteur du développement, car elle transfère la main-d'œuvre d'une agriculture peu productive vers les villes où elle pourra être utilisée plus efficacement. En même temps, dans le contexte des grands soulèvements ruraux qui secouent alors l'Asie, l'Afrique et l'Amérique latine, ses partisans s'accrochent à l'idée selon laquelle la modernisation technologique des régions rurales – la révolution verte – sapera la menace des révolutions communistes – la révolution rouge – promues auprès d'une paysannerie marginalisée.

Les effets de la révolution verte demeurent toutefois très contestés. Dans l'agriculture à forte intensité de main-d'œuvre qui prévalait auparavant, les petites exploitations avaient un rendement plus avantageux que les grandes propriétés, précisément parce qu'elles pouvaient tirer profit de leur travail intensif. En revanche, la nouvelle technologie déplace l'équilibre en faveur des économies d'échelle, avec toutefois des exceptions dans le domaine rizicole, en particulier dans le Sud-Est asiatique (De Koninck et Rousseau, 2012). Ce faisant, les grands propriétaires fonciers se trouvent en bonne position pour monopoliser les bienfaits des changements technologiques grâce à leur accès privilégié au crédit, aux terres et, surtout, à l'irrigation. Au Pakistan, par exemple, où il n'y a pas eu de réforme agraire, le système oppresseur du régime de la grande propriété foncière a perduré, retardant la diversification de l'économie rurale et maintenant la production agricole dans un état semi-féodal. La décennie 1970 a vu la situation des classes inférieures empirer encore plus lorsque les propriétaires fonciers pakistanais se sont tournés vers des méthodes et des cultures à moindre intensité de main-d'œuvre, impliquant un emploi cyclique plutôt que permanent. L'aggravation de la pauvreté rurale coïncide donc avec la mise en place des techniques de la révolution verte. La précarisation des relations d'emploi dans l'économie agricole est à son tour exacerbée par la pénurie d'emplois adéquats dans les grandes villes. Les ouvriers agricoles de la province du Pendjab, au Pakistan, sont toujours confinés dans un état d'assujettissement, sans liberté d'action ou presque. Malgré sa place au cœur des techniques de la révolution verte, le Pakistan rural demeure à ce jour un épicentre de la malnutrition et des problèmes sociaux qui en découlent, précisément parce que la croissance de la production alimentaire ne se traduit pas automatiquement par un accès équitable aux aliments (Taylor, 2015).

On assiste depuis les années 1980 à une importante déréglementation du marché agricole mondial. La crise de la dette amènera de très nombreux pays en développement à ouvrir leurs frontières aux marchés agricoles mondiaux afin de nourrir les populations urbaines. Entre 1947 et

1994, l'agriculture a un statut d'exception en vertu de l'Accord général sur les tarifs douaniers et le commerce (GATT). Tout en promouvant la modernisation du secteur agricole du tiers-monde, le GATT reconnaît le caractère distinct de l'agriculture et son rôle fondamental dans la sécurité alimentaire des pays, donnant ainsi aux pays en développement la capacité de protéger leurs secteurs agricoles de la compétition mondiale. La crise de la dette des États qui s'amorce dans les années 1980 crée un contexte économique et politique qui pousse à repenser les structures de l'économie agricole mondiale. C'est l'Accord sur l'agriculture de 1994, signé à la création de l'Organisation mondiale du commerce (OMC), qui formalise et généralise la libéralisation des échanges dans le monde. L'Accord favorise et améliore l'accès aux marchés par la réduction des barrières tarifaires et des quotas d'importation, diminue les soutiens internes tels que les aides directes et réduit les subventions aux exportations. Du Ghana aux Philippines et du Brésil à la Thaïlande, l'ouverture des marchés agricoles à l'échelle mondiale a profondément modifié la répartition des productions agricoles.

Largement profitable aux grands pays producteurs, cette ouverture a eu un effet dévastateur sur les populations rurales de la majorité des pays en développement, déjà fragilisés par des décennies de modernisation agricole. L'arrivée des grandes puissances agricoles sur les marchés agricoles nationaux a eu pour conséquence d'accentuer la pauvreté de la paysannerie mondiale tout en éjectant de l'agriculture les petits producteurs, qui n'ont souvent d'autre solution que de prendre le chemin de la ville dans l'espoir d'une vie meilleure. En Inde, par exemple, la commercialisation progressive amorcée après l'accession du pays à son indépendance a profondément transformé le secteur agricole. L'instauration et la diffusion des relations sociales capitalistes dans les régions rurales donnent alors le ton à un processus de modernisation et de croissance économique qui s'avère déterminant pour la diversification de l'économie rurale. À mesure que les agriculteurs et les propriétaires terriens délaissent la culture à forte intensité de main-d'œuvre, des journaliers remplacent graduellement les employés agricoles permanents. Malgré un développement important à partir des années 1960, le secteur agricole indien, qui regroupe près de la moitié des personnes actives, est en crise depuis les années 1990. Les réformes néolibérales et l'ouverture des marchés agricoles ont contraint des millions d'agriculteurs à s'endetter davantage encore pour demeurer compétitifs dans un marché mondial dominé par les grands pays producteurs. Dès lors, la croissance de la productivité agricole a un effet boomerang sur les cultivateurs. L'augmentation du volume de production provoque une chute des prix des produits agricoles, qui resserre immédiatement la marge d'exploitation des fermes et donne une nouvelle impulsion à l'intensification. Comme sur un tapis roulant, les cultivateurs se voient obligés de courir de plus en plus vite pour survivre. L'Inde connaît la plus grande vague de suicides enregistrés de l'histoire de l'humanité. Selon les statistiques officielles compilées par le gouvernement indien, ce sont plus de 240 000 agriculteurs qui se sont suicidés entre 1995 et 2009 (Center for Human Rights and Global Justice, 2011).

Plus largement, la libéralisation des échanges agricoles s'accompagne d'une importante transition dans la façon de nourrir les populations. Jusqu'au tournant des années 1980, l'autonomie alimentaire et la sécurité alimentaire tendaient à se chevaucher, puisque l'agriculture d'une nation suffisait à nourrir sa population. On oublie trop souvent que jusqu'à la fin des années 1970, l'Afrique était exportatrice nette de produits agricoles, les échanges visant plutôt à élargir la variété des aliments disponibles ou à combler la baisse des stocks lors de mauvaises récoltes. L'ouverture des marchés marque une rupture spatiale dans la mesure où la sécurité alimentaire s'abstrait de son ancrage territorial avec la constitution de marchés agricoles mondiaux. En ce sens, le libre-échange marque une déterritorialisation de l'agriculture ; la sécurité alimentaire n'est plus tributaire de la production agricole nationale, mais de l'accès aux marchés mondiaux dominés par les grandes multinationales des secteurs de la production, de la transformation et de la distribution alimentaires. Contrairement à l'autonomie alimentaire, la sécurité alimentaire qui caractérise aujourd'hui la géographie de l'alimentation représente bien cet état de dépendance des populations aux marchés pour assurer leur subsistance.

Ensemble, la révolution verte et l'ouverture des marchés ont fortement transformé les pays en développement. L'expulsion de millions de petits producteurs du secteur agricole coïncide avec l'accroissement du bassin d'ouvriers agricoles sans terre ou appauvris qui cherchent du travail au moment même où la mécanisation réduit la demande de main-d'œuvre salariée. La dépossession de cette humanité s'illustre dans l'urbanisation rapide et désordonnée des pays, et trouve son expression la plus forte dans la croissance vertigineuse des quartiers délabrés et des bidonvilles, du travail informel et des inégalités socioéconomiques. Malgré une population mondiale en majorité urbaine, plus du tiers de la main-d'œuvre mondiale est encore agricole. Les petits exploitants persistent, surtout dans les hautes terres, et regroupent la grande majorité des fermes malgré leur taille modeste. À l'échelle mondiale, on estime à environ 500 millions le nombre de ces petites exploitations agricoles, qui occupent quelque 60 % des terres arables et assurent la subsistance de plus de deux milliards de personnes. Les petits exploitants forment donc la majorité des agriculteurs du monde et, selon les estimations, ils produisent entre les deux tiers et les quatre cinquièmes des aliments consommés dans les pays en développement (IFAD, 2013). Pourront-ils résister encore longtemps aux assauts des grandes puissances agricoles ? Dans un contexte d'appauvrissement généralisé des petits exploitants, rien n'est moins sûr.

* * *

Fer de lance des politiques de développement depuis la Deuxième Guerre mondiale, l'agriculture industrielle est aujourd'hui à la croisée des chemins. Connus depuis longtemps (Gourou, 1940), ses effets néfastes ne peuvent plus être niés, tant du point de vue de la stricte logique agricole que de l'alimentation humaine et de l'écologie terrestre. Longtemps célébrée pour ses rendements, c'est précisément la productivité de l'agriculture industrielle que l'on remet aujourd'hui en question. Ce que l'on nomme externalisation ou socialisation des coûts permet bien de saisir les contradictions issues du transfert d'une partie des coûts de la production agricole. Ainsi, un agriculteur ou une entreprise agricole détruisant une forêt ou polluant un cours d'eau, sans reconstituer celle-ci ou dépolluer celui-là, ou du moins sans assumer les coûts ultérieurs des activités de reconstitution et de nettoyage, externalise ou plus exactement socialise ces coûts en repassant la facture à l'État, donc à la société. De plus, le modèle agricole dominant semble incapable de subvenir aux besoins alimentaires des humains sans gaspiller une large part de sa production, réduire la biodiversité et détruire les écosystèmes terrestres naturels. Le discours qu'entretiennent savamment les lobbys de l'agriculture industrielle quant à l'absolue nécessité d'accroître la production planétaire, même au détriment de l'environnement et de la souveraineté alimentaire des populations, ne tient plus la route. La productivité du modèle agricole industriel est illusoire.

Longtemps associées au retard économique et au manque de développement, les pratiques agricoles héritées de la paysannerie mondiale retrouvent tranquillement leurs lettres de noblesse. D'autres modèles se veulent une solution à quatre problèmes intimement liés au développement de l'agriculture industrielle. Le premier défi est d'ordre démographique et vise une meilleure gestion de l'occupation du territoire et la préservation des modes de vie ruraux. Contrairement à l'agriculture industrielle qui repose sur une homogénéisation des paysages agricoles et l'exode des populations rurales, les systèmes agricoles durables soutiennent qu'il est possible et souhaitable de redynamiser les campagnes et les régions par la présence d'une classe de paysans et de petits agriculteurs indépendants. Fondé sur des principes durables d'agroécologie, ce réinvestissement du territoire n'a pas pour objet d'accroître la production à des fins de profit ; il a plutôt pour mandat de respecter une échelle de production guidée par un impératif de durabilité. Cette dernière passe notamment par une meilleure intégration de la ville à son milieu agricole afin d'amenuiser les problèmes liés à l'urbanisation et tout particulièrement à l'étalement urbain, qu'il faut contrer systématiquement. Le recours à la permaculture et aux marchés publics, le développement d'une agriculture de proximité et d'une agriculture urbaine sont autant d'innovations sociospatiales permettant de retisser le lien entre producteurs et consommateurs, tout en contribuant au verdissement des villes et à la diminution des îlots de chaleurs.

Le deuxième défi a trait à la santé des populations avec l'accès à une alimentation saine, variée et nutritive. Si l'alimentation est une composante essentielle de la santé et du bien-être des individus, force est de constater que le système alimentaire actuel n'est pas en mesure de répondre aux besoins des populations. D'abord, les problèmes nutritionnels s'articulent fortement à une offre alimentaire où l'omniprésence des produits transformés se caractérise par la surutilisation systématique de sel, de sucre et de gras. En dépit de l'abondance de produits alimentaires dans les supermarchés, la réalité est une baisse importante de la variété et de la qualité de l'offre alimentaire, dont le but premier n'est plus de nourrir convenablement les individus mais de faire du profit. Ensuite, l'appauvrissement de la majorité des travailleurs depuis la fin des années 1970 avec la restructuration néolibérale du marché du travail a eu pour effet de renforcer une alimentation peu coûteuse qui se traduit par d'importantes carences nutritionnelles. Une alimentation saine coûte généralement plus cher et tend par conséquent à être moins accessible aux populations défavorisées. Enfin, la santé et le bien-être des populations sont intimement liés aux structures spatiotemporelles de l'alimentation telles que l'accès à une offre diversifiée de produits ou le temps disponible pour cuisiner.

Le troisième défi est écologique. L'agriculture industrielle joue un rôle majeur dans les changements climatiques et la perte de biodiversité. Le modèle dominant repose sur la destruction des capacités productives naturelles des sols, en les stérilisant en quelque sorte, ce qui a pour conséquence d'augmenter toujours davantage la dépendance aux intrants synthétiques. Par opposition, les petites exploitations tendent plus facilement à favoriser une saine gestion des terres, notamment avec des pratiques plus écologiques comme l'assolement, la diversification des cultures et l'intégration des processus de production. Par exemple, la permaculture s'appuie sur une approche systémique s'inspirant directement de l'écologie et des processus naturels afin de concevoir des systèmes agricoles complexes et adaptés à leurs milieux. Alors que l'agriculture industrielle s'appuie sur la simplification des processus de production, les modèles parallèles cherchent plutôt à imiter la nature et donc à complexifier les processus de production par leur imbrication, comme c'est le cas dans l'agroforesterie. Nous savons depuis longtemps que, pour une même superficie, de tels systèmes produisent une plus grande quantité, qualité et variété d'aliments que l'agriculture industrielle. De plus, l'intégration intelligente d'arbres à fruit, d'arbustes, de plantes et de couverts forestiers permet un plus grand stockage du carbone, une meilleure absorption des eaux de pluie afin d'éviter le ruissellement, une augmentation de la vitalité des sols, un usage optimal de l'eau et du monde des insectes, et un accroissement de la biodiversité.

Le quatrième et dernier défi est sans doute le plus fondamental de tous. Il consiste à remettre en question les fondements mêmes de l'économie néolibérale tels qu'ils se manifestent dans deux caractéristiques intimement liées : le gaspillage systémique et l'idée que l'offre répond à la demande. Dans les faits, la grande supercherie de l'économie marchande dominante consiste à soumettre la société à une offre qui ne cherche surtout pas à répondre à la demande, mais bien à créer celle-ci par tous les moyens, ce qui comprend la surenchère promotionnelle.

Conclusion

Violaine Jolivet, Patricia Martin et Sébastien Rioux

Ce livre est né de la volonté d'offrir un tour d'horizon de la géographie humaine contemporaine telle qu'elle existe au Québec, c'est-à-dire au carrefour des traditions francophones et anglophones, et de présenter la discipline par le prisme d'une vision commune : celle des approches critiques. Sans faire un portrait exhaustif de l'ensemble des questionnements qui l'animent à l'heure actuelle, cet ouvrage montre l'importance de penser notre monde en géographe avec des questions ayant trait au développement géographiquement inégal, aux mobilités, aux espaces du politique et aux enjeux environnementaux. Ces thèmes définissent les grands axes à partir desquels se structurent les dynamiques de fabrication d'un système-monde fondé autant sur la fragmentation des espaces que sur l'interdépendance des territoires.

Les chapitres de l'ouvrage mettent en lumière la nécessité d'aborder *par* l'espace nos problématiques contemporaines, principe au cœur du tournant spatial (*spatial turn*) amorcé dans les années 1990. Ce tournant spatial participe de la réinscription de l'espace dans les sciences sociales critiques (Soja, 1989) et se fonde, entre autres, sur les apports théoriques et conceptuels de Michel Foucault (1976) et d'Henri Lefebvre (1974). Ainsi, toute relation de pouvoir et tout savoir sont situés et produits dans des configurations particulières de l'espace. Loin d'être un contenant neutre, l'espace est pouvoir, technologie, dispositif, agencement. Penser l'espace en géographe permet ainsi d'aborder des assemblages économiques, culturels, sociaux et politiques emboîtés du local au global, de réfuter la séparation entre le naturel et le social.

C'est ce dialogue avec l'espace que ce livre a présenté dans toute sa multiplicité, afin d'enrichir l'imagination géographique du lecteur. Si la géographie critique contemporaine a comme préoccupation centrale les injustices et les inégalités matérielles, nous considérons que la façon d'imaginer le monde – ses régions, territoires et espaces – est centrale pour exposer les origines de ces inégalités et proposer d'autres manières de voir et de cohabiter. L'imagination géographique renvoie à nos représentations cognitives et discursives de l'espace. Elle découle d'héritages multiples (Gregory, 2009 ; Gieseking, 2017) qui façonnent notre manière de penser les lieux et de concevoir les espaces ainsi que les associations que nous faisons entre eux, y compris les endroits dont nous n'avons jamais fait l'expérience directe. Il y a donc autant d'imaginaires géographiques qu'il y a d'individus ; nous sommes effectivement toutes et tous des géographes.

Un des messages implicites de ce livre est que les imaginations géographiques sont par leur nature même partielles, situées, limitées et souvent empreintes de préjugés. Certaines imaginations véhiculent des discours qui se présentent comme la vérité, mais qui sont en réalité traversés par des distorsions qui tendent à enfermer certains lieux et territoires, ainsi que les populations qui y vivent, dans des catégories faisant abstraction de la réalité de ces espaces. Les travaux d'Edward Saïd sur l'orientalisme (1980) sont un exemple probant de la puissance de l'imagination géographique et de ses effets. En ce sens, les frontières ne sont pas seulement des limites spatiales qui découpent l'espace en territoires politiques ; elles sont aussi internes à nos schèmes de pensée dans la mesure où nous effectuons, consciemment ou non, un découpage représentationnel du monde empreint de contradictions et traversé par des grilles de lecture discriminatoires de l'espace.

Si les individus ont tous une imagination géographique, celle-ci est aussi construite et mobilisée par des institutions diverses comme les universités, les gouvernements ou les médias. L'imagination géographique représente donc des intérêts particuliers. Des formulations géopolitiques comme « l'axe du mal » ou encore l'incitation à « construire un mur » témoignent des effets politiques de nos représentations spatiales. Or, si les imaginations géographiques représentent et produisent des lignes de fracture qui structurent les espaces et les territoires, elles peuvent aussi être de puissants leviers d'émancipation pour saisir et comprendre

« l'autre » et ses géographies. John Allen et Doreen Massey (1995) insistent sur la valeur pédagogique de l'imagination géographique pour remettre en question et transformer la façon dont les étudiants conçoivent le monde. L'imagination géographique peut influencer des politiques publiques et fortifier l'empathie (Gieseking, 2017), permettant ainsi l'émergence de nouveaux espaces de partage et l'avènement d'autres mondes.

Ce livre s'inscrit pleinement dans cette volonté de complexification de nos imaginaires géographiques en reprenant deux idées fondamentales de la géographie. La première est que le développement géographiquement inégal du monde n'est pas un phénomène naturel mais social. Loin de participer à un aplanissement du monde, la mondialisation produit partout des rugosités, des zones de friction, des iniquités sans cesse renouvelées. L'organisation politique, économique et sociale passe par la production d'espaces spécifiques à toutes les échelles, notamment au moyen d'un processus constant de (re)territorialisation. Les quartiers défavorisés de Montréal, les centres financiers des villes globales ou encore les risques que font peser les changements climatiques sur les populations insulaires sont autant d'exemples de cette transformation constante de l'espace et de l'intégration différenciée des territoires et des populations au sein du système-monde. La géographie permet ainsi d'aborder *par* l'espace des questionnements cruciaux de notre époque, de la crise écologique à la pandémie de COVID-19. L'analyse des formes spatiales et des dynamiques de territorialisation rappelle l'urgence de penser notre monde comme un monde commun, un espace en partage qui rassemble les humains et les non-humains, de décoloniser les savoirs et d'ouvrir les espaces de dialogue autant que de lutte.

Cette première idée permet l'émergence d'une seconde idée, qui souligne la nécessité de penser l'articulation entre justice sociale et justice spatiale. Comme en témoignent les nombreux mouvements sociaux contemporains tels que Black Lives Matter aux États-Unis, les Gilets jaunes en France ou encore les luttes autochtones du Chiapas au Mexique et des Wet'suwet'en au Canada, la question des fractures sociales, coloniales et racistes de l'espace est partout remise en cause, et les approches territorialisées de la justice sont de plus en plus importantes. L'espace n'est jamais neutre : il peut être support et vecteur d'inégalités, mais aussi outil de revendications et de luttes, notamment par les symboles qu'il véhicule, comme dans le cas de Occupy Wall Street (Harvey, 2015). La quête d'une plus grande justice spatiale implique donc une géographie critique engagée, qui réclame à la fois un droit à la ville, la décolonisation de nos imaginations géographiques et une réelle justice environnementale.

Cette dernière notion de justice environnementale montre également l'intérêt de la géographie comme science sociale pleinement tournée vers l'environnement, où nature, société et culture font système. Défini par le géographe marxiste Pierre George (1971) comme un système de relations entre un champ de forces socioéconomiques et biochimiques, l'environnement, au même titre que l'espace, est marqué par des rapports d'oppression et de prédation. La géographie humaine contemporaine nous montre que les grandes inégalités politiques, économiques, sociales et culturelles sont au cœur de la crise environnementale. La justice environnementale représente ainsi un chantier ouvert pour la géographie. La préservation des droits civils, la recherche d'une équité sociale et le combat contre le racisme systémique passeront nécessairement par la justice environnementale, une nouvelle organisation sociospatiale de notre habitat commun et une répartition de ses ressources fondée sur les besoins des populations plutôt que sur l'accumulation du capital. En ce sens, la géographie humaine demeure une discipline essentielle non seulement pour comprendre la complexité du monde, mais aussi et surtout pour repenser notre rapport à celui-ci.

Bibliographie

AGIER, Michel, *Gérer les indésirables : des camps de réfugiés au gouvernement humanitaire*, Flammarion, Paris, 2010.

ALFRED, Taiaiake, Contribution to *Speak to the Wild Envision : The Big Picture*, 2016, https://www.envisionthebigpicture.com/news/2017/1/7/the-great-unlearning.

ALLEN, John et Doreen MASSEY (dir.), *Geographical Worlds*, Oxford University Press, 1995.

ALTAMIRANO-JIMÉNEZ, Isabel, *Indigenous Encounters with Neoliberalism : Place, Women, and the Environment in Canada and Mexico*, UBC Press, Vancouver, 2014.

ANCEL, Jacques, *Géographie des frontières*, Gallimard, Paris, 1938.

ANDERSON, Benedict, *L'imaginaire national : réflexions sur l'origine et l'essor du nationalisme*, La Découverte, Paris, 2002.

ANDERSON, Kay J., « The Idea of Chinatown : The Power of Place and Institutional Practice in the Making of a Racial Category », *Annals of the Association of American Geographers*, vol. 77, n° 4, 1987, p. 580-598.

AUBERT, Claude, « Les engrais azotés, providence devenue poison », *Le Monde diplomatique*, décembre 2018, p. 18-19.

BAHERS, Jean-Baptiste et Mathieu DURAND, « Le retour de la proximité ! Quelles implications pour les services urbains en réseau ? », *Flux*, vol. 3-4, n°s 109-110, 2017, p. 1-8.

BAKKER, Karen et Gavin BRIDGE, « Material Worlds ? Resource Geographies and the Matter of Nature », *Progress in Human Geography*, vol. 30, n° 1, 2006, p. 5-27.

BALLOT, Éric et Benoit MONTREUIL, *L'Internet physique : le réseau des réseaux des prestations logistiques*, La Documentation Française, Paris, 2014.

BASILE, Suzy, Nancy GROS-LOUIS MCHUGH et Karine GENTELET, *Boîte à outils des principes de la recherche en contexte autochtone : éthique, respect, équité, réciprocité, collaboration et culture*, 3e édition, Commission de la santé et des services sociaux du Québec et du Labrador, Université du Québec en Abitibi-Témiscamingue, Université du Québec en Outaouais et Réseau DIALOG, 2021.

BAVINGTON, Dean, *Managed Annihilation: An Unnatural History of the Newfoundland Cod Collapse*, University of British Columbia Press, Vancouver, 2010.

BECK, Ulrich, *La société du risque. Sur la voie d'une autre modernité*, Aubier, Paris, 2001 [1986].

BLAIKIE, Piers, *The Political Economy of Soil Erosion in Developing Countries*, Longman, Londres, 1985.

BLAIKIE, Piers *et al.*, *At Risk: Natural Hazards, People's Vulnerability and Disasters*, Psychology Press, Hove, 1994.

BLAIS, Hélène, Florence DEPREST et Pierre SINGARAVÉLOU, *Territoires impériaux: une histoire spatiale du fait colonial*, Publications de la Sorbonne, Paris, 2011.

BOUDREAU, Julie-Anne, *Global Urban Politics: Informalization of the State*, John Wiley & Sons, Hoboken, 2016.

BOULAY, Guilhem et Antoine GRANDCLÉMENT, *Introduction à la géographie économique*, Armand Colin, Paris, 2019.

BOURDIEU, Pierre, *Science de la science et réflexivité*, Raisons d'agir, Paris, 2001.

BOURGUINAT, Henri, *Les vertiges de la finance internationale*, Economica, Paris, 1987.

BRAUDEL, Fernand, *La Méditerranée et le monde méditerranéen à l'époque de Philippe II*, Armand Colin, Paris, 1949.

BRUNEAU, Michel, *Diasporas et espaces transnationaux*, Economica-Anthropos, Paris, 2004.

BUNGE, William, *Fitzgerald: Geography of a Revolution*, University of Georgia Press, Athens, 2011.

BUREAU DE L'ENQUÊTEUR CORRECTIONNEL, « Les Autochtones sous garde fédérale dépassent les 30 % - Énoncé des enjeux et défi de l'enquêteur correctionnel », Gouvernement du Canada, 2020, https://www.oci-bec.gc.ca/cnt/comm/press/press20200121-fra.aspx.

BURTON, Ian, Robert W. KATES et Gilbert F. WHITE, *The Environment as Hazard*, Oxford University Press, New York, 1978.

CALTHORPE, Peter, *The Next American Metropolis: Ecology, Community, and the American Dream*, Princeton Architectural Press, New York, 1993.

CARSON, Rachel, *Printemps silencieux*, Plon, Paris, 1963 [1962].

CASTELLS, Manuel, *La société en réseaux*, Fayard, Paris, 1998.

CENTER FOR HUMAN RIGHTS AND GLOBAL JUSTICE, *Every Thirty Minutes: Farmer Suicides, Human Rights, and the Agrarian Crisis in India*, New York University School of Law, 2011.

CHAPELON, Laurent (dir.), *Transports et intermodalité*, ISTE, Londres, 2016.

CHIVALLON, Christine, *La diaspora noire des Amériques. Expériences et théories à partir de la Caraïbe*, CNRS Éditions, Paris, 2003.

CHOPLIN, Armelle et Olivier PLIEZ, *La mondialisation des pauvres*, Seuil, Paris, 2018.

CLAVAL, Paul, *Les espaces de la politique*, Armand Colin, Paris, 2010.

COLLIGNON, Béatrice, « Que sait-on des savoirs géographiques vernaculaires ? », *Bulletin de l'Association de géographes français*, vol. 82, n° 3, 2005, p. 321-331.

COMBAHEE RIVER COLLECTIVE, « Déclaration du Combahee River Collective », *Les cahiers du CEDREF*, vol. 14, 2006, p. 53-67.

COMMISSION ONTARIENNE DES DROITS DE LA PERSONNE, *Un impact collectif: rapport provisoire relatif à l'enquête sur le profilage racial et la discrimination envers les personnes noires au sein du service de police de Toronto*, 2018.

CORTES, Geneviève et Laurent FARET, *Les circulations transnationales. Lire les turbulences migratoires contemporaines*, Armand Colin, Paris, 2009.

COX, Oliver, *The Foundations of Capitalism*, Philosophical Library, New York, 1959.

CRUIKSHANK, Julie, *Do Glaciers Listen? Local Knowledge, Colonial Encounters, and Social Imagination*, UBC Press, Vancouver, 2005.

DABLANC, Laetitia, « Logistique et transport de marchandises dans les grandes métropoles », *L'Économie politique*, vol. 4, n° 76, 2017, p. 50-60.

DARDEL, Éric, *L'Homme et la Terre. Nature de la réalité géographique*, Presses Universitaires de France, Paris, 1952.

DAUPHINÉ, André et Damienne PROVITOLO, *Risques et catastrophes. Observer, spatialiser, comprendre, gérer*, Armand Colin, Paris, 2013.

DAVIS, Mike, *Le pire des mondes possibles. De l'explosion urbaine au bidonville global*, La Découverte, Paris, 2006.

DE KONINCK, Rodolphe, *Profession géographe*, Les Presses de l'Université de Montréal, Montréal, 2008.

DE KONINCK, Rodolphe, « Une décroissance de la production agricole mondiale est-elle souhaitable ? », *Nouveaux Cahiers du socialisme*, n° 14, 2015, p. 148-155.

DE KONINCK, Rodolphe et Jean-François ROUSSEAU, *Gambling with the Land. The Contemporary Evolution of Southeast Asian Agriculture*, NUS Press, Singapour, 2012.

DEMPSEY, Jessica, *Enterprising Nature: Economics, Markets, and Finance in Global Biodiversity Politics*, Wiley-Blackwell, Chichester, 2016.

DERRUDER, Ben et Frank WITLOX (dir.), *Commodity Chains and World Cities*, Wiley-Blackwell, Londres, 2011.

DERYCKE, Pierre-Henri, « Comprendre les dynamiques métropolitaines », dans Claude LACOUR et Sylvette PUISSANT (dir.), *La métropolisation. Croissance, diversité et fractures*, Economica-Anthropos, Paris, 1999, p. 1-19.

DESBIENS, Caroline, *Puissance Nord: territoire, identité et culture de l'hydroélectricité au Québec*, Presses de l'Université Laval, Québec, 2014.

DESBIENS, Caroline, Carole LÉVESQUE et Ioana COMAT, « "Inventing New Places": Urban Aboriginal Visibility and the Co-Construction of Citizenship in Val-d'Or (Québec) », *City and Society*, vol. 28, n° 1, 2016, p. 74-98.

DICKEN, Peter, *Global Shift: Mapping the Changing Contours of the World Economy*, Guilford Press, New York, 2015.

DOLLFUS, Olivier, *L'espace monde*, Economica, Paris, 1993.

DOLLFUS, Olivier, *La Mondialisation*, Presses de Sciences Po, Paris, 2007 (1re édition, 1996).

DUHAMEL, Philippe, *Géographie du tourisme et des loisirs. Dynamiques, acteurs, territoires*, Armand Colin, Paris, 2018.

DUPUY, Gabriel et Caroline GALLEZ, « La dépendance à l'automobile. Retour sur la genèse du concept et ses enjeux politiques », *Flux*, vol. 1-2, n° 111-112, 2018, p. 104-110.

FABIANI, Jean-Louis et Jacques THEYS, *La société vulnérable. Évaluer et maîtriser les risques*, Presses de l'École normale supérieure, Paris, 1987.

FISHWICK, Adam, « Labour Control and Developmental State Theory: A New Perspective on Import-substitution Industrialization in Latin America », *Development and Change*, vol. 50, n° 3, p. 655-678, 2019.

FOUCAULT, Michel, « Questions à Michel Foucault sur la géographie », *Hérodote*, vol. 1, n° 4, 1976, p. 71-85.

FOUCHER, Michel, *Fronts et frontières. Un tour du monde géopolitique*, Fayard, Paris, 1991.

FOUCHER, Michel, *Le retour des frontières*, Éditions CNRS, Paris, 2016.

GALEANO, Eduardo, *Les veines ouvertes de l'Amérique latine*, Plon, Paris, 1981 [1971].

GANDY, Matthew, *Concrete and Clay: Reworking Nature in New York City*, The MIT Press, Cambridge, 2002.

GEORGE, Pierre, *L'environnement*, Presses Universitaires de France, Paris, 1971.

GEOUFFRE DE LA PRADELLE, Paul de, *La frontière : étude de droit international*, Les Éditions Internationales, Paris, 1928.

GIESEKING, Jen Jack, « Geographical Imagination », dans Douglas Richardson *et al.* (dir.), *International Encyclopedia of Geography: People, the Earth, Environment and Technology*, 2017, p. 1-5.

GILMORE, Ruth W., « Fatal Couplings of Power and Difference : Notes on Racism and Geography », *The Professional Geographer*, vol. 54, n° 1, 2002, p. 15-24.

GILMORE, Ruth W., *Golden Gulag: Prisons, Surplus, Crisis, and Opposition in Globalizing California*, University of California Press, Berkeley, 2007.

GIRAUD, Pierre-Noël, *L'homme inutile*, Odile Jacob, Paris, 2015.

GOTTMANN, Jean, *La politique des États et leur géographie*, CTHS, Paris, 2007 [1952].

GOUROU, Pierre, *La terre et l'homme en Extrême-Orient*, Armand Colin, Paris, 1940.

GRATALOUP, Christian, *Géohistoire de la mondialisation : le temps long du monde*, Armand Colin, Paris, 2007.

GRATALOUP, Christian, *Vision(s) du monde*, Armand Colin, Paris, 2018.

GREGORY, Derek, « Geographical Imagination », dans Derek J. GREGORY *et al.*, *The Dictionary of Human Geography*, Wiley-Blackwell, Oxford, 2009, p. 282-285.

GRENIER, Christophe, « De la géographie de la mondialisation à la mondialisation géographique », *Annales de géographie*, vol. 2, n° 726, p. 58-80, 2019.

HARVEY, David, *Brève histoire du néolibéralisme*, Les Prairies ordinaires, Paris, 2014.

HARVEY, David, *The New Imperialism*, Oxford University Press, Oxford, 2003.

HARVEY, David, « The Urbanization of Capital : Studies in the History and Theory of Capitalist Urbanization », *Science and Society*, vol. 51, n° 1, 1987, p. 121-125.

HARVEY, David, *Villes rebelles: du droit à la ville à la révolution urbaine*, Buchet-Chastel, Paris, 2015.

HUNTINGTON, Ellsworth, *Civilization and Climate*, Yale University Press, New Haven, 1915.

HYDRO-QUÉBEC, *Rapport annuel 2014*, Montréal, 2015.

INTERNATIONAL FUND FOR AGRICULTURAL DEVELOPMENT (IFAD), *Smallholders, Food Security and the Environment*, Genève, IFAD/UNEP, 2013.

JAMES, C.L.R., *Les Jacobins noirs*, Amsterdam, Paris, 2017.

JOSEPH, Isaac et Yves GRAFMEYER, « L'école de Chicago. Naissance de l'écologie urbaine », Éditions du Champ urbain, Paris, 1979.

LACOSTE, Yves, « Attention géographie ! », *Hérodote*, vol. 1, n° 1, 1976, p. 3-7.

LATOUR, Bruno, *Changer de société. Refaire de la sociologie*, La Découverte, Paris, 2006.

LAVE, Rebecca, *Fields and Streams: Stream Restoration, Neoliberalism, and the Future of Environmental Science*, University of Georgia Press, Athens, 2012.

LAY, Jann *et al.*, *Taking Stock of the Global Land Rush: Few Development Benefits, Many Human and Environmental Risks*, Bern Open Publishing, 2021.

LEFEBVRE, Henri, *La production de l'espace*, Paris, Éditions Anthropos, Paris, 1974.

LEFEBVRE, Henri, *Le droit à la ville*, Anthropos, Paris, 1968.

LEWIS, Paul, Juan TORRES et Marc-André FORTIN P., « La planification des transports et l'aménagement du territoire : un mariage de raison ? », dans Marc-Urbain PROULX et Marie-Claude PRÉMONT (dir.), *La politique territoriale au Québec : 50 ans d'audace, d'hésitations et d'impuissance*, Presses de l'Université du Québec, Québec, 2019, p. 151-178.

LEY, David, « Alternative Explanations for Inner-City Gentrification : A Canadian Assessment », *Annals of the Association of American Geographers*, *76*(4), 1986, 521-535.

LIVINGSTONE, David, *The Geographical Tradition*, Blackwell, Oxford, 1992.

LOVELAND, Thomas R. *et al.*, « Development of a Global Land Cover Characteristics Database and IGBP DISCover from 1 km AVHRR Data », *International Journal of Remote Sensing*, vol. 21, n°s 6-7, 2000, p. 1303-1330.

LYNGE, Aqqaluk, *Histoire de la Conférence circumpolaire inuit*, Atuakkiorfik, Nuuk, 1993.

MANZAGOL, Claude, *La mondialisation*, Armand Colin, Paris, 2011.

MAPPING PREJUDICE PROJECT, Regents of the University of Minnesota, https://mappingprejudice.umn.edu/.

MASSEY, Doreen, *For Space*, Sage, Londres, 2005.

MAZOYER, Marcel et Laurence ROUDART, « La fracture alimentaire et agricole mondiale : état des lieux, causes, perspectives, propositions d'action », dans Christine VERSCHUUR (dir.), *Du grain à moudre : genre, développement rural et alimentation*, Graduate Institute Publications, Genève, 2011.

McKittrick, Katherine, *Demonic Grounds: Black Women and the Cartographies of Struggle*, University of Minnesota Press, Minneapolis, 2006.

Mitchell, Don, « Geography in an Age of Extremes: A Blueprint for a Geography of Justice », *Annals of the Association of American Geographers*, vol. 94, n° 4, 2004, p. 764-770.

Mitchell, Michael Kanentakeron, *You Are on Indian Land*, ONF/NFB, 1969, https://www.nfb.ca/film/you_are_on_indian_land/.

Mohanty, Chandra Talpade, Ann Russo et Lourdes Torres, *Third World Women and the Politics of Feminism*, Indiana University Press, Bloomington, 1991.

Mollett, Sharlene et Caroline Faria, « The Spatialities of Intersectional Thinking: Fashioning Feminist Geography Futures », *Gender, Place & Culture*, vol. 25, n° 4, 2018, p. 565-577.

Nations Unies, *Les peuples autochtones et le système de protection des droits de l'homme des Nations Unies*, Genève, 2013.

Ngāi Tahu, *Aoraki Bound Documentary*, https://www.youtube.com/watch?v=ge_399Q9QcE, 2017.

Omi, Michael et Howard Winant, *Racial Formation in the United States*, New York et Londres, Routledge, 1986.

Organisation internationale du Travail, *Estimations mondiales de l'esclavage moderne: travail forcé et mariage forcé*, Genève, 2017.

Organisation internationale du Travail, *Femmes et hommes dans l'économie informelle: un panorama statistique*, Genève, 2019.

Paquot, Thierry, Michel Lussault et Sophie Body-Gendrot, *La ville et l'urbain. L'état des savoirs*, La Découverte, Paris, 2000.

Pécoud, Antoine, « Compter les morts aux frontières, contrôler les migrants », dans François Dubet (dir.), *Politiques des frontières*, La Découverte, Paris, 2018, p. 129-144.

Pelletier, Philippe, *Géographie et anarchie: Reclus, Kropotkine, Metchnikoff*, Le Monde Libertaire, Paris, 2013.

Perec, Georges, *Espèces d'espaces*, Éditions Galilée, Paris, 1974.

Pigeon, Patrick, *Géographie critique des risques*, Economica-Anthropos, Paris, 2005.

Pigeon, Patrick et Julien Rebotier, *Les politiques de prévention des désastres. Penser et agir dans l'imperfection*, ISTE, Londres, 2017.

Raffestin, Claude, « Éléments pour une théorie de la frontière », *Diogène*, vol. 34, n° 134, 1986, p. 3-21.

Raffestin, Claude, *Pour une géographie du pouvoir*, ENS Éditions, Lyon, 2019.

Ratzel, Friedrich, *La géographie politique: concepts fondamentaux*, Fayard, Paris, 1987.

Rebotier, Julien, *Les risques et l'anthropocène. Regards alternatifs sur l'urgence environnementale*, ISTE, Londres, 2021.

Reghezza-Zitt, Magali et Samuel Rufat (dir.), *Résiliences. Sociétés et territoires face à l'incertitude, aux risques et aux catastrophes*, ISTE, Londres, 2015.

RICE, Jake, Beatrice PADOVANI FERREIRA et Andrew ROSENBERG, « The Oceans as a Source of Food », dans Nations Unies (dir.), *The First Global Integrated Marine Assessment*, Cambridge University Press, 2017, p. 185-190.

RIST, Gilbert, *Le développement. Histoire d'une croyance occidentale*, 4e édition, Presses de Sciences Po, Paris, 2013.

RITCHIE, Hannah et Max ROSER, « Land Use », https://ourworldindata.org/land-cover, 2017.

ROBINSON, Cedric, *Black Marxism: The Making of the Black Radical Tradition*, Zed Press, Londres, 1983.

ROSIÈRE, Stéphane, « Comprendre l'espace politique », *L'Espace Politique*, 1, 2007. URL : http://journals.openedition.org/espacepolitique/223 ; DOI : https://doi.org/10.4000/espacepolitique.223.

ROUGERIE, Gabriel et Nicolas BEROUTCHACHVILI, *Géosystèmes et paysages, bilans et méthodes*, Armand Colin, Paris, 1991.

ROY, Ananya, « Slumdog Cities : Rethinking Subaltern Urbanism », *International Journal of Urban and Regional Research*, vol. 35, n° 3, 2011, p. 223-238.

SAID, Edward, *L'orientalisme*, Seuil, Paris, 2005 [1978].

SAID, Edward, *L'orientalisme : l'Orient créé par l'Occident*, Seuil, Paris, 1980.

SASSEN, Saskia, *Cities in a World Economy*, Sage, Los Angeles, 2018.

SASSEN, Saskia, *La ville globale : New York, Londres, Tokyo*, Descartes & Cie, Paris, 1996.

SCHILLER, Nina GLICK, Linda BASCH et Cristina BLANC-SZANTON, « Transnationalism : A New Analytic Framework for Understanding Migration », *Annals of the New York Academy of Sciences*, vol. 645, n° 1, 1992, p. 1-24.

SIMON, Gildas, *Migrants et migrations du monde*, La Documentation Française, Paris, 2008.

SIMPSON, Audrey, *Mohawk Interruptus : Political Life Across the Borders of Settler States*, Duke University Press, Durham, 2014.

SLACK, Brian, « Pawns in the Game : Ports in a Global Transportation System », *Growth & Change*, vol. 24, n° 4, 1993, p. 579-588.

SMITH, Andrea, « Indigeneity, Settler Colonialism, White Supremacy », dans Daniel M. HOSANG, Oneka LABENNETT et Laura PULIDO (dir.), *Racial Formation in the Twenty-First Century*, University of California Press, Berkeley, 2012, p. 66-90.

SMITH, Neil, *The New Urban Frontier: Gentrification and the Revanchist City*, Routledge, New York, 1996.

SMITH, Neil, *Uneven Development : Nature, Capital, and the Production of Space*, The University of Georgia Press, Athènes, 1984.

SOJA, Edward W., *Postmodern Geographies : The Reassertion of Space in Critical Social Theory*, Verso, New York, 1989.

SUKARNO, « Discours d'ouverture », dans *Asia-Africa speak from Bandung*, The Ministry of Foreign Affairs, Djakarta, 1955, p. 19-29, https://www.cvce.eu/obj/discours_d_ouverture_de_sukarno_bandung_18_avril_1955-fr-88d3f71c-c9f9-415a-b397-b27b8581a4f5.html.

SWYNGEDOUW, Eric, « Neither Global nor Local : "Glocalization" and the Politics of Scale », dans Kevin R. Cox (dir.), *Spaces of Globalization : Reasserting the Power of the Local*, Guilford Press, New York, 1997, p. 115-136.

TAAFFE, Edward. J., Richard L. MORRILL et Peter R. GOULD, « Transport Expansion in Underdeveloped Countries : A Comparative Analysis », *Geographical Review*, vol. 53, n° 4, 1963, p. 503-529.

TARRIUS, Alain, *La remontée des Sud. Afghans et Marocains en Europe méridionale*, Éditions de l'Aube, La Tour-d'Aigues, 2007.

TAYLOR, Marcus, *The Political Ecology of Climate Change Adaptation : Livelihoods, Agrarian Change and the Conflicts of Development*, Routledge, Londres, 2015.

TAYLOR, Peter et Colin FLINT, *Political Geography : World-Economy, Nation-State and Locality*, 7e édition, Routledge, New York, 2018.

TUAN, Yi-Fu, « A View of Geography », *Geographical Review*, vol. 81, n° 1, 1991, p. 99-107.

UNITED STATES CONGRESS (1846) « Treaty of amity, commerce, and navigation », dans Richard PETERS (dir.), *The Public Statutes at Large of the United States of American*, vol. 8 : *Treaties between the United States of America and Foreign Nations*, Charles C. Little and James Brown, Boston, p. 116-129, https://memory.loc.gov/cgi-bin/ampage?collId=llsl&fileName=008/llsl008.db&recNum=130.

URRY, John, *Mobilities*, Polity Press, Cambridge, 2007.

VALLET, Élisabeth, *Borders, Fences and Walls. State of Insecurity ?*, Routledge, Londres et New York, 2014.

VELTZ, Pierre, *Le nouveau monde industriel*, Gallimard, Paris, 2008.

VINCENT, Sylvie, « "Chevauchements" territoriaux : ou comment l'ignorance du droit coutumier algonquien permet de créer de faux problèmes », *Recherches amérindiennes au Québec*, vol. 46, nos 2-3, 2016, p. 91-103.

WALLERSTEIN, Immanuel, *Comprendre le monde. Introduction à l'analyse des systèmes-monde*, La Découverte, Paris, 2006.

WATTS, Michael, « On the Poverty of Theory : Natural Hazards Research in Context », dans Kenneth HEWITT (dir.), *Interpretations of Calamity : From the Viewpoint of Human Ecology*, Allen & Unwin, Boston, 1983, p. 231-262.

WHITE, Gilbert F., *Human Adjustment to Flood. A Geographical Approach to the Flood Problem in the United States*, Department of Geography, Research Paper #29, The University of Chicago, 1945.

WILSON, Shawn, *Research Is Ceremony : Indigenous Research Methods*, Fernwood Publishing, Halifax et Winnipeg, 2008.

WOLF, Eric, *Europe and the People Without History*, University of California Press, Berkeley, 1997.

WRIGHT, Melissa, *Disposable Women and Other Myths of Global Capitalism*, Routledge, New York et Londres, 2006.

ZUKIN, Sharon, *Loft Living : Culture and Capital in Urban Change*, Rutgers University Press, New Brunswick, 1989.

Biographie des auteurs

Mathieu Boivin est doctorant en sciences humaines appliquées et coordonnateur du programme d'études autochtones à l'Université de Montréal. Il est membre du Centre interuniversitaire d'études et de recherches autochtones (CIÉRA).

Gabriel Fauveaud est professeur adjoint au Département de géographie et au Centre d'études asiatiques de l'Université de Montréal.

Kathryn Furlong est professeure agrégée au Département de géographie de l'Université de Montréal et titulaire de la Chaire de recherche du Canada en eau et urbanisation.

Nicole Gombay est professeure agrégée au Département de géographie de l'Université de Montréal.

Violaine Jolivet est professeure agrégée au Département de géographie de l'Université de Montréal, membre du Collectif de Recherche et d'ACtion sur l'Habitat (CRACH) et membre du regroupement Villes-Régions-Monde (VMR).

Jeanne-Hélène Jugie a obtenu un doctorat en géographie des systèmes de transport à l'Université de Montréal, où elle enseigne au Département de géographie.

Rodolphe De Koninck est professeur émérite à l'Université de Montréal où il a été titulaire de la Chaire de recherche du Canada en études asiatiques de 2002 à 2016. Il a été professeur et chercheur invité à Genève, Paris, Bordeaux, Shanghai, Penang, Singapour, Banda Aceh et Yogyakarta.

María Lois est professeure adjointe en géographie politique à la Faculté de science politique et de sociologie de la Universidad Complutense de Madrid, en Espagne.

Patricia Martin est professeure titulaire au Département de géographie de l'Université de Montréal.

Beverley Mullings est professeure titulaire au Department of Geography and Planning de Queen's University.

Sébastien Nobert est professeur adjoint au Département de géographie de l'Université de Montréal et chercheur associé au Sustainability Research Institute de l'Université de Leeds en Angleterre.

Julien Rebotier est chargé de recherche au CNRS, membre du laboratoire TREE/TRansitions Énergétiques et Environnementales, E2S Université de Pau et des Pays de l'Adour, à Bayonne, en France.

Sébastien Rioux est professeur agrégé au Département de géographie de l'Université de Montréal et titulaire de la Chaire de recherche du Canada en économie politique de l'alimentation et du bien-être.

Martine Verdy est postdoctorante au Département de géographie de l'Université de Montréal.

Luna Vives est professeure adjointe au Département de géographie de l'Université de Montréal.

Table des matières

MIXTE
Papier
FSC® C100212

Achevé d'imprimer
sur les presses de l'imprimerie Gauvin,
Gatineau, Québec, Canada